Nachgelagerte Besteuerung der betrieblichen Altersversorgung

Europäische Hochschulschriften

European University Studies

Publications Universitaires Européennes

Reihe II Rechtswissenschaft

Series II Law

Série II Droit

Band/Volume **5673**

Nicole Hellberg

Nachgelagerte Besteuerung der betrieblichen Altersversorgung

Eine Untersuchung der geltenden Regelungen aus steuersystematischer Sicht

PL ACADEMIC RESEARCH

Bibliographic Information published by the Deutsche Nationalbibliothek
The Deutsche Nationalbibliothek lists this publication in the Deutsche Nationalbibliografie; detailed bibliographic data is available in the internet at http://dnb.d-nb.de.

Zugl.: Osnabrück, Univ., Diss., 2014

D700
ISSN 0721-3387
ISBN 978-3-631-65633-4 (Print)
E-ISBN 978-3-653-04882-7 (E-Book)
DOI 10.3726/ 978-3-653-04882-7

PL Academic Research ist ein Imprint der Peter Lang GmbH.
Peter Lang – Frankfurt am Main · Bern · Bruxelles · New York · Oxford · Warszawa · Wien

Diese Publikation wurde begutachtet.

www.peterlang.com

Inhaltsverzeichnis

A. Einführung

I. Anlass und Gegenstand der Untersuchung

Wie in vielen anderen Ländern ruht auch in Deutschland die Alterssicherung auf drei Säulen - den öffentlich-rechtlichen Pflichtsystemen (gesetzliche Rentenversicherung, Beamtenversorgung, Alterssicherung der Landwirte sowie berufsständische Versorgungswerke), der betrieblichen Altersversorgung und der privaten Altersvorsorge.[1] Die Besteuerung der verschiedenen Vorsorgeformen war traditionell sehr unterschiedlich ausgestaltet. Die Variationsbreite reichte von der teils steuerfreien privaten Vermögensbildung über die Ertragsanteilsbesteuerung der Leibrenten bis hin zur vollständigen nachgelagerten Besteuerung, beispielsweise von Beamtenpensionen. Durch das zum 1. Januar 2005 in Kraft getretene Gesetz zur Neuordnung der einkommensteuerlichen Behandlung von Altersvorsorgeaufwendungen und Altersbezügen (Alterseinkünftegesetz - AltEinkG)[2] ist die Besteuerung von Alterseinkünften grundlegend umgestaltet und teils vereinheitlicht worden. Die Altersbesteuerung orientiert sich nunmehr generell an der nachgelagerten Besteuerung.

Den entscheidenden Anstoß für die Reform durch das Alterseinkünftegesetz hat das sog. Rentensteuer-Urteil[3] des Bundesverfassungsgerichts vom 6. März 2002[4] gegeben. Das Gericht befand, dass die unterschiedliche Besteuerung von Beamtenpensionen und Renten aus der gesetzlichen Rentenversicherung mit dem allgemeinen Gleichheitssatz des Art. 3 Abs. 1 GG unvereinbar und damit verfassungswidrig war. Es gab dem Gesetzgeber auf, spätestens mit Wirkung zum 1. Januar 2005 eine verfassungskonforme Neuregelung zu treffen, ohne ihm jedoch ein „Besteuerungssystem“ (vorgelagerte und/oder nachgelagerte Besteuerung) zwingend vorzugeben.

---

1 Vgl. Birk/Wernsmann, in: Ruland/Rürup, Alterssicherung und Besteuerung, § 9, Rn. 1; Hey, in: Tipke/Lang (Hrsg.), Steuerrecht, 21. Aufl. (2013), § 8 Rn. 564; Tipke, Die Steuerrechtsordnung, Band II, 2. Aufl. (2003), S. 743 f.

2 Gesetz v. 5. Juli 2004, BGBl. 2004 I, 1427.

3 Dorenkamp, DStZ 2002, 668 (668).

4 BVerfG v. 6. März 2002, 2 BvL 17/99, BVerfGE 105, 73.

Der Bundesminister der Finanzen setzte daraufhin zunächst die „Sachverständigenkommission zur Neuordnung der steuerrechtlichen Behandlung von Altersvorsorgeaufwendungen und Altersbezügen“ ein, nach ihrem Vorsitzenden Bert Rürup auch als „Rürup-Kommission“ bezeichnet. Aufgabe der Kommission war es, innerhalb des dem Gesetzgeber durch das Bundesverfassungsgericht zugebilligten - recht weiten - Handlungsspielraums einen umfassenden Lösungsvorschlag zur steuerlichen Behandlung von Renten und Pensionen zu entwickeln. Der Lösungsvorschlag sollte „zu einer systematisch schlüssigen, folgerichtig durchgeführten Besteuerung von Altersvorsorgeaufwendungen und Altersbezügen führen, (...) gesamtwirtschaftlich und sozial tragfähig sein und unter Nutzung von generalisierenden, typisierenden und pauschalierenden Regelungen sowohl der wirtschaftlichen Leistungsfähigkeit des Steuerpflichtigen wie der Notwendigkeit einfacher und praktikabler Handhabung Rechnung tragen“. Die der Rürup-Kommission übertragene Aufgabe kam damit - wie die Kommission in ihrem Abschlussbericht[5] selbst betont - in ihrer Komplexität der Quadratur eines Kreises gleich. Der entsprechend umfangreiche Reformvorschlag beruhte wesentlich auf dem Gedanken, bei der steuerrechtlichen Behandlung von Altersvorsorgeaufwendungen und Altersbezügen durchgängig zur nachgelagerten Besteuerung überzugehen.[6] Das zu diesem Zweck von der Rürup-Kommission entwickelte „Drei-Schichten-Modell“ betraf nicht nur die gesetzliche Alterssicherung als „eigentlichen“ Gegenstand der Entscheidung/des Reformauftrags des Bundesverfassungsgerichts, sondern bezog auch die betriebliche Altersversorgung sowie die private kapitalgedeckte Altersversorgung mit ein.

Mit dem Alterseinkünftegesetz ist der Gesetzgeber weitgehend den Vorschlägen der Rürup-Kommission gefolgt. Die „international bewährte, sog. nachgelagerte Besteuerung“ wird dabei in der Gesetzesbegründung[7] als „tragendes Element der Neuordnung“ bezeichnet. Diese Lösung sichere, so heißt es weiter, die „gleichmäßige, verfassungskonforme und generationengerechte Besteuerung während und nach der Erwerbsphase“. Ferner würden durch „eine langfristige Übergangsregelung untragbare Haushaltsrisiken vermieden“. Gleichzeitig würden „Zweifachbesteuerungen weitgehend ausgeschlossen und der Übergang in das nachgelagerte System (...) für alle Beteiligten erleichtert“.

---

5 Abschlussbericht der Sachverständigenkommission zur Neuordnung der steuerrechtlichen Behandlung von Altersvorsorgeaufwendungen und Altersbezügen vom 11. März 2003, abrufbar unter http://www.bundesfinanzministerium.de (nachfolgend: Abschlussbericht).

6 Abschlussbericht, S. 4.

7 BT-Drucks. 15/2150, S. 1.

Entsprechend dem „Drei-Schichten-Modell“ wird die erste Schicht oder Basisversorgung, die neben den Sozialversicherungsrenten, der berufsständischen Versorgung und der Alterssicherung der Landwirte auch neu geschaffene private kapitalgedeckte Leibrentenversicherungen (heute üblicherweise als „Basis-Renten“ oder „Rürup-Renten“ bezeichnet[8]) umfasst, nach Ablauf einer langfristigen Übergangszeit vollständig nachgelagert besteuert. Ebenfalls der nachgelagerten Besteuerung unterliegt, wenn auch nur in bestimmten Grenzen, die zweite Schicht, die kapitalgedeckte Zusatzversorgung. Hierzu zählen die betriebliche Altersversorgung, die Zusatzversorgung im öffentlichen Dienst - etwa durch die Versorgungsanstalt des Bundes und der Länder (VBL) - sowie die sog. „Riester-Rente“.[9] Kapitalanlageprodukte, die „auch der Altersvorsorge dienen können“[10] (dies also nicht notwendigerweise tun[11]), wie etwa Sparpläne und Kapitallebensversicherungen, aber auch private Rentenversicherungen, die die Kriterien der Basisversorgung nicht erfüllen (beispielsweise weil es an einer Vererblichkeit der Ansprüche fehlt[12]), werden dagegen rein vorgelagert besteuert.[13]

Lobenswert ist zunächst, dass sich der Gesetzgeber bei der Umgestaltung durch das Alterseinkünftegesetz nicht auf die gesetzliche Alterssicherung beschränkt, sondern - über den eigentlichen Reformauftrag des Bundesverfassungsgerichts hinausgehend - auch die betriebliche und die private Altersversorgung in die Reform einbezogen hat. Denn gerade wegen des verfassungsrechtlichen Gleichheitsgrundsatzes darf bei einer Neuordnung (und ebenso bei späteren Anpassungen) das Alterssicherungssystem in seiner Gesamtheit nicht aus den Augen verloren werden.[14] Darüber hinaus erscheint ein Besteuerungssystem, das sich für alle Vorsorgeformen an einem einheitlichen Leitbild orientiert, allein schon aus Gründen der Transparenz und der Praktikabilität erstrebenswert.

Sehr zu begrüßen ist zudem die mit der Reform verbundene grundsätzliche gesetzgeberische Entscheidung für eine nachgelagerten Besteuerung von Altereinkünften. Der Gesetzgeber ist damit einer Forderung nachgekommen, die in der (Steuer-)Politik, in den verschiedenen steuerwissenschaftlichen Disziplinen - in der Finanzwissenschaft, der betriebswirtschaftlichen Steuerlehre und

8 Vgl. Haufe Kompass, Betriebliche Altersversorgung 2013, S. 3; Heubeck/Seybold, DB 2007, 592 (592).
9 Vgl. Heubeck/Seybold, DB 2007, 592 (592).
10 Vgl. Abschlussbericht, S. 4.
11 Vgl. Hey, in: Tipke/Lang (Hrsg.), Steuerrecht, 21. Aufl. (2013), § 8 Rn. 569.
12 Vgl. Heubeck/Seybold, DB 2007, 592 (592).
13 Vgl. Abschlussbericht, S. 17 f., 35 ff.
14 Vgl. schon BVerfG v. 26. März 1980, 1 BvR 121, 122/76, BVerfGE 54, 11 (39 f.)

der Steuerrechtswissenschaft - seit langem erhoben wurde.[15] Eine nachgelagerte Besteuerung bewirkt intertemporale Neutralität und führt zu einer Inflationsbereinigung der Besteuerung.[16] Zudem bietet die nachgelagerte Besteuerung einen Anreiz zur privaten Vorsorge und fördert so das gesellschaftspolitische Ziel einer verbesserten Absicherung für das Alter. Zunächst wirkt sich der im Vergleich zum „regulären" Arbeitseinkommen spätere Steuerzugriff positiv auf die Entwicklung des Sparkapitals aus; zu erwarten sind darüber hinaus für den Steuerpflichtigen günstige Progressionseffekte.

Auch seitens der EU-Kommission wird eine möglichst allgemeine nachgelagerte Besteuerung der (betrieblichen) Altersversorgung befürwortet.[17] Innerhalb der Europäischen Union ist im Bereich der betrieblichen Altersversorgung die nachgelagerte Besteuerung - international auch als EET-System[18] bezeichnet - weit verbreitet. Zu Recht hat die Kommission daher darauf hingewiesen, dass eine verstärkte Orientierung an dem EET-System helfen könne, die durch

---

15 Für die gesetzliche Rentenversicherung vgl. z. B. Seer, StuW 1996, 323 (335); Söhn, StuW 1985, 395 (404); ders., StuW 1990, 356 (362); Tipke, Die Steuerrechtsordnung, Band II, 2. Aufl. (2003), S. 74 ff. Für die betriebliche Altersversorgung vgl. z. B. Birk, StuW 1999, 321 (321 ff.); Birk/Wernsmann, DB 1999, 166 (169); Kirchhof, DStR 2003, Beiheft 5 zu Heft 37/2003, S. 7 f.; Tipke, Die Steuerrechtsordnung, Band II, 2. Aufl. (2003), S. 75 f..

16 Hey, Stellungnahme zum Entwurf eines Gesetzes zur Neuordnung der einkommensteuerlichen Behandlung von Altersvorsorgeaufwendungen und Altersbezügen (Alterseinkünftegesetz - AltEinkG) BT-Drucksache 15/2150 anlässlich der öffentlichen Anhörung im Finanzausschuss des Deutschen Bundestages am 28. Januar 2004, S. 3.

17 Vgl. insbes. Grünbuch der Kommission - Zusätzliche Altersversorgung im Binnenmarkt, KOM 1997 (283) endg.; Mitteilung der Kommission an den Rat, das Europäische Parlament und den Wirtschafts- und Sozialausschuss - Beseitigung der steuerlichen Hemmnisse für die grenzüberschreitende betriebliche Altersversorgung v. 19. April 2001, KOM 2001 (214) endg., ABl. C 165 v. 8. Juni 2001, S. 4.

18 „E" steht dabei für „exempt" und „T" für „taxed". Beim EET-System sind Beiträge und Anlageerträge sowie Veräußerungsgewinne der Versorgungseinrichtungen steuerfrei, während die Leistungen steuerpflichtig sind. Davon zu unterscheiden sind das ETT-System (Beiträge steuerfrei, Anlageerträge/Veräußerungsgewinne und Leistungen steuerpflichtig) sowie das TEE-System Beiträge steuerpflichtig, Anlageerträge/ Veräußerungsgewinne und Leistungen steuerfrei. Vgl. Mitteilung der Kommission an den Rat, das Europäische Parlament und den Wirtschafts- und Sozialausschuss - Beseitigung der steuerlichen Hemmnisse für die grenzüberschreitende betriebliche Altersversorgung v. 19. April 2001, KOM 2001 (214) endg., ABl. C 165 v. 8. Juni 2001, S. 4 (5); Barker, International Tax Review 2001, 49 ff.; Gutmann, European Taxation 2001, Suppl. No. 1, 8-S.

das Nebeneinander verschiedener Besteuerungssysteme bedingte Doppel- und Nichtbesteuerung bei der grenzüberschreitenden betrieblichen Altersversorgung zu verringern; zudem sei das EET-System in Anbetracht der steigenden Lebenserwartung zweckmäßig, da es zwar die gegenwärtigen Steuereinnahmen reduziere, dafür aber später, wenn die demografischen Verhältnisse wesentlich ungünstiger seien, für höhere Steuereinnahmen sorge.[19]

Trotz der positiven Aspekte der Reform weist die Besteuerung der Alterssicherung in Deutschland immer noch Mängel auf, die auch durch Nachfolgeänderungen zum Alterseinkünftegesetz, namentlich das Jahressteuergesetz 2007,[20] nicht behoben worden sind; teilweise wurden bereits bestehende Unstimmigkeiten sogar noch verschärft und neue hinzugefügt. Aus Sicht des Bürgers erscheint die Besteuerung von Alterseinkünften vor allem wegen des nach wie vor bestehenden Nebeneinanders von vorgelagerter und nachgelagerter Besteuerung intransparent. Ökonomisch betrachtet sind beide Konzepte zudem nur unter bestimmten engen Voraussetzungen gleichwertig.[21] Die steuerliche Behandlung der betrieblichen Altersversorgung richtet sich zwar grundsätzlich nach dem System der nachgelagerten Besteuerung, doch ist dieses Konzept auch hier nicht mit völliger Konsequenz verwirklicht. Schuld daran sind vor allem Limitierungen und Lohnzuflussfiktionen.[22]

Doch wie wäre die Besteuerung der betrieblichen Altersversorgung „richtigerweise" auszugestalten? Ausgangspunkt solcher Überlegungen sollte die Frage sein, was im steuerlichen Sinne überhaupt „Einkommen" ist. Denn auch die Besteuerung der (betrieblichen) Altersversorgung sollte sich vorrangig an den steuerrechtlichen Systemgrundsätzen ausrichten, die wiederum die Grundlage für eine dem allgemeinen Gleichheitssatz gemäß Art. 3 Abs. 1 GG entsprechende Besteuerung bilden.[23] Einen Beitrag zu den entsprechenden steuersystematischen Überlegungen möchte die nachfolgende Untersuchung leisten.

---

19 Vgl. Mitteilung der Kommission an den Rat, das Europäische Parlament und den Wirtschafts- und Sozialausschuss - Beseitigung der steuerlichen Hemmnisse für die grenzüberschreitende betriebliche Altersversorgung v. 19. April 2001, KOM 2001 (214) endg., ABl. C 165 v. 8. Juni 2001, S. 4 (12).

20 Gesetz v. 13. Dezember 2006, BGBl. I 2006, 2878.

21 Vgl. Dorenkamp, Nachgelagerte Besteuerung von Einkommen, Berlin 2004, S. 60 ff.; Hey, Stellungnahme zum Entwurf eines Gesetzes zur Neuordnung der einkommensteuerlichen Behandlung von Altersvorsorgeaufwendungen und Altersbezügen (Alterseinkünftegesetz - AltEinkG) BT-Drucksache 15/2150 anlässlich der öffentlichen Anhörung im Finanzausschuss des Deutschen Bundestages am 28. Januar 2004, S. 9.

22 Hey, in: Tipke/Lang (Hrsg.), Steuerrecht, 21. Aufl. (2013), § 8 Rn. 572.

23 Vgl. Fischer, BB 2003, 873 (874).

II. Gang der Untersuchung

Den Ausgangspunkt dieser Untersuchung bildet in Teil B die Legaldefinition der betrieblichen Altersversorgung in § 1 Abs. 1 BetrAVG, die nicht nur für das Arbeitsrecht, sondern auch für das Steuerrecht maßgeblich ist. Ebenfalls definiert werden der Begriff der nachgelagerten Besteuerung sowie der Gegenbegriff der vorgelagerten Besteuerung. Eingegangen wird auch auf die in diesem Zusammenhang immer wieder genannten verwandten Begriffe „deferred compensation" und „intertemporale (vor- bzw. nachgelagerte) Korrespondenz".

Teil C setzt sich mit den Auswirkungen der nachgelagerten Besteuerung auf die Steuerbelastung auseinander. Dabei werden die überperiodischen Belastungswirkungen der nachgelagerten Besteuerung im Vergleich zur „traditionellen" vorgelagerten Besteuerung anhand von Berechnungsbeispielen betrachtet und die systemimmanenten Gründe für Belastungsunterschiede aufgezeigt. Eingegangen wird auch auf mögliche Progressionseffekte.

In Teil D wird nach möglichen steuersystematischen Anknüpfungspunkten für die nachgelagerte Besteuerung von (Alters-)Einkünften gesucht. Es wird die Frage gestellt, ob und inwieweit sich die nachgelagerte Besteuerung als Element oder gar Einfallstor für eine dem geltenden Einkommensteuerrecht eher systemfremde konsumorientierte Besteuerung begreifen lässt. Benannt werden außerdem mögliche steuersystematische Anknüpfungspunkte für die nachgelagerte Besteuerung innerhalb des Systems des geltenden Einkommensteuerrechts.

Es schließen sich grundsätzliche Überlegungen zum Thema des Zuflusses von Einnahmen an, insbesondere auch zu der Bedeutung des Leistungsfähigkeitsprinzips in diesem Zusammenhang. Untersucht werden zudem mögliche Parallelen zwischen steuerlichem Zufluss und zivilrechtlichen Wertungen bzw. Gestaltungen. Die zivilrechtliche Erfüllung wird dabei gleichsam als „Regelfall des steuerlichen Zuflusses" identifiziert. Geprüft wird aber auch, inwieweit Rechtshandlungen wie der Erlass, der Verzicht und die Novation (Schuldumwandlung) einen steuerlichen Zufluss bewirken können. Es folgen erste Betrachtungen zum Zufluss bei in Zusammenhang mit der Besteuerung der betrieblichen Altersversorgung bedeutenden Anwendungsfällen (Arbeitslohn, Zukunftssicherungsleistungen).

Da der steuerliche Zufluss nicht ohne ein Verständnis der jeweiligen zivilrechtlichen Rechtsverhältnisse beurteilt werden kann, werden in Teil E die arbeitsrechtlichen und versicherungsrechtlichen Gestaltungsmöglichkeiten betrieblicher Versorgungszusagen dargestellt. Eingegangen wird dabei auf die historische Entwicklung und die heutige Bedeutung und Verbreitung der betrieblichen Altersversorgung, unmittelbare und mittelbare Durchführungswege,

Zusagearten, Regelungen zur Unverfallbarkeit und gesetzliche Insolvenzsicherung sowie auf die arbeitnehmerfinanzierte Altersversorgung (Entgeltumwandlung, Eigenbeitragszusage). Einen besonderen Schwerpunkt bilden dabei die Themen der zivilrechtsdogmatischen Einordnung der Entgeltumwandlung und der zeitlichen Eingrenzung des „künftigen Entgeltanspruchs", die wegen der insoweit bestehenden engen Beziehung zwischen Zivilrecht und Steuerrecht letztlich auch steuerlich bedeutsam sind.

Mit der derzeitigen Besteuerung der (betrieblichen) Altersversorgung beschäftigt sich Teil F. Dabei werden die Einzelheiten der derzeitigen Besteuerung der betrieblichen Altersversorgung beim Arbeitnehmer behandelt, für die - trotz der grundsätzlichen Entscheidung des Gesetzgebers für die nachgelagerte Besteuerung - nach wie vor ein einheitliches Besteuerungskonzept fehlt. Unterscheiden lässt sich dabei einerseits die Besteuerung der sog. „internen" betrieblichen Altersversorgung (Direktzusage, Unterstützungskasse), andererseits die Besteuerung der „externen" betrieblichen Altersversorgung (Direktversicherung, Pensionskasse, Pensionsfonds). Der Vollständigkeit halber wird im Rahmen eines Exkurses auch die Besteuerung der verschiedenen Formen der betrieblichen Altersversorgung beim Arbeitgeber dargestellt.

In Teil G wird die geltende Besteuerung der betrieblichen Altersversorgung unter Gesichtspunkten des Zuflusses beurteilt. Jeweils gesondert betrachtet werden dabei der Zufluss bei Entgeltumwandlung, der Zufluss bei einer direkten Versorgung durch den Arbeitgeber (Direktzusage) sowie der Zufluss bei der Versorgung unter Beteiligung Dritter (Unterstützungskasse, Direktversicherung, Pensionskasse, Pensionsfonds). Eingegangen wird dabei auch auf die verfassungsrechtlichen Bedenken gegen die steuerliche Behandlung von Sonderzahlungen durch § 19 Abs. 1 Nr. 3 Satz 2 ff. und § 40b Abs. 4 EStG sowie die Vorlagebeschlüsse des Bundesfinanzhofs vom 14. November 2013[24] zu dieser Thematik.

Abschließend werden in Teil H die Ergebnisse betreffend die Besteuerung beim Arbeitnehmer noch einmal in Thesenform zusammengefasst.

---

24 VI R 49/12, BFH/NV 2014, 418; VI R 50/12, BFH/NV 2014, 426.

B. Begriffsbestimmungen

I. Betriebliche Altersversorgung

Eine grundlegende Bestimmung des Begriffs der betrieblichen Altersversorgung enthält § 1 Abs. 1 BetrAVG. Die Begriffsdefinition dient dazu, die betriebliche Altersversorgung von anderen, ähnlichen Gestaltungsformen[25] abzugrenzen und bestimmt damit zugleich den sachlichen Geltungsbereich des Betriebsrentengesetzes.[26] Als betriebliche Altersversorgung gelten demnach alle Leistungen der Alters-, Invaliditäts- und Hinterbliebenenversorgung, die der Arbeitgeber einem Arbeitnehmer aus Anlass des Arbeitsverhältnisses zusagt. Die Begriffsbestimmung in § 1 Abs. 1 BetrAVG ist auch für das Steuerrecht maßgebend.[27]

Die betriebliche Altersversorgung setzt eine Versorgungszusage, d. h. ein aufschiebend bedingtes Leistungsversprechen[28] des Arbeitgebers voraus. Sie erwächst also nicht schon aus der allgemeinen Fürsorgepflicht des Arbeitgebers, sondern bedarf einer besonderen, das arbeitsrechtliche Grundverhältnis ergänzenden Rechtsgrundlage.[29]

Die Versorgungsvereinbarung kann individuell getroffen werden (Einzelvereinbarung, Gesamtzusage, Einheitsregelung), auf einem allgemeinen arbeitsrechtlichen Rechtsgrundsatz beruhen (betriebliche Übung, Gleichbehandlungsgrundsatz) oder kollektivvertraglich begründet sein (Betriebsvereinbarung, Tarifvertrag).[30] Der Zusagende ist stets der Arbeitgeber. Dies gilt auch

---

25 Vgl. nur die Beispiele bei Höfer, BetrAVG, Band I, Rn. 63 ff. sowie bei Diller, in: Schlewing/Henssler/Schipp/Schnitker (Hrsg.), Arbeitsrecht der betrieblichen Altersversorgung, Teil 4 A, Rn. 92 ff.

26 Blomeyer/Rolfs/Otto, BetrAVG, 5. Aufl. (2010), § 1 Rn. 6; Stief, Der Begriff der betrieblichen Altersversorgung, Baden-Baden 1992, S. 12 ff.; vgl. BAG v. 8. Mai 1990, 3 AZR 121/89, BB 1990, 2410 (2411).

27 BMF v. 24. Juli 2013, IV C 3 - S 2015/11/10002, Tz. 284.

28 Kemper/Kisters-Kölkes, Arbeitsrechtliche Grundzüge der betrieblichen Altersversorgung, 5. Aufl. (2008), S. 13, Fn. 1.

29 BGH v. 18. Dezember 1954, II ZR 281/53, BGHZ 16, 50 (51); Blomeyer/Rolfs/Otto, BetrAVG, 5. Aufl. (2010), Anh § 1 Rn. 2.

30 Ahrend/Förster/Rößler, Steuerrecht der betrieblichen Altersversorgung, 1. Teil, Rn. 135 ff.; Andresen/Cisch, in: Richardi/Wißmann/Wlotzke/Oetker (Hrsg.),

dann, wenn der Arbeitgeber die Versorgung nicht selbst durchführt, sondern dazu einen externen Versorgungsträger heranzieht.[31]

Aus Anlass eines Arbeitsverhältnisses erteilt ist eine Versorgungszusage regelmäßig dann, wenn der Begünstigte in den in § 17 Abs. 1 BetrAVG beschriebenen persönlichen Geltungsbereich des Gesetzes fällt. Wie alle arbeitsrechtlichen Schutzvorschriften gilt das Betriebsrentengesetz zunächst für Arbeitnehmer, d. h. für Arbeiter, Angestellte und Auszubildende, § 17 Abs. 1 Satz 1 BetrAVG.

§ 17 Abs. 1 Satz 2 BetrAVG dehnt den Schutzbereich des Betriebsrentengesetzes auch auf andere Personen aus, denen anlässlich ihrer Tätigkeit für ein Unternehmen betriebliche Versorgungsleistungen zugesagt worden sind. Dazu zählen beispielsweise freie Mitarbeiter[32], Angehörige der freien Berufe sowie Künstler, Schriftsteller und Journalisten[33], sofern sie rechtlich zwar selbständig, von dem zusagenden Unternehmen aber wirtschaftlich abhängig sind.[34]

Der Bundesgerichtshof hat § 17 Abs. 1 Satz 2 BetrAVG insofern einschränkend ausgelegt, als dass die Tätigkeit für ein „fremdes" Unternehmen erfolgen muss.[35] Dadurch soll vermieden werden, dass Personen, die selbst wesentlichen Einfluss auf die Geschicke eines Unternehmens haben, nach §§ 7 ff. BetrAVG insolvenzgesicherte Versorgungsanwartschaften erlangen. Nicht erfasst sind deshalb insbesondere Einzelunternehmer, Allein- und Mehrheitsgesellschafter einer GmbH oder AG sowie Komplementäre einer KG.[36] Minderheitsgesellschafter einer Kapitalgesellschaft oder Kommanditisten können dagegen - je nach den

---

Münchener Handbuch zum Arbeitsrecht, Band 1, Individualarbeitsrecht, 3. Aufl. (2009), § 140, Rn. 13.

31 Vgl. Blomeyer/Rolfs/Otto, BetrAVG, 5. Aufl. (2010), § 1 Rn. 37 ff.; Andresen/Cisch, in: Richardi/Wißmann/Wlotzke/Oetker (Hrsg.), Münchener Handbuch zum Arbeitsrecht, Band 1, Individualarbeitsrecht, 3. Aufl. (2009), § 140 Rn. 13 und § 144.

32 Vgl. BAG v. 22. April 1998, 5 AZR 2/97, NZA 1998, 1277 (1277 ff.); v. 19. Januar 2000, 5 AZR 644/98, NZA 2000, 1102 (1103 ff.); v. 20. September 2000, 5 AZR 61/99, NZA 2001, 551 (551 ff.)

33 Vgl. BAG v. 16. Juni 1998, 5 AZR 154/98, NZA 1998, 839 (839 f.)

34 Andresen/Cisch, in: Richardi/Wißmann/Wlotzke/Oetker (Hrsg.), Münchener Handbuch zum Arbeitsrecht, Band 1, Individualarbeitsrecht, 3. Aufl. (2009), § 140, Rn. 38 f.; Höfer, BetrAVG, Band I, § 17 Rn. 5570 ff.

35 Ständige Rechtsprechung, vgl. nur das grundlegende Urteil des BGH v. 28. April 1980, II ZR 254/78, BGHZ 77, 94 (97 ff.)

36 Vgl. BGH v. 28. April 1980, II ZR 254/78, BGHZ 77, 94 (100 ff.); v. 9. Juni 1980, II ZR 255/78, BGHZ 77, 233 (237 ff.); Ahrend/Förster/Rößler, GmbHR 1980, 229 (232); Everhardt, BB 1981, 681 (683); Hommelhoff/Timm, KTS 1981, 289 (303 f.); Paulsdorff, GmbHR 1977, 241 (242).

Umständen - dem persönlichen Geltungsbereich des Betriebsrentengesetzes unterliegen.[37] Entscheidende Beurteilungskriterien sind neben der Kapitalbeteiligung die Einflussmöglichkeiten auf die Willensbildung des Unternehmens sowie die Geschäftsführungs- und Vertretungsbefugnisse.[38]

Zweck der zugesagten Leistungen muss die Versorgung des Arbeitnehmers bzw. seiner Hinterbliebenen im Alter, bei Invalidität oder Tod des Arbeitnehmers sein. Erforderlich ist, dass die Leistungen dazu beitragen, den Lebensstandard des Arbeitnehmers oder seiner Hinterbliebenen nach dessen Ausscheiden aus dem Erwerbsleben zu sichern.[39] Dabei unterscheidet sich die betriebliche Altersversorgung von der Vermögensbildung (private Altersvorsorge) unter anderem dadurch, dass der Leistungsanspruch mit dem Tod des Berechtigten verfällt und das für die Versorgung angesammelte Vermögen nicht vererbt werden kann.[40]

Voraussetzung für die Erbringung der Leistungen ist stets der Eintritt eines bestimmten biologischen Ereignisses, des Versorgungsfalls.[41] Bei der Altersversorgung im engeren Sinne besteht dieses Ereignis darin, dass der Arbeitnehmer das vereinbarte Versorgungsalter erreicht. Als weitere Versorgungsbedingung wird regelmäßig vereinbart, dass der Arbeitnehmer auch altersbedingt aus dem (Vollzeit-)Arbeitsverhältnis ausscheidet.[42]

Bei der Invaliditätsversorgung sieht die Versorgungsvereinbarung Leistungen für den Fall vor, dass der Arbeitnehmer vor Erreichen der Altersgrenze infolge geistiger, seelischer oder körperlicher Beeinträchtigung seine Arbeitsleistung nicht wie geschuldet erbringen kann. Das Betriebsrentengesetz enthält keine Vorgaben zu den genauen Leistungsvoraussetzungen; diese können vertraglich frei bestimmt werden. In der Praxis knüpfen die Vereinbarungen häufig an die sozialversicherungsrechtlichen Begriffe Erwerbsunfähigkeit und

---

37 Vgl. BGH v. 28. April 1980, II ZR 254/78, BGHZ 77, 94 (102 ff.); Ahrend/Förster/Rößler, GmbHR 1980, 229 (232 ff.); Blomeyer/Rolfs/Otto, BetrAVG, 5. Aufl. (2010), § 17 Rn. 106 ff.

38 Vgl. BGH v. 9. Juni 1980, II ZR 255/78, BGHZ 77, 233 (237 ff.); Reichel/Heger, Betriebliche Altersversorgung, 2003, Rn. 61.

39 BAG v. 26. April 1988, 3 AZR 411/86, BB 1988, 1671 (1672 f.); v. 8. Mai 1990, 3 AZR 121/89, BB 1990, 2410 (2411 f.); v. 3. November 1998, 3 AZR 454/97, BB 1999, 905 (906 f.); BGH v. 28. November 1981, II ZR 181/80, DB 1982, 126 (126).

40 Blomeyer/Rolfs/Otto, BetrAVG, 5. Aufl. (2010), § 1 Rn. 13; Reichel/Heger, Betriebliche Altersversorgung, 2003, Rn. 124.

41 BAG v. 26. April 1988, 3 AZR 411/86, BB 1988, 1671 (1672 f.)

42 Blomeyer/Rolfs/Otto, BetrAVG, 5. Aufl. (2010), StR B, Rn. 1; Reichel/Heger, Betriebliche Altersversorgung, 2003, Rn. 108 ff.

Berufsunfähigkeit oder an die entsprechenden Bedingungen der Lebensversicherungsunternehmen an.[43]

Die Hinterbliebenenversorgung kommt beim Tod des Arbeitnehmers bzw. Versorgungsempfängers zum Tragen. Auch hier können die Leistungen von zusätzlichen Bedingungen abhängig gemacht werden, die eine Versorgung für bestimmte Personen oder Umstände ausschließen (z. B. Freitodklausel). Begünstigt werden können neben Ehegatten, Kindern, Eltern und anderen Angehörigen des Arbeitnehmers auch sonstige natürliche Personen.[44]

Die Versorgungszusage kann eines oder mehrere der genannten biologischen Risiken abdecken. Die Leistungen werden häufig in Form einer lebenslangen Geldrente erbracht, möglich sind aber auch zeitlich befristete Renten, einmalige Kapitalzahlungen und Sach- oder Nutzungsleistungen.[45] Entscheidend ist weniger die Form der Leistungen als dass ihr Zweck in der Versorgung des ehemaligen Arbeitnehmers oder seiner Hinterbliebenen besteht.[46]

II. Nachgelagerte (und vorgelagerte) Besteuerung

Was genau unter einer „nachgelagerten" Besteuerung zu verstehen ist, ist weder im Einkommensteuergesetz noch an anderer Stelle allgemeingültig definiert. Die gängigen Umschreibungen im finanz- und steuerwissenschaftlichen Schrifttum sind nicht immer einheitlich.[47] Dies beruht wohl auch darauf, dass die mit dem Begriff verbundenen steuersystematischen Vorstellungen teils erheblich voneinander abweichen.[48]

Allgemein ist eine nachgelagerte Besteuerung von Arbeitslohn immer dann denkbar, wenn Teile der Vergütung vom Steuerpflichtigen selbst oder zu dessen Gunsten investiert werden und erst zu einem späteren Zeitpunkt - in aller Regel verzinst - (wieder) in seinen Verfügungsbereich gelangen. Hier bieten sich prinzipiell zwei alternative Besteuerungszeitpunkte: Zum einen der Zeitpunkt der „eigentlichen" Entstehung des angelegten „Einkommens" und zum anderen

---

43 Richardi/Wißmann/Wlotzke/Oetker (Hrsg.), Münchener Handbuch zum Arbeitsrecht, Band 1, Individualarbeitsrecht, 3. Aufl. (2009), § 140 Rn. 69; vgl. Höfer, BetrAVG, Band I, Rn. 33 f., 857.

44 Höfer, BetrAVG, Band I, Rn. 875 ff.

45 Höfer, BetrAVG, Band I, Rn. 25; Reichel/Heger, Betriebliche Altersversorgung, 2003, Rn. 90.

46 BAG v. 30. September 1986, 3 AZR 22/85, DB 1987, 1304 (1305).

47 Vgl. Söhn/Müller-Franken, StuW 2000, 442 (443).

48 Siehe dazu Seite 35 ff.

der Zeitpunkt der Auflösung und Auszahlung der entsprechenden Vermögensanlage (inwieweit es sich bei den angelegten Beträgen tatsächlich um „Einkommen" des Steuerpflichtigen handelt, ist indes für den jeweiligen Einzelfall zu prüfen). Je nachdem, ob der steuerliche Zugriff zum ersten oder zum zweiten Zeitpunkt erfolgt, spricht man von einer vorgelagerten bzw. einer nachgelagerten Besteuerung.

In Bezug auf die Alterssicherung werden die Begriffe der vorgelagerten und der nachgelagerten Besteuerung zumeist mit den betroffenen Lebensphasen des Arbeitnehmers verknüpft. Zu unterscheiden sind dabei die Vorsorgephase (Einzahlungsphase), in der die (Spar-)Beiträge für die spätere Versorgung des Berechtigten zurückgelegt werden, und die Versorgungsphase (Auszahlungsphase), in der die Auszahlung der Versorgungsleistungen erfolgt. Eine „nachgelagerte" Besteuerung soll vorliegen, wenn der Steuerpflichtige erst die Leistungen versteuern muss, die er in der Versorgungsphase (d. h. nach Eintritt des Versorgungsfalls) ausbezahlt erhält.

Eine solche „nachgelagerte" Besteuerung wird im geltenden Einkommensteuerrecht auf verschiedene Weise verwirklicht: Bei einigen Vorsorgeformen werden die Vorsorgemittel bereits zugeflossenen Einkünften entnommen.[49] Der Steuerpflichtige kann seine Vorsorgeaufwendungen aber zumindest in bestimmten Grenzen steuermindernd gelten machen (so jetzt auch bei der gesetzlichen Rentenversicherung, vgl. § 10 Abs. 1 Nr. 2 Buchst. a, Abs. 3 EStG). Die Vorsorgeaufwendungen verringern als Abzugsposten das zu versteuernde Einkommen (es werden also nicht, wie häufig formuliert wird, die Beiträge zur Altersvorsorge steuerfrei gestellt, sondern der Arbeitslohn oder die anderen Einnahmen, aus denen die Vorsorgebeiträge erbracht werden[50]). Im Gegenzug werden die korrespondierenden Versorgungsbezüge im Auszahlungszeitpunkt als steuerpflichtige Einnahmen erfasst.[51] Bei anderen Vorsorgeformen - etwa bei der Beamtenversorgung und bestimmten Formen der betrieblichen Altersversorgung - wird dagegen davon ausgegangen, dass dem Steuerpflichtigen in der Vorsorgephase von vornherein keine Einnahmen zufließen, sondern erst bei Auszahlung der Versorgungsleistungen ein Einnahmezufluss vorliegt.

Versteht man die nachgelagerte Besteuerung als Aufschub des „regulären" Besteuerungszeitpunkts (bei erstmaligem Einnahmezufluss) auf den Zeitpunkt des (erneuten) „Zuflusses" (d. h. der tatsächlichen Auszahlung) der

49 Tipke, Die Steuerrechtsordnung, Band II, 2. Aufl. (2003), S. 744.

50 Vgl. Gröpl, FR 2001, 568 (Fn. 18).

51 Gröpl, FR 2001, 568 (569); Musil, StuW 2005, 278 (279); Söhn/Müller-Franken, StuW 2000, 442 (443).

Versorgungsleistungen, liegt streng genommen nur bei der ersten Fallgruppe eine nachgelagerte Besteuerung vor. In der zweiten Fallgruppe heißt „nachgelagerte" Besteuerung lediglich, dass die Altersbezüge bei ihrem erstmaligen Zufluss in der Versorgungsphase (und nicht bereits in der Vorsorgephase) besteuert werden.[52] Die Zeitpunkte der „regulären" und der „nachgelagerten" Besteuerung sind hier identisch; dem Steuerzugriff in der Versorgungsphase liegt also kein Aufschub des „regulären" Besteuerungszeitpunkts zugrunde. Obwohl sich die beiden Fallgruppen steuersystematisch wesentlich unterscheiden, wird bei beiden meist einheitlich (allein anknüpfend an die Besteuerung in der Versorgungsphase) von einer „nachgelagerten" Besteuerung gesprochen. Um die Unterschiede bereits begrifflich zu verdeutlichen, sollte für die erste Fallgruppe jedoch besser die Bezeichnung „nachgelagerte Besteuerung im engeren Sinne" und für die zweite Fallgruppe die Bezeichnung „nachgelagerte Besteuerung im weiteren Sinne" verwendet werden.

Anders als bei der nachgelagerten Besteuerung sind bei der „vorgelagerten" Besteuerung die für die spätere Altersversorgung bestimmten (Spar-)Beiträge aus versteuertem Einkommen zu entrichten. Ein Abzug der Vorsorgeaufwendungen ist nicht möglich.[53] Um eine doppelte Erfassung desselben Einkommens zu vermeiden, sind die späteren Versorgungsleistungen jedenfalls insoweit steuerfrei, als es sich um Rückflüsse des zuvor eingezahlten, bereits versteuerten Kapitals handelt. Üblich ist allerdings eine Besteuerung der Erträge, die mit dem angesparten Versorgungskapital in Form von Zinsen, Dividenden oder Kapitalerträgen erwirtschaftet werden (Ertragsanteilsbesteuerung).[54]

III. Deferred compensation

Die nachgelagerte Besteuerung hat vor allem aus Sicht des steuerpflichtigen Arbeitnehmers viele Vorteile.[55] Nicht zuletzt deshalb erfreuen sich moderne Vergütungsmodelle, die üblicherweise als „Gehaltsumwandlung", als „Entgeltumwandlung", als „Barlohnverzicht" oder - entsprechend den im englischen Sprachraum üblichen Begriffen „deferred compensation" und „deferred

---

52 Vgl. Söhn/Müller-Franken, StuW 2000, 442 (Fn. 449).

53 Musil, StuW 2005, 278 (279); Söhn/Müller-Franken, StuW 2000, 442 (443).

54 Birk, DB 1999, 166 (167).

55 Zur nachgelagerten Besteuerung von Unternehmen durch Cash-Flow-Steuern vgl. Dorenkamp, Nachgelagerte Besteuerung von Einkommen, Berlin 2004, S. 73 ff.; Hey, in: Tipke/Lang (Hrsg.), Steuerrecht, 21. Aufl. (2013), § 3 Rn. 77 m. w. N.

remuneration" - als „aufgeschobene Vergütung" bezeichnet werden[56], immer größerer Beliebtheit. Die Entgeltumwandlung in betriebliche Altersversorgung gehört neben den langfristigen Arbeitszeitkonten, den Zeit-Wertkonten und der Optionsentlohnung zu den wichtigsten Erscheinungsformen.[57] Ihre Vorbilder haben die genannten Entlohnungsformen vor allem in den Vereinigten Staaten und im Vereinigten Königreich, sie finden aber auch in Deutschland zunehmend Verbreitung. Im Bereich der betrieblichen Altersversorgung wird die Entgeltumwandlung etwa seit Mitte der 1970er Jahre vorwiegend bei den ehemals pauschalsteuerbegünstigten Durchführungswegen Direktversicherung und Pensionskasse angewandt, sie ist aber auch bei allen anderen Durchführungswegen möglich und wird auch für unmittelbare Versorgungszusagen und Unterstützungskassenzusagen häufig in Anspruch genommen.[58]

Allen genannten Formen von „deferred compensation" liegt eine Vereinbarung zwischen Arbeitgeber und Arbeitnehmer zugrunde, wonach zumindest ein Teil der Vergütung (als Gegenleistung für die Arbeitsleistung) nicht im zeitlichen Zusammenhang mit der erbrachten Dienstleistung gewährt wird, sondern die Auszahlung auf einen späteren Zeitpunkt verschoben wird.[59]

Isoliert betrachtet erleidet der Arbeitnehmer durch die spätere Auszahlung der Entgeltkomponente - im Vergleich zum „regulären", d. h. zeitnah zur Erbringung der Arbeitsleistung ausgezahlten Arbeitslohn (Barlohn) - zwar einen Zinsverlust. Für diesen wird er allerdings regelmäßig oder zumindest erwartungsgemäß dadurch entschädigt, dass die spätere Auszahlung höher ausfällt als der entsprechende Barlohn.[60] Dazu trägt - wie noch zu zeigen sein wird - ganz wesentlich bei, dass die entsprechende Entgeltkomponente erst zu einem späteren Zeitpunkt als der „reguläre" Arbeitslohn zufließt und/oder auch zu einem

56 Dazu umfassend Bursee/Grawert/Knoll, Nachgelagerte Besteuerung und Entgeltpolitik, 2003, S. 31 ff.; Mössner, Deferred compensation, in: Hebig/Kaiser/Koschnrieder/Oblau (Hrsg.), Aktuelle Entwicklungsaspekte der Unternehmensbesteuerung, Festschrift für Wihelm H. Wacker zum 75. Geburtstag, Berlin 2006, S. 113 ff.

57 Bursee/Grawert/Knoll, Nachgelagerte Besteuerung und Entgeltpolitik, Frankfurt am Main 2003, S. 31 ff.; Doetsch, Landesbericht Deutschland, in: International Fiscal Association (Hrsg.), International tax aspects of deferred remunerations, Cahiers De Droit Fiscal International,, Vol. LXXXVb, The Hague London Boston 2000, S. 415 (416).

58 Höfer, BetrAVG, Band I, Rn. 2552.

59 Barein, StB 2000, 250 (250); Mössner, Generalbericht, in: International Fiscal Association (Hrsg.), International tax aspects of deferred remunerations, Cahiers De Droit Fiscal International, Vol. LXXXVb, The Hague London Boston 2000, S. 21 (27).

60 Bursee/Grawert/Knoll, Nachgelagerte Besteuerung und Entgeltpolitik, S. 15 f.

späteren Zeitpunkt (also nachgelagert) besteuert wird.[61] Die entsprechenden deferred compensation-Modelle bewirken deshalb gewissermaßen eine nachgelagerte Besteuerung durch Vertragsgestaltung.

„Deferred compensation" kann allerdings nicht nur für den Arbeitnehmer, sondern auch für den Arbeitgeber vorteilhaft sein. Ein Vorzug besteht allgemein für den Arbeitgeber darin, dass er durch den Aufschub der Zahlungen auf einen späteren Zeitpunkt Liquidität behält.[62] Im Bereich der betrieblichen Altersversorgung gilt dies allerdings nicht uneingeschränkt.[63] Wie sich eine Entgeltumwandlung für den Arbeitgeber finanziell auswirkt, hängt hier vor allem von dem gewählten Durchführungsweg, aber auch von der Gestaltung im Übrigen ab: So erspart sich der Arbeitgeber durch die Entgeltumwandlung zwar die Auszahlung des Gehalts, er muss aber bei allen mittelbaren Durchführungswegen Beiträge an die Versorgungseinrichtungen entrichten. Bei der Unterstützungskasse besteht die Möglichkeit, dies zum Teil auszugleichen, indem die Kasse die Mittel dem Unternehmen z. B. in Form eines zinsgünstigen Darlehens wieder zur Verfügung stellt. Wird die betriebliche Altersversorgung über eine unmittelbare Pensionszusage durchgeführt, hat dies den Vorteil, dass keine Zahlungen an eine Versorgungseinrichtung zu leisten sind und das Unternehmen grundsätzlich frei über die durch den Gehaltsverzicht gewonnenen Mittel verfügen kann. Hinzu kommt, dass für die Pensionszusage nach § 6a EStG den Gewinn mindernde Pensionsrückstellungen zu bilden sind. Schließt der Arbeitgeber allerdings eine Rückdeckungsversicherung ab, ist dies in der Regel mit nicht unerheblichen Kosten verbunden, so dass dadurch der Liquiditätsvorteil wieder aufgezehrt werden kann.[64]

---

61 Im Bereich der betrieblichen Altersversorgung wirkt es sich zudem als vorteilhaft für den Arbeitnehmer aus, dass der Versorgungsträger selbst - je nach Durchführungsform - steuerbefreit ist und die Beiträge sowie die daraus erzielten Erträge steuerfrei anlegen kann. Vgl. Barein, StB 2000, 250 (250); Ebel, FR 2000, 241 (242); Ebinger/Grawert/Knoll, StuB 2000, 986 (987 f.); Marx, SteuStud 2000, 260; Ophoff/Walkiewicz, DB 1996, 2240 (2241).

62 Barein, StB 2000, 250 (250); Mössner, Generalbericht, in: International Fiscal Association (Hrsg.), International tax aspects of deferred remunerations, Cahiers De Droit Fiscal International, Vol. LXXXVb, The Hague London Boston 2000, S. 21 (35).

63 Quantitative Berechnungen unter Berücksichtigung der verschiedenen Faktoren finden sich vor allem in der betriebswirtschaftlichen Literatur, z. B. bei Grawert/Knoll, DStR 1998, 1692 (1694 ff.); Grube, DStR 1997, 1956 (1957); Wellisch, StuW 2003, 3 (10 ff.)

64 Ophoff/Walkiewicz, DB 1996, 2240 (2241 ff.)

Unabhängig von den unmittelbaren finanziellen Auswirkungen kommt es dem Arbeitgeber zugute, wenn er mit der Entgeltumwandlung eine für den Arbeitnehmer attraktive Entlohnungsform anbieten kann. So wird es ihm leichter gelingen, hochqualifizierte neue Mitarbeiter zu gewinnen und allgemein die Zufriedenheit seiner Arbeitnehmer zu erhöhen, was letztlich auch den Erfolg des Unternehmens verbessern kann.

IV. Intertemporale Korrespondenz

Die nachgelagerte Besteuerung wird oftmals auch als am nachgelagerten Korrespondenzprinzip ausgerichtete Besteuerung bezeichnet.[65] Bei dem vor- bzw. nachgelagerten Korrespondenzprinzip handelt es sich um Spielarten des Prinzips der intertemporalen Korrespondenz, wonach das gesamte (Markt-) Einkommen, das ein Steuerpflichtiger im Laufe seines Lebens erzielt, einmal - aber auch nur einmal - besteuert werden soll und darf. Doppelbelastungen infolge einer Besteuerung desselben Einkommens in mehreren Veranlagungszeiträumen sollen dadurch ebenso vermieden werden wie Lücken in der Erfassung.

Dieser Grundsatz, auch intrapersonales Korrespondenzprinzip genannt,[66] wird vor allem in der Finanzwissenschaft[67] propagiert, findet aber auch unter Steuerrechtswissenschaftlern[68] Befürworter. So wird dem intertemporalen Korrespondenzprinzip als Ausprägung des Leistungsfähigkeitsprinzips zu Recht eine grundrechtskonkretisierende Funktion beigemessen. Das Prinzip der intertemporalen Korrespondenz steht nicht nur im Dienste einer gleichmäßigen Besteuerung (Art. 3 Abs. 1 GG),[69] sondern schützt den Steuerpflichtigen auch

65 Bursee/Grawert/Knoll, Nachgelagerte Besteuerung und Entgeltpolitik, 2003, S. 15; Dorenkamp, Nachgelagerte Besteuerung von Einkommen, Berlin 2004, S. 45 f.

66 Seer, StuW 1996, 323 (335).

67 Andel, in: Neumark (Hrsg.), Handbuch der Finanzwissenschaft, Band II, 3. Aufl. (1980), S. 338; Färber/Renn, Auswirkungen der unterschiedlichen Besteuerung von Alterseinkünften, in: Verband Deutscher Rentenversicherungsträger (Hrsg.), Besteuerung von Beiträgen und Leistungen in der Altersvorsorge (DRV-Schriften; Bd. 29), 2001, S. 18 (19 f.)

68 P. Fischer, Altersvorsorge und Altersbezüge, in: Ebling (Hrsg.), Besteuerung von Einkommen (Veröffentlichungen der Deutschen Steuerjuristischen Gesellschaft e. V.; Bd. 24), Köln 2001, S. 427 (477 f., 494 f.); Gröpl, FR 2001, 568 (568); Seer, StuW 1996, 323 (335).

69 Gröpl, FR 2001, 568 (568).

vor übermäßigen Eingriffen in dessen Eigentumsfreiheit (Art. 14 GG), indem es eine doppelte Besteuerung des Einkommens untersagt.[70]

Während also für eine konsequent am Prinzip der intertemporalen Korrespondenz ausgerichtete Besteuerung gute Gründe sprechen, ist diese nicht zu verwechseln mit der interpersonale Korrespondenz. Ein interpersonales Korrespondenzprinzip, welches einen Einnahmezufluss bei einem Steuerpflichtigen mit der Abzugsfähigkeit von Ausgaben bei einem anderen Steuerpflichtigen verknüpft, ist dem deutschen Steuerrecht - anders als beispielsweise dem US-amerikanischen Steuerrecht[71] - weitgehend[72] fremd.[73] Jeder Steuerpflichtige ist vielmehr vorrangig nach seiner persönlichen Leistungsfähigkeit zu beurteilen;[74] auf die steuerliche Behandlung des Sachverhalts bei einem anderen Beteiligten kommt es insofern nicht an.

70 Seer, StuW 1996, 323 (335).

71 Vgl. Mössner, Deferred compensation, in: Hebig/Kaiser/Koschnrieder/Oblau (Hrsg.), Aktuelle Entwicklungsaspekte der Unternehmensbesteuerung, Festschrift für Wilhelm H. Wacker zum 75. Geburtstag, Berlin 2006, S. 113 (123).

72 Vom Gesetz ausdrücklich angeordnete Ausnahmen gelten insbesondere für Unterhaltsleistungen, vgl. §§ 9 Abs. 1 Nr. 1; 10 Abs. 1 Nrn. 1, 1a und 1b; 22 Nrn. 1 und 1a EStG. Vgl. dazu Hey, in: Tipke/Lang (Hrsg.), Steuerrecht, 21. Aufl. (2013), § 8 Rn. 24.

73 Doetsch, Nationalbericht Deutschland, CDFI LXXXVb, 2000, S. 415 (419); Dorenkamp, Nachgelagerte Besteuerung von Einkommen, Berlin 2004, S. 46; Kirchhof, in: Kirchhof/Söhn/Mellinghoff, EStG, § 2 Rn. A 189. Zur Rechtslage in anderen Ländern vgl. auch den Überblick bei Mössner, Generalbericht, in: International Fiscal Association (Hrsg.), International tax aspects of deferred remunerations, Cahiers De Droit Fiscal International, Vol. LXXXVb, The Hague London Boston 2000, S. 21 (38 f.)

74 Gröpl, FR 2001, 568 (568); Hey, in: Tipke/Lang (Hrsg.), Steuerrecht, 21. Aufl. (2013), § 8 Rn. 22 ff.

C. Belastungswirkungen vorgelagerter und nachgelagerter Besteuerung

Vergleicht man die vorgelagerte und die nachgelagerte Besteuerung von (Alters-) Einkünften hinsichtlich ihrer überperiodischen Belastungswirkungen, erweist sich die letztere für den Steuerpflichtigen regelmäßig als vorteilhaft. Dies wird im Wesentlichen auf zwei Effekte zurückgeführt: Zum einen wird der nachgelagerten Besteuerung, da die Steuer im Vergleich zur vorgelagerten Besteuerung erst zu einem späteren Zeitpunkt anfällt, vielfach ein „Steuerstundungseffekt" zugesprochen.[75] Zum anderen wird argumentiert, dass die nachgelagerte Besteuerung den Besteuerungszeitpunkt von der Vorsorge- bzw. Erwerbsphase in die Versorgungsphase mit typischerweise niedrigerem Einkommen verlagere, so dass sich bei einem progressiven Steuertarif geringere Grenzsteuersätze ergeben würden.[76] Ob die Vorteile der nachgelagerten Besteuerung tatsächlich auf den genannten Punkten beruhen, soll nachfolgend untersucht werden.

I. Belastungswirkungen der nachgelagerten Besteuerung im Vergleich zur „traditionellen" vorgelagerten Besteuerung

Bei der Betrachtung der Belastungswirkungen der nachgelagerten Besteuerung wird als Vergleichsgröße zumeist die vorgelagerte Besteuerung mit Ertragsanteilsbesteuerung herangezogen. Offenbar ausgehend von der Vorstellung, es handele sich dabei um die „übliche, der Einkommensbesteuerung gemäße Besteuerung",[77] wird diese Besteuerungsvariante auch als „klassische" oder „traditionelle"[78] Besteuerung bezeichnet.

75 Birk, DStZ 2004, 777 (777); Musil, StuW 2005, 278 (279).
76 Birk, DStZ 2004, 777 (777); Gröpl, FR 2001, 568 (571).
77 Krause-Junk/Müller, DB 1999, 2282 (2282).
78 Dorenkamp, StuW 2001, 223 (224); Musil, StuW 2005, 278 (279).

1. Berechnungsbeispiel

Die systemimmanenten Belastungsunterschiede zwischen der „traditionellen" vorgelagerten und der nachgelagerten Besteuerung sollen mithilfe des folgenden vereinfachten Beispiels[79] dargestellt werden:

Beispiel:
Ein Steuerpflichtiger erwartet zum Jahresende von seinem Arbeitgeber eine Bonuszahlung in Höhe von 10 000 Euro. Der Steuerpflichtige möchte mit diesem Betrag für sein Alter vorsorgen. Dazu stehen ihm die folgenden Anlagealternativen zur Verfügung:

Zunächst hat der Steuerpflichtige die Möglichkeit, sich den Bonus in bar auszahlen zu lassen und den Betrag (nach Steuern) in einen thesaurierenden Banksparplan einzuzahlen, der die jährlich anfallenden Zinsen (nach Steuern) wieder anlegt.

Alternativ bietet sein Arbeitgeber ihm die Möglichkeit, den (unversteuerten) Betrag im Wege der Entgeltumwandlung in eine unmittelbare betriebliche Versorgungszusage (Direktzusage) umzuwandeln. Den umgewandelten Betrag zuzüglich der Zinsen erhält der Steuerpflichtige nach seinem Eintritt in den Ruhestand (nach Steuern) ausgezahlt.

Die vereinbarte langfristige Verzinsung soll in beiden Anlagealternativen 6 % p. a. betragen und marküblich sein. Außerdem wird ein konstanter Steuersatz von 30 % unterstellt.

Wie das Beispiel verdeutlicht, ist die Entgeltumwandlung in betriebliche Altersversorgung aus der Perspektive des Steuerpflichtigen wirtschaftlich nichts anderes als eine langfristige Geldanlage, für deren Beurteilung neben Kriterien wie der Sicherheit und Verfügbarkeit[80] vor allem ihre Rentabilität entscheidend

---

79 Nach Bursee/Grawert/Knoll, Nachgelagerte Besteuerung und Entgeltpolitik, 2003, S. 85; Grawert/Knoll, DStR 1998, 1692 (1693); vgl. auch die Berechnungsbeispiele bei Dorenkamp, Nachgelagerte Besteuerung von Einkommen, Berlin 2004, S. 48 f.; Krause-Junk/Müller, DB 1999, 2282 (2283 f.); Hey, in: Tipke/Lang (Hrsg.), Steuerrecht, 21. Aufl. (2013), § 3 Rn. 80; Wiegard, ifo-Schnelldienst 2000, 8 ff.

80 Bei der betrieblichen Altersversorgung kommt dem Steuerpflichtigen unter Sicherheitsaspekten einerseits zugute, dass auch für die arbeitnehmerfinanzierte betriebliche Altersversorgung die Vorschriften des Betriebsrentengesetzes mit der Ausfallhaftung, der Anpassungsüberprüfungspflicht nach § 16 Abs. 1 BetrAVG und der gesetzlichen Insolvenzsicherung gelten. Andererseits ist die betriebliche Altersversorgung für den Arbeitnehmer vor Eintritt des Versorgungsfalls grundsätzlich nicht disponibel. Eine

ist.[81] Ein wichtiger Einflussfaktor ist dabei die steuerliche Behandlung des umgewandelten (bzw. alternativ investierten) Entgelts sowie der daraus erwirtschafteten Zinserträge.

Bei „traditioneller“ Besteuerung (im Beispiel repräsentiert durch den Banksparplan) muss der Steuerpflichtige bereits den vom Arbeitgeber ausgezahlten Bonus als Arbeitslohn versteuern. In den nachfolgenden Veranlagungszeiträumen fallen außerdem Steuern auf die Zinserträge an. Die Auszahlung des angesparten Kapitals löst hingegen keine (erneute) Steuerpflicht aus.

Im Fall der nachgelagerten Besteuerung (im Beispiel repräsentiert durch die Entgeltumwandlung zugunsten der Direktzusage) bleibt die entsprechende Arbeitslohnkomponente zunächst ebenso unversteuert wie die vereinbarte Verzinsung. Der Fiskus greift erst zu, wenn der angesparte Betrag in der Versorgungsphase zur Auszahlung kommt.

In einer „Welt ohne Steuern“ würde im Beispiel der Sparbetrag von 10 000 Euro bei einer Verzinsung von 6 % nach 10 Jahren auf 17 908 Euro[82] anwachsen, nach 40 Jahren gar auf 102 857 Euro.[83] Unerheblich wäre dabei, ob der Steuerpflichtige die Bankanlage oder die Entgeltumwandlung wählt. Entspricht der Zinssatz von 6 %, wie im Beispiel angenommen, der marktüblichen Verzinsung,[84] beträgt der Barwert (d. h. der auf den Ausgangszeitpunkt abgezinste Wert) bei beiden Anlagealternativen 10 000 Euro.[85] Vom Barwert her betrachtet, könnte der Steuerpflichtige also über den gleichen Betrag verfügen, als wenn er den Bonus nicht gespart, sondern sofort für Konsumzwecke verwendet hätte.

Bei „traditionell“ vorgelagerter Besteuerung beträgt das Bankguthaben bei einem gleichbleibenden Steuersatz von 30 % nach 10 Jahren 10 562 Euro[86]

Abfindung der Anwartschaft ist auf Verlangen des Arbeitnehmers nur möglich, wenn die Beiträge zur gesetzlichen Rentenversicherung erstattet worden sind, vgl. § 3 Abs. 3 BetrAVG. Zudem schließt eine betriebliche Altersversorgung, anders als eine Privatabsicherung, eine Vererblichkeit begrifflich aus, vgl. BMF v. 24. Juli 2013, IV C 3 - S 2015/11/10002, Tz. 289. Dem Risiko, dass die einbezahlten Beiträge im vorzeitigen Todesfall verloren gehen, kann indes durch die Vereinbarung einer Hinterbliebenenversorgung begegnet werden, vgl. Berz, DStR 2000, 315 (317).

81 Grawert/Knoll, DStR 1998, 1692 (1692).

82 10 000 Euro * $(1 + 0{,}06)^{10}$ = 17 908,48 Euro.

83 10 000 Euro * $(1 + 0{,}06)^{40}$ = 102 857,18 Euro.

84 Die marktübliche Verzinsung bestimmt zugleich den Diskontierungsfaktor, vgl. Dorenkamp, Nachgelagerte Besteuerung von Einkommen, Berlin 2004, S. 65 Fn. 196.

85 17 908,48 Euro * $(1 + 0{,}06)^{-10}$ = 10 000 Euro. 102 857,18 Euro * $(1 + 0{,}06)^{-40}$ = 10 000 Euro.

86 10 000 Euro * (1 - 0,3) * $(1 + 0{,}06 * (1 - 0{,}3))^{10}$ = 10 562,71 Euro.

(zusammengesetzt aus 7 000 Euro[87] Netto-Arbeitslohn und der Nachsteuer-Verzinsung von 3 563 Euro[88]). Bei einer nachgelagerten Besteuerung verbleiben dem Steuerpflichtigen nach gleicher Zeit dagegen 12 536 Euro[89], d. h. ein um fast 20 % höheres Versorgungskapital.[90] Nach 40 Jahren ergibt sich bei „traditioneller" Besteuerung ein Netto-Sparbetrag von 36 292 Euro;[91] im Fall der nachgelagerten Besteuerung ist der Nachsteuer-Betrag mit 72 000 Euro[92] fast doppelt so hoch.[93]

Die unterschiedliche Entwicklung des Sparkapitals bei den beiden Besteuerungsvarianten wird nachfolgend auch anhand zweier Tabellen illustriert. Die erste Abbildung gibt einen Überblick über die Entwicklung des Sparkapitals bei „traditionell" vorgelagerter Besteuerung.

Vorgelagerte oder „traditionelle" Einkommensbesteuerung						
VZ	Sparkapital nach ESt	Ertrag vor ESt	Ertrag nach ESt	Konsum-potential nach ESt	Konsum-potential ohne ESt	über-periodische Steuerlast
0	7 000,00	0,00	0,00	7 000,00	10 000,00	30,00 %
1	7 000,00	420,00	294,00	7 294,00	10 600,00	31,19 %
2	7 294,00	437,64	306,35	7 600,35	11 236,00	32,36 %
3	7 600,35	456,02	319,21	7 919,56	11 910,16	33,51 %
...	...	...	...	...	...	...
10	10 136,95	608,22	425,75	10 562,71	17 908,48	41,02 %
...	...	...	...	...	...	...
39	33 425,00	2 005,50	1 403,85	34 828,85	97 035,07	64,11 %
40	34 828,85	2 089,73	1 462,81	36 291,66		64,72 %
Endsparbetrag vor ESt						36 291,66
Auszahlung nach ESt						**36 291,66**

Steuersatz s = 30 %; Verzinsung i = 6 %; investierter Betrag = 10 000

Da auf den Sparbetrag schon bei seiner Auszahlung Lohnsteuer erhoben wird, kann der Steuerpflichtige lediglich 7 000 Euro anlegen (Spalte 2). Außerdem

87 10 000 Euro * (1 - 0,3) = 7 000,00 Euro.

88 10 562,71 Euro - 7 000 Euro = 3 562,71 Euro.

89 10 000 Euro * $(1 + 0,06)^{10}$ * (1 - 0,3) = 12 535,93 Euro.

90 12 535,93 Euro - 10 562,71 Euro = 1 973,22 Euro = 10 562,71 Euro * 18,68 %.

91 10 000 Euro * (1 - 0,3) * $(1 + 0,06 * (1 - 0,3))^{40}$ = 36 291,66 Euro.

92 10 000 Euro * $(1 + 0,06)^{40}$ * (1 - 0,3) = 72 000,03 Euro.

93 72 000,03 Euro - 36 291,66 Euro = 35 708,37 Euro = 36 291,66 Euro * 98,39 %.

erfolgt eine jährliche Belastung der jeweils gutgeschriebenen Zinserträge (Spalten 3 und 4). Die letzte Spalte zeigt die Einkommensteuerbelastung über die gesamte Sparperiode (überperiodische Steuerlast). Demnach ist der Sparbetrag nach 10 Jahren mit 41,02 %, nach 40 Jahren mit 64,72 % steuerlich belastet.[94]

Erfolgt eine nachgelagerte Besteuerung, entwickelt sich das Sparkapital des Steuerpflichtigen dagegen wie in der folgenden Abbildung dargestellt.

Nachgelagerte Einkommensbesteuerung						
VZ	Sparkapital nach ESt	Ertrag vor ESt	Ertrag nach ESt	Konsum-potential nach ESt	Konsum-potential ohne ESt	über-periodische Steuerlast
0	10 000,00	0,00	0,00	7 000,00	10 000,00	30,00 %
1	10 000,00	600,00	600,00	7 420,00	10 600,00	30,00 %
2	10 600,00	636,00	636,00	7 865,20	11 236,00	30,00 %
3	11 236,00	674,16	674,16	8 337,11	11 910,16	30,00 %
...	...	...	...	...	...	...
10	16 894,79	1 013,69	1 013,69	12 535,93	17 908,48	30,00 %
...	...	...	...	...	...	...
39	91 542,52	5 492,55	5 492,55	67 924,55	97 035,07	30,00 %
40	97 035,07	5 822,10	5 822,10	72 000,03	102 857,18	30,00 %
Endsparbetrag vor ESt						102 857,18
Auszahlung nach ESt						**72 000,03**

Steuersatz s = 30 %; Verzinsung i = 6 %; investierter Betrag = 10 000

Wie die Abbildung zeigt, unterliegt bei der nachgelagerten Besteuerung erst der Endbetrag (bestehend aus dem investierten Nettobetrag und den zunächst unversteuerten Zinsen) der Einkommensteuer (vorletzte und letzte Zeile). Anders als bei der „traditionellen" vorgelagerten Besteuerung bleibt die überperiodische Steuerlast (letzte Spalte) konstant (hier bei 30 %), und zwar unabhängig davon, nach welcher Zeitperiode die Auszahlung erfolgt. Die nachgelagerte Besteuerung bewirkt damit intertemporale Neutralität.[95]

94 1 - (36 291,66 Euro / 102 857,18 Euro) * 100 = 64,72.

95 Vgl. dazu ausführlich Dorenkamp, Nachgelagerte Besteuerung von Einkommen, Berlin 2004, S. 69 f.

2. Implizite Steuerfreistellung der marktüblichen Verzinsung durch nachgelagerte Besteuerung

Worauf die gezeigten Belastungsunterschiede beruhen, lässt sich unter Rückgriff auf die zugrundeliegenden Berechnungsformeln verdeutlichen.

In einer „Welt ohne Steuern" könnte der Arbeitnehmer, der eine Entgeltkomponente im Wert von *X* anlegt, bei einer vereinbarten jährlichen Verzinsung von *i* nach einer Laufzeit von *T* Jahren über den folgenden Auszahlungsbetrag *A* verfügen:

$$A_{\text{ohne ESt}} = X \cdot (1+i)^T$$

Wird dieser Betrag zum Steuersatz *s* nachgelagert besteuert, ergibt sich ein Nettoauszahlungsbetrag von

$$A_{\text{nachgelagerte ESt}} = X \cdot (1+i)^T \cdot (1-s).$$

Unterliegen sowohl der Ausgangsbetrag als auch die jährlichen Zinsen der „traditionellen" Einkommensbesteuerung, beträgt der Gesamtbetrag nach Steuern lediglich

$$A_{\text{traditionelle ESt}} = X \cdot (1+i \cdot (\mathbf{1}-\boldsymbol{s}))^T \cdot (1-s).$$

Der Vergleich der beiden Besteuerungsvarianten zeigt, dass sich die Kapitalbildung bei der nachgelagerten Besteuerung mit dem Vorsteuerzins (*i*) vollzieht. Bei der „traditionellen" Besteuerung wird dagegen die Basis für die Zinseinkünfte durch die Steuer reduziert, so dass nur mit dem Nachsteuerzins (*i* (1 - *s*)) gespart werden kann. Anders formuliert, stellt die nachgelagerte Besteuerung die (marktübliche[96]) Verzinsung des ursprünglichen Anlagekapitals implizit steuerfrei.[97]

Ist der Zinssatz *i* gleich der marktüblichen Verzinsung, entspricht der Barwert der Steuereinnahmen zum Zeitpunkt *T* genau dem Steuerbetrag, der sich bei sofortiger Besteuerung des Ausgangsbetrages und sofortiger Verwendung zum Konsum ergeben würde.[98]

---

96 Dagegen werden überdurchschnittliche Kapitalerträge - ebenso wie bei der „traditionellen" Besteuerung - auch bei der nachgelagerten Besteuerung erfasst, vgl. dazu Dorenkamp, Nachgelagerte Besteuerung von Einkommen, Berlin 2004, S. 69 f.

97 Bursee/Grawert/Knoll, Nachgelagerte Besteuerung und Entgeltpolitik, 2003, S. 28 ff.; Ebinger/Grawert/Knoll, StuB 2000, 986 (987); Krause-Junk/Müller, DB 1999, 2282 (2283).

98 Dorenkamp, Nachgelagerte Besteuerung von Einkommen, Berlin 2004, S. 65.

3. Nachgelagerte Besteuerung als „Steuerstundung"?

Würde es sich bei der nachgelagerte Besteuerung - wie teilweise ausgeführt wird- um eine zinslose Stundung handeln, ergäbe sich im Zeitpunkt *T* folgender Auszahlungsbetrag:[99]

$$A_{\text{zinslose Stundung}} = X \cdot (1+i)^T - X \cdot s$$

Dies entspricht allerdings nicht dem Auszahlungsbetrag bei nachgelagerter Besteuerung, denn

$$A_{\text{nachgelagerte ESt}} = X \cdot (1+i)^T \cdot (1-s) = X \cdot (1+i)^T - X \cdot (1+i)^T \cdot s.$$

Eine positive Verzinsung des Ausgangsbetrages vorausgesetzt, wäre bei einer zinslosen Stundung der Auszahlungsbetrag also höher als bei der nachgelagerten Besteuerung. Die Behauptung, die nachträgliche Besteuerung führe zu einem Steuerstundungseffekt, ist also in Bezug auf die Belastungswirkungen nicht zutreffend.

Abgesehen von den unterschiedlichen Belastungseffekten, ist eine Gleichsetzung der nachgelagerten Besteuerung mit einer Steuerstundung auch terminologisch ungenau. Wie sich aus § 222 AO ergibt, können Gegenstand einer Steuerstundung ausschließlich Ansprüche aus dem Steuerschuldverhältnis i. S. v. § 37 AO sein.[100] Die Stundung bewirkt einen Aufschub der Fälligkeit der Ansprüche.[101] Die Diskussion über die vor- bzw. nachgelagerte Besteuerung berührt demgegenüber nicht den Zeitpunkt der Fälligkeit (bereits entstandener) Steueransprüche, sondern die logisch vorangehende Frage nach deren Entstehung. Von einem Steuerstundungseffekt der nachgelagerten Besteuerung zu sprechen, ist also zumindest missverständlich und sollte daher besser vermieden werden.

4. Belastungsgleichheit vorgelagerter und nachgelagerter Besteuerung bei Verzicht auf Ertragsanteilsbesteuerung

Die systembedingten Belastungsunterschiede zwischen der „traditionellen" und der nachgelagerten Besteuerung beruhen, wie gezeigt, auf einer unterschiedlichen steuerlichen Behandlung der Verzinsung. Stellt man deshalb die

---

99 Vgl. dazu sowie zu der Alternative, dass die Verzinsung periodisch erfasst wird, Bursee/Grawert/Knoll, Nachgelagerte Besteuerung und Entgeltpolitik, 2003, S. 28 ff.

100 v. Groll, in: Hübschmann/Hepp/Spitaler, AO, § 222, Rn. 100 ff.; Kruse, in: Tipke/Kruse, AO, Rn. 4 ff.

101 BFH v. 8. Juli 2004, VII R 55/03, BStBl. II 2005, 7 (9); Weinreuter, DStZ 1999, 853 (855).

Kapitalerträge auch bei der vorgelagerten Besteuerung steuerfrei, entspricht die steuerliche Belastungswirkung unter ansonsten gleichbleibenden Bedingungen (Verzinsung, Steuersatz) der nachgelagerten Besteuerung.[102]

Dies verdeutlicht die nachfolgende Abbildung unter Rückgriff auf das obige[103] Beispiel.

Vorgelagerte Einkommensbesteuerung ohne Ertragsanteilsbesteuerung						
VZ	Sparkapital nach ESt	Ertrag vor ESt	Ertrag nach ESt	Konsum-potential nach ESt	Konsum-potential ohne ESt	über-periodische Steuerlast
0	7 000,00	0,00	0,00	7 000,00	10 000,00	30,00 %
1	7 000,00	420,00	420,00	7 420,00	10 600,00	30,00 %
2	7 420,00	445,20	445,20	7 865,20	11 236,00	30,00 %
3	7 865,20	471,91	471,91	8 337,11	11 910,16	30,00 %
...	...	...	...	...	...	...
10	11 826,35	709,58	709,58	12 535,93	17 908,48	30,00 %
...	...	...	...	...	...	...
39	64 079,77	3 844,79	3 844,79	67 924,55	97 035,07	30,00 %
40	67 924,55	4 075,47	4 075,47	72 000,03	102 857,18	30,00 %
Endsparbetrag vor ESt						72 000,03
Auszahlung nach ESt						**72 000,03**

Steuersatz s = 30 %; Verzinsung i = 6 %; investierter Betrag = 10 000

Zwar wird hier nicht - wie bei der nachgelagerten Besteuerung - der Endsparbetrag, sondern vielmehr der Ausgangssparbetrag steuerlich belastet. Der Auszahlungsbetrag nach Einkommensteuer ist dennoch bei beiden Besteuerungsvarianten (nachgelagerte Besteuerung bzw. vorgelagerte Besteuerung ohne Ertragsanteilsbesteuerung) gleich (im Beispiel: 72 000 Euro). Verzichtet man bei der vorgelagerten Besteuerung auf die Besteuerung der Ertragsanteile, hat auch hier die Kapitalanlagedauer keinen Einfluss auf die überperiodische Steuerlast.

Obwohl eine solche Besteuerungsvariante, soweit ersichtlich, von niemandem gefordert wird, ließe sich eine Belastungsgleichheit zwischen vor- und nachgelagerte Besteuerung also ebenso durch eine nachgelagerte Besteuerung unter Besteuerung der laufenden Zinserträge herstellen.

102 Vgl. auch Avery Jones, European Taxation 2001, 27-S (28-S); Gröpl, FR 2001, 568 (571); Wiegard, ifo Schnelldienst 21/2000, 8 ff.

103 Siehe Seite 22 ff.

Tatsächlich dürften die vorgelagerte und die nachgelagerte Besteuerung allerdings bei gleicher Bruttoverzinsung nur selten auch zu einer gleichen Nettobelastung führen. So können sich durch Progressionsverschiebungen zwischen der Einzahlungsphase und der Auszahlungsphase Abweichungen ergeben. Zudem setzt die Gleichwertigkeit konstante steuerliche Rahmenbedingungen voraus, welche über die betroffenen langen Zeiträume praktisch kaum anzutreffen sein dürften.[104]

II. Progressionseffekte

Die geltende Einkommensteuer wird als periodische Steuer in Form einer Jahressteuer erhoben, § 2 Abs. 7 Satz 1 EStG. Dabei gilt nach § 32a EStG ein progressiver Tarif, der sich nach dem zu versteuernden Einkommen bemisst. Steigt das zu versteuernde Einkommen an, führt dies auch zu höheren Steuersätzen und umgekehrt. Vor diesem Hintergrund wird es allgemein als vorteilhaft für den Steuerpflichtigen angesehen, dass mit der nachgelagerten Besteuerung von Alterseinkünften der Besteuerungszeitpunkt in den Ruhestand „verschoben" wird.[105] In dieser Lebensphase ist das Einkommen eines Steuerpflichtigen oft deutlich niedriger als während seines aktiven Erwerbslebens, was zu einer geringeren durchschnittlichen Grenzsteuerbelastung führt. Dies vorausgesetzt, bewirkt eine nachgelagerte Besteuerung von Alterseinkünften, dass die Steuerbelastung insgesamt gesehen sinkt, dem Steuerpflichtigen also mehr „Nettolebenseinkommen"zur Verfügung steht.[106]

---

104 Hey, Stellungnahme zum Entwurf eines Gesetzes zur Neuordnung der einkommensteuerlichen Behandlung von Altersvorsorgeaufwendungen und Altersbezügen (Alterseinkünftegesetz - AltEinkG) BT-Drucksache 15/2150 anlässlich der öffentlichen Anhörung im Finanzausschuss des Deutschen Bundestages am 28. Januar 2004, S. 9.

105 Birk, DStZ 2004, 777 (777); Gröpl, FR 2001, 568 (571). Ebenso in Bezug auf die Vorteilhaftigkeit von „Deferred Compensation": Barein, StB 2000, 250 (250); Ebel, FR 2000, 241 (242); Grawert/Knoll, DStR 1998, 1692 (1692); Grube, DStR 1997, 1956 (1957); Mössner, Generalbericht, in: International Fiscal Association (Hrsg.), International tax aspects of deferred remunerations, Cahiers De Droit Fiscal International, Vol. LXXXVb, The Hague London Boston 2000, S. 21 (34); ders., Deferred compensation, in: Hebig/Kaiser/Koschnrieder/Oblau, Aktuelle Entwicklungsaspekte der Unternehmensbesteuerung, Festschrift für Wilhelm H. Wacker zum 75. Geburtstag, S. 113 (117); Ophoff/Walkiewicz, DB 1996, 2240 (2241); Niermann, DB 2000, 347 (347).

106 Hessling, DB 1995, Beilage 13, S. 12 (12).

Indes können Höhe und Divergenz der Steuersätze nicht nur durch die persönliche Einkommensentwicklung (einschließlich der Versorgungsleistungen selbst), sondern auch durch gesetzgeberische Maßnahmen beeinflusst werden. Neben direkten Veränderungen der Steuersätze gehören dazu wegen des progressiven Steuertarifs auch sämtliche Änderungen, die das zu versteuernde Einkommen als Bemessungsgrundlage beeinflussen.[107] So wirkt sich im geltenden Steuerrecht z. B. die schrittweise Abschmelzung des Versorgungsfreibetrags nach § 19 Abs. 2 EStG nicht nur unmittelbar, sondern über die Progression zusätzlich noch mittelbar steuererhöhend aus. Zu bedenken ist außerdem, dass die steuerliche Belastung der Versorgungsleistungen neben ihrer absoluten Höhe auch durch ihre periodische Verteilung bestimmt wird. Die Auszahlung in Form einer Rente erweist sich (trotz der in vielen Fällen möglichen Progressionsglättung durch die sog. „Fünftelungsregelung" des § 34 EStG) steuerlich zumeist als günstiger als eine einmalige Kapitalzahlung.[108]

Ungeachtet etwaiger Steueränderungen dürfte sich jedoch in aller Regel eine spätere, in die Ruhestandsphase verlagerte Besteuerung unter Progressionsgesichtspunkten für den Steuerpflichtigen als günstig erweisen. Bei der Entgeltumwandlung (z. B. in betriebliche Altersversorgung) kann überdies bereits in der Ansparphase eine begünstigende Progressionswirkung eintreten. Vermindert sich infolge der Nichtbesteuerung bzw. Abzugsfähigkeit der umgewandelten Entgeltkomponente das zu versteuernde Einkommen, führt dies unter Umständen zu einer Verringerung des auf das verbleibende Einkommen anzuwendenden Durchschnittssteuersatzes. Die Entgeltumwandlung finanziert sich dann gewissermaßen (zumindest teilweise) selbst.

III. Zusammenfassung Teil C

Über die Totalperiode gesehen, bewirkt die nachgelagerte Besteuerung eine deutlich geringere Steuerbelastung als die „traditionelle" vorgelagerte Besteuerung. Die Belastungsunterschiede werden umso größer, je länger die Sparperiode andauert. Die vergleichsweise günstige Entwicklung des Sparkapitals ist darauf zurückzuführen, dass die nachgelagerte Besteuerung die marktübliche Verzinsung des Anlagekapitals implizit steuerfrei stellt. Unterstellt man eine marktübliche Verzinsung sowie einen gleichbleibenden Steuersatz, bleibt damit

107 Vgl. Hey, in: Tipke/Lang (Hrsg.), Steuerrecht, 21. Aufl. (2013), § 8 Rn. 43.
108 Bursee/Grawert/Knoll, Nachgelagerte Besteuerung und Entgeltpolitik, 2003, S. 23, 86 f.

die Gesamtbelastung des Sparkapitals (überperiodische Steuerlast) unabhängig davon konstant, ob die Auszahlung sofort, nach einem relativ kurzen Zeit oder-wie bei der Altersvorsorge üblich - erst Jahrzehnte später erfolgt. Unter den genannten Voraussetzungen resultiert aus der nachgelagerten Besteuerung damit intertemporale Neutralität.

Abgesehen von diesem systemimmanenten Unterschied führt der mit der nachgelagerten Besteuerung verbundene spätere Steuerzugriff oftmals zu günstigen Progressionseffekten. Ob und inwieweit der einzelne Steuerpflichtige hiervon profitieren kann, hängt allerdings auch von der Entwicklung anderer für ihn relevanter Regelungen und deren Belastungseffekten ab.

Zumindest irreführend ist demgegenüber die Behauptung, die nachgelagerte Besteuerung habe einen „Steuerstundungseffekt". Die nachgelagerte Besteuerung entspricht weder in ihren wirtschaftlichen Auswirkungen einer Steuerstundung, noch ist sie begrifflich mit ihr gleichzusetzen.

D. Steuersystematische Grundlagen der nachgelagerten Besteuerung

Die „traditionelle" vorgelagerte und die nachgelagerte Besteuerung führen, wie gezeigt, bei überperiodischer Betrachtung zu unterschiedlichen Belastungswirkungen beim Steuerpflichtigen. Diese Feststellung lässt zwar für sich betrachtet noch keinen Schluss darauf zu, wie die Besteuerung von Altersvorsorgeaufwendungen und -bezügen „richtigerweise" oder „gerechterweise" ausgestaltet werden sollte. Es verdeutlicht aber die Notwendigkeit solcher Überlegungen, die sich vornehmlich an den steuerlichen Systemgrundsätzen zu orientieren haben.[109]

Ausgangspunkt muss dabei das im Allgemeinen Gleichheitssatz nach Art. 3 Abs. 1 GG verankerte Leistungsfähigkeitsprinzip sein, das als bedeutendster Maßstab gerechter Besteuerung (auch international[110]) allgemein anerkannt ist. Als abstraktes Rechtsprinzip bedarf das Leistungsfähigkeitsprinzip allerdings der Konkretisierung, d. h. es stellt sich die Frage, wie die Leistungsfähigkeit zu bemessen ist. Von wesentlicher Bedeutung sind dabei die Auswahl und die Gestaltung der Steuerbemessungsgrundlage.[111] Als Indikatoren steuerlicher Leistungsfähigkeit kommen prinzipiell - neben dem „Vermögen" - das „Einkommen" (im Sinne eines Vermögenszugangs) sowie der „Konsum" (d. h. der Einkommens- bzw. Vermögensverbrauch) in Betracht. An welchem dieser möglichen Leistungsfähigkeitsindikatoren die Einkommensbesteuerung ausgerichtet sein sollte, wird auch und gerade in Bezug auf die Gestaltung der Besteuerung der (betrieblichen) Altersvorsorge diskutiert. Als Gegenpole stehen sich dabei grundsätzlich die Besteuerungsmodelle der sog. „Kapitaleinkommensteuer" und der „Konsumeinkommensteuer" gegenüber.[112]

I. Kapitaleinkommensteuer versus Konsumeinkommensteuer

Ausgehend von einem bereits im 19. Jahrhundert geprägten Verständnis von Steuergerechtigkeit, ist das derzeitige Einkommensteuerrecht weltweit

109 Vgl. Fischer, BB 2003, 873 (874).

110 Vgl. z. B. Tipke, Die Steuerrechtsordnung, Band I, 2. Aufl. (2000), S. 488 ff.

111 Vgl. Hey, in: Tipke/Lang, Steuerrecht, 21. Aufl. (2013), § 3 Rn. 49 ff.

112 Gröpl, FR 2001, 568 (570); Hey, in: Tipke/Lang, Steuerrecht, 21. Aufl. (2013), § 3 Rn. 55 ff.

überwiegend kapitalorientiert ausgestaltet.[113] Als Grundlage dieser Betrachtungsweise wird die im Jahr 1896 von Georg von Schanz formulierte Reinvermögenszugangstheorie angesehen, wonach das Einkommen als Zugang von Reinvermögen während einer Periode definiert wird. Daran knüpft die von den US-Amerikanern Haig und Simons entwickelte „net accretion theory“ an. Haig beschreibt das Einkommen als Zuwachs der Bedürfnisbefriedigungsfähigkeit innerhalb einer bestimmten Periode, sofern diese Fähigkeit entweder in Geld oder in anderen geldwerten Gütern besteht. Simons setzt Einkommen mit der Summe von Verbrauch und Änderungen des Reinvermögens gleich (plastisch formuliert: Einkommen ist gleich Konsum und Sparen). Zu diesem Zweck wird das Einkommen als Differenz zwischen den Einnahmen und den abziehbaren Ausgaben (Erwerbsaufwendungen) bestimmt.[114]

Abhängig von der Investitionsform ist jedoch gerade die Besteuerung von gespartem bzw. investiertem Einkommen in der Praxis meist sehr unterschiedlich ausgestaltet, was wiederum Zweifel an der „Gerechtigkeit“ der (gegenwärtigen) Besteuerung von Investitionen aufkommen lässt. So wird unter anderem diskutiert, ob neben realisierten auch unrealisierte Wertsteigerungen als Teil des Einkommens gelten sollen (Wertzuwachssteuer).[115]

Eine neutrale steuerliche Behandlung investierten Einkommens könnte man am konsequentesten erreichen, indem man auf eine Besteuerung des Sparens völlig verzichtet. Das Einkommen würde sich dann ausschließlich nach dem Konsum - statt nach Konsum und Sparen - bemessen.[116] Indikator der Leistungsfähigkeit ist bei einem solchen konsumorientierten Einkommensbegriff nicht die Konsummöglichkeit (potentielle Bedürfnisbefriedigung), sondern der tatsächliche Konsum (Verwirklichung der Bedürfnisbefriedigung). Das Sparen bedeutet nach diesem Verständnis im Zeitpunkt der Ersparnisbildung einen

---

113 Vgl. Hey, in: Tipke/Lang, Steuerrecht, 21. Aufl. (2013), § 3 Rn. 59 ff.

114 Vgl. Mössner, Deferred compensation, in: Hebig/Kaiser/Koschnrieder/Oblau (Hrsg.), Aktuelle Entwicklungsaspekte der Unternehmensbesteuerung, Festschrift für Wihelm H. Wacker zum 75. Geburtstag, Berlin 2006, S. 113 (118).

115 Vgl. dazu Hey, in: Tipke/Lang, Steuerrecht, 21. Aufl. (2013), § 3 Rn. 67; Mössner, Deferred compensation, in: Hebig/Kaiser/Koschnrieder/Oblau (Hrsg.), Aktuelle Entwicklungsaspekte der Unternehmensbesteuerung, Festschrift für Wihelm H. Wacker zum 75. Geburtstag, Berlin 2006, S. 113 (118).

116 Mössner, Deferred compensation, in: Hebig/Kaiser/Koschnrieder/Oblau (Hrsg.), Aktuelle Entwicklungsaspekte der Unternehmensbesteuerung, Festschrift für Wihelm H. Wacker zum 75. Geburtstag, Berlin 2006, S. 113 (118).

Konsumverzicht, weshalb die entsprechenden Beträge kein echtes Einkommen darstellen.[117]

Wie ließe sich aber eine konsumorientierte Besteuerung praktisch umsetzen? Die (in den 1990er Jahren noch diskutierte) Ausgabensteuer als klassische Form einer direkten Steuer auf den Konsum wird aufgrund der praktischen Schwierigkeiten, die mit einer rechnungslegungstechnischen Erfassung des privaten Konsums verbunden wären, heute ganz überwiegend abgelehnt.[118] Vorgeschlagen werden zwei Varianten einer konsumorientierten Besteuerung, die sparbereinigte und die zinsbereinigte Besteuerung.

Bei der sog. Sparbereinigung von Einkünften sollen investierte Einkommensbestandteile nicht besteuert bzw. bei der Ermittlung der Einkünfte als Aufwendungen abgezogen werden. Die entsprechenden Beträge sind erst bei ihrem Rückfluss, d. h. im Zeitpunkt ihrer Konsumierbarkeit, voll zu versteuern.[119]

Dasselbe Ergebnis intertemporaler Neutralität - so die Verfechter dieser Methode - kann auch im Wege einer Zinsbereinigung erzielt werden. Dazu sollen Zinsen bis zur Höhe der marktüblichen Normalverzinsung von der Einkommensteuer freigestellt werden. Zinseinkünfte sind nur zu versteuern, soweit sie diesen Richtwert überschreiten.[120] Allerdings ist eine Zinsbereinigung wegen der benötigten Größe des Normalzinssatzes nur eingeschränkt in die Praxis umsetzbar.[121] So wurde zur Einführung eines solchen Verfahrens in Kroatien zwar ein bestimmter Zinssatz zum „Normalzinssatz“ erklärt. Eine wirkliche Äquivalenz zur Sparbereinigung lässt sich auf diesem Wege aber nur in den seltensten Fällen herstellen. Mithin führt eine entsprechende Vorgehensweise zwar zu einer (mehr oder weniger beliebigen) Begünstigung des Sparens; ein wirklicher Übergang zu einer reinen Konsumsteuer wird damit jedoch nicht bewirkt.[122]

---

117 Vgl. Kirchhof, in: Kirchhof/Söhn/Mellinghoff, EStG, § 2 Rn. A 350 ff.

118 Hey, in: Tipke/Lang, Steuerrecht, 21. Aufl. (2013), § 3 Rn. 74 m. w. N.

119 Dorenkamp, StuW 2000, 121 (122 ff.); ders., StuW 2001, 253 (255 ff.); Wagner, Die zeitliche Erfassung steuerlicher Leistungsfähigkeit, in: Hax/Kern/Schröder (Hrsg.), Zeitaspekte in betriebswirtschaftlicher Theorie und Praxis (Wissenschaftliche Jahrestagung des Verbandes der Hochschullehrer für Betriebswirtschaft e. V.; 50), Stuttgart 1989, S. 261 (270 ff.)

120 Vgl. Gröpl, FR 2001, 568 (570, Fn. 26); Hey, in: Tipke/Lang, Steuerrecht, 21. Aufl. (2013), § 3 Rn. 78.

121 Gröpl, FR 2001, 568 (570).

122 Krause-Junk/Müller, DB 1999, 2282 (2284).

II. Nachgelagerte Besteuerung als Einstieg in eine generelle konsumorientierte Besteuerung?

Die nachgelagerte Besteuerung von (Alters-)Einkünften und die konsumorientierte Besteuerung (Sparbereinigung) weisen ähnliche Strukturen auf. Hier wie dort werden Beträge, die z. B. für Vorsorgezwecke investiert werden, erst im Zeitpunkt ihrer Auszahlung, also des „Entsparens",[123] einkommensteuerlich belastet. Beide Modelle entsprechen sich - wie die Berechnungsbeispiele verdeutlichen[124] - auch hinsichtlich ihrer Belastungswirkungen, denn die sparbereinigte Besteuerung ist im Ergebnis nichts anderes als eine „vorgelagerte Einkommensbesteuerung ohne Ertragsanteilsbesteuerung". Die nachgelagerte und die sparbereinigte Besteuerung werden deshalb vielfach gleichgesetzt;[125] gelegentlich werden die Begriffe auch synonym verwendet.[126] Teilweise wird die nachgelagerte Besteuerung auch als das „trojanische Pferd der Befürworter einer Konsumsteuer"[127] bezeichnet; sie passe sich steuersystematisch ohne weiteres in ein Konsumsteuersystem ein, stelle im Rahmen der traditionellen Einkommensteuer aber einen Fremdkörper dar.[128]

Doch ist mit einer nachgelagerten Besteuerung von (Alters-)Einkünften zwingend ein Systemwechsel hin zu einer konsumorientierten Besteuerung verbunden bzw. wäre ein solcher unter Steuergerechtigkeitsgesichtspunkten zumindest wünschenswert? Die Befürworter eines generellen Wechsels zu einer konsumorientierten Besteuerung können zugunsten ihrer Auffassung durchaus gewichtige Argumente vorbringen. So trifft es zu, dass das geltende Einkommensteuerrecht den Gegenwartskonsum gegenüber dem Investieren und Sparen begünstigt.[129] Wer zunächst spart und später konsumiert, wird im Ergebnis (d. h. über die Totalperiode betrachtet) stärker belastet als derjenige, der sofort konsumiert. Hinzu kommt eine Benachteiligung durch die Inflation, da Zinsen, obwohl sie teilweise nur den inflationsbedingten Wertverzehr ausgleichen, unterschiedslos besteuert werden. Demgegenüber bewirkt die konsumorientierte Besteuerung eine Inflationsbereinigung und intertemporale Neutralität.[130]

---

123 Vgl. Tipke, Die Steuerrechtsordnung, Band II, 2. Aufl. (2003), S. 571.

124 Siehe Seite 22 ff.

125 Wiegard, ifo Schnelldienst 21/2000, 8 ff.

126 So z. B. bei Hey, in: Tipke/Lang, Steuerrecht, 21. Aufl. (2013), § 3 Rn. 76.

127 Wiegard, ifo Schnelldienst 21/2000, 8 ff.

128 Vgl. auch Krause-Junk/Müller, DB 1999, 2282 (2282 ff.)

129 Vgl. Tipke, Die Steuerrechtsordnung, Band II, 2. Aufl. (2003), S. 574.

130 Gröpl, FR 2001, 568 (571).

Durch eine konsumorientierte Besteuerung ließe sich zudem einer progressionsbedingten Schlechterstellung derjenigen Steuerpflichtigen entgegenwirken, die einen Großteil ihres Lebenseinkommens (wie z. B. Sportler, teilweise Künstler, aber auch Akademiker) in relativ kurzer Zeit erwirtschaften.[131] Sieht man das Lebenseinkommen als entscheidenden Indikator steuerlicher Leistungsfähigkeit an, erscheint die konsumorientierte Besteuerung mithin gerechter als eine am Vermögenszugang pro Kalenderjahr ausgerichtete Einkommensteuer.[132] Sofern gewollt, wären aber auch im Rahmen des geltenden Systems Maßnahmen zur stärkeren Berücksichtigung des Lebenseinkommens denkbar[133] - vorgeschlagen wird z. B. eine periodenübergreifende Progressionsglättung durch eine antragsgebundene Einbeziehung des Gesamteinkommens der letzten zehn Jahre;[134] bei akademischen Berufen könnte die Steuerprogression durch eine generelle Berücksichtigung der ertragslosen Ausbildungszeit gemildert werden.[135]

Weiter wird vorgetragen, dass die konsumorientierte Besteuerung einen Anreiz zur Selbstdeklaration der Sparanteile schaffe und damit dem Fiskus die vollständige Erfassung von Kapiteleinkünften erleichtere.[136] Indes könnte die steuerliche Belastung des „entsparten" Einkommens einzelne Steuerpflichtige gleichwohl dazu veranlassen, ihr Geld z. B. in Luxemburg anzulegen und „steuerfrei" zu entsparen.[137] Da sich der steuerliche Zugriff teils über Jahrzehnte verzögert, wäre überdies zu besorgen, dass die vollständige Einkommenserfassung nicht erleichtert, sondern vielmehr erschwert werden würde.[138]

Einen Vorteil eines gänzlichen Verzichts auf eine Besteuerung des Sparens kann man ferner darin sehen, dass bestimmte Sparformen nicht mehr (ungerechtfertigt) gegenüber anderen Sparformen bevorzugt würden und auch entsprechende Abgrenzungsschwierigkeiten entfielen. Der gegebenenfalls entstehende Gerechtigkeitsgewinn müsste aber durch eine einseitige (und vermutlich auch

---

131 Lang, in: Tipke/Lang, Steuerrecht, 20. Aufl. (2010), § 4 Rn. 120; vgl. Gröpl, FR 2001, 568 (571).

132 Lang, in: Tipke/Lang, Steuerrecht, 20. Aufl. (2010), § 4 Rn. 120; Wiegard, ifo Schnelldienst, 21/2000, 8 ff.

133 Giloy, Zum Zeitpunkt der steuerlichen Erfassung von Einnahmen und Ausgaben als technisch wertendes Prinzip, in: Tipke/Söhn (Hrsg.), Gedächtnisschrift für Christoph Trzaskalik, Köln 2005, S. 311 (312 f.)

134 Beiser, DB 2002, 703 (705).

135 Vgl. bereits Eggesieker, FR 1971, 450 (458).

136 Gröpl, FR 2001, 568 (571); Lang, in: Tipke/Lang, Steuerrecht, 20. Aufl. (2010), § 4 Rn. 122.

137 Tipke, Die Steuerrechtsordnung, Band II, 2. Aufl. (2003), S. 574.

138 Gröpl, FR 2001, 568 (571).

stärkere) Belastung des Arbeitseinkommens erkauft werden. Von ihrer Belastungswirkung her gesehen, kommt die konsumorientierte Besteuerung im Ergebnis einer ausschließlichen Besteuerung von Arbeitseinkünften gleich.[139] Sie benachteiligt damit Erwerbstätige mit geringem Einkommen, die regelmäßig gezwungen sind, einen größeren Anteil ihres Einkommens zu konsumieren als Besserverdienende. Ferner wäre es nicht unwahrscheinlich, dass Steuerausfälle infolge einer Reduktion der Bemessungsgrundlage auf das konsumierbare Einkommen durch eine Erhöhung der Steuersätze (insbesondere auf das Arbeitseinkommen) kompensiert werden würden.[140]

Zweifellos begünstigt die Möglichkeit zur Bildung privaten Kapitalvermögens aus unversteuertem Einkommen die Spar- und Investitionsneigung der Steuerpflichtigen und fördert damit auch die Eigenvorsorge. Zudem kann im Interesse der Umwelt durch eine stärkere Besteuerung des Konsums ein Anreiz zu dessen Verminderung geschaffen werden.[141] Diese Ziele lassen sich aber ebenso im Rahmen des geltenden Steuersystems fördern; hierzu bedarf es keiner radikalen Umstellung der Einkommensbesteuerung auf ein konsumorientiertes System.

Ob und inwieweit die (Einkommens-)Besteuerung an den Vermögenszugang oder an die Einkommens-/Vermögensverwendung (Konsum) anknüpfen soll, ist letztlich eine Wertungsfrage. Über diese kann - innerhalb den durch die Verfassung gesetzten Grenzen - nur der Gesetzgeber entscheiden.[142] Gegenwärtig knüpft die Einkommensteuer als direkte Steuer an das jährliche Einkommen im Sinne eines „Hin-Einkommens" von (Geld-)Werten in die Vermögenssphäre an. Daneben stehen im Rahmen eines Vielsteuersystems unter anderem die indirekten Steuern auf den Konsum, namentlich die Umsatzsteuer und die speziellen Verbrauchssteuern.

Zwar gelangt man nach dem geltenden Einkommensteuerrecht und bei Anwendung der Grundsätze der konsumorientierten Besteuerung oftmals zum gleichen Ergebnis (z. B. bei der nachgelagerten Besteuerung von Alterseinkünften). Hieraus auf eine grundlegende gesetzgeberische Entscheidung zugunsten der konsumorientierten Besteuerung zu schließen, an der die konkreten gesetzlichen Regelungen dann auch zu messen wären, würde jedoch zu weit führen. Mithin besteht für ein allgemeines System einer konsumorientierten Besteuerung, aufgrund dessen sämtliche Formen der Altersvorsorge zwingend

139 Warren, Harvard Law Review 88 (1975), S. 931 (938).

140 Gröpl, FR 2001, 568 (571); Tipke, Die Steuerrechtsordnung, Band II, 2. Aufl. (2003), S. 572.

141 Lang, in: Tipke/Lang, Steuerrecht, 20. Aufl. (2010), § 4 Rn. 97.

142 Vgl. Tipke, Die Steuerrechtsordnung, Band II, 2. Aufl. (2003), S. 573.

nachgelagert besteuert werden müssten, derzeit kein Raum. Die Suche nach der „richtigen" Ausgestaltung muss sich vielmehr an der Systematik des geltenden Einkommensteuerrechts orientieren.

III. Anknüpfungsmöglichkeiten der nachgelagerten Besteuerung von (Alters-)Einkünften im System des geltenden Einkommensteuerrechts

1. Allgemeines zur Ermittlung von Einkünften

Das geltende deutsche Einkommensteuerrecht bezieht sich nicht auf einen abstrakten Einkommensbegriff, sondern definiert das steuerbare Einkommen unter Verwendung eines Einkünftekatalogs, vgl. § 2 Abs. 1 EStG.[143] Dabei gilt das objektive Nettoprinzip, d. h. die Einkünfte sind gemäß § 2 Abs. 2 EStG als Rein- oder Nettoeinkünfte zu bestimmen.[144] Sie ergeben sich bei den Überschusseinkunftsarten, zu denen auch die bei der Altersvorsorgebesteuerung im Vordergrund stehenden Einkünfte aus nichtselbständiger Arbeit zählen, aus dem Überschuss der Einnahmen über die Werbungskosten (§§ 8 bis 9a EStG). Erkennbar ist hier der Einfluss der Quellentheorie, wonach nur die „Erträge fließender Quellen" zum Einkommen zählen, während Wertveränderungen der Quelle selbst (einschließlich veräußerungsbedingter Wertrealisationen) generell unbeachtlich sind. Der Einkünftebegriff der Gewinneinkunftsarten orientiert sich demgegenüber vorwiegend an der Reinvermögenszugangstheorie.[145]

Allerdings haben weder die Reinvermögenszugangstheorie noch die Quellentheorie vollen Eingang in das Gesetz erhalten. Über den Einkommensbegriff der Quellentheorie geht das geltende Einkommensteuerrecht insofern hinaus, als nicht nur die Quellenerträge, sondern auch realisierte Wertsteigerungen des Quellvermögens erfasst werden. Andererseits zählen nach geltendem Recht - anders als nach der Reinvermögenszugangstheorie - vor allem unrealisierte Wertsteigerungen und Zuwendungen (Geschenke, Erbschaften) nicht zum steuerbaren Einkommen.[146]

Die einkommensteuerliche Bemessungsgrundlage weist einen zweistufigen Aufbau auf. Auf einer ersten Stufe (§ 2 Abs. 1 bis 3 EStG) wird die objektive

143 Tipke, Die Steuerrechtsordnung, Band II, 2. Aufl. (2003), S. 589 f.; Musil, in: Herrmann/Heuer/Raupach, EStG, § 2 Rn. 10.

144 Hey, in: Tipke/Lang, Steuerrecht, 21. Aufl. (2013), § 8 Rn. 54.

145 Vgl. Hey, in: Tipke/Lang, Steuerrecht, 21. Aufl. (2013), § 9 Rn. 49, 81.

146 Vgl. Ruppe, in: Herrmann/Heuer/Raupach, Einf. ESt Rn. 32.

Leistungsfähigkeit des Steuerpflichtigen gemessen.[147] Diese ergibt sich idealiter aus der Gesamtheit der am Markt erwirtschafteten Einkünfte.[148] Die zweite Stufe (§ 2 Abs. 4 und 5 EStG) berücksichtigt durch private Abzüge die subjektive, durch die persönlichen Verhältnisse des Steuerpflichtigen bestimmte Leistungsfähigkeit. Zugrunde liegt hier der Gedanke, dass die Einkommensteuer nur auf den Teil des Einkommens zugreifen darf, der für die Steuerzahlung tatsächlich disponibel ist. Unvermeidliche Aufwendungen für die Sicherung der eigenen Existenz oder für den Unterhalt der Familie sind deshalb von der Besteuerung freizustellen (sog. privates oder subjektives Nettoprinzip).[149]

2. Steuersystematische Anknüpfungspunkte der nachgelagerten Besteuerung

Wie die nachgelagerte Besteuerung von Alterseinkünften innerhalb des dargestellten Regelungsgefüges korrekt zu regeln bzw. durchzuführen ist, wird teils sehr unterschiedlich beurteilt. Grundsätzlich sind folgende Ansätze zu unterscheiden:

- Zunächst kann es - je nach Vorsorgeform - erstmalig bei Auszahlung der Leistungen in der Versorgungsphase zu einem Zufluss von Einnahmen kommen. Eine Besteuerung der Altersvorsorgebeiträge (vorgelagerte Besteuerung) scheidet dann von vornherein aus; einer Steuerfreistellung von Leistungen des Arbeitgebers zur Zukunftsvorsorge[150] bedarf es dann erst gar nicht.
- An der objektiven Leistungsfähigkeit kann es ebenso fehlen, wenn den Einnahmen des Steuerpflichtigen Aufwendungen gegenüberstehen, die dem Erwerb zukünftiger Einnahmen dienen, also Werbungskosten sind.[151] Soweit dies der Fall ist, sind die Vorsorgebeiträge prinzipiell in vollem Umfang zum Abzug zuzulassen, während die korrespondierenden Versorgungsleistungen voll nachgelagert zu besteuern sind. Begrenzungen sind allenfalls aus Gründen der Finanzierbarkeit denkbar.[152]

---

147 Hey, in: Tipke/Lang, Steuerrecht, 21. Aufl. (2013), § 3 Rn. 72.

148 Zur Markteinkommenstheorie vgl. z. B. Elicker, DStZ 2005, 564 (564 ff.); Wittmann, StuW 1993, 35 (35 ff.)

149 Hey, in: Tipke/Lang, Steuerrecht, 21. Aufl. (2013), § 8 Rz. 71.

150 Vgl. insbesondere § 3 Nrn. 17, 62, 63, 65 und 66 EStG.

151 Vgl. dazu Söhn/Müller-Franken, StuW 2000, 442 (444 f.).

152 Vgl. Birk, DStZ 2004, 777 (778); Hey, Stellungnahme zum Entwurf eines Gesetzes zur Neuordnung der einkommensteuerlichen Behandlung von Altersvorsorgeaufwendungen und Altersbezügen (Alterseinkünftegesetz - AltEinkG) BT-Drucksache

- Eine höhenmäßige Beschränkung der Abzugsbeträge ist dagegen nicht nur zulässig, sondern sogar geboten, wenn man die nachgelagerte Besteuerung als Ausdruck der Steuerfreiheit des indisponiblen Einkommens begreift. Nach diesem Verständnis handelt es sich bei den Altersvorsorgeaufwendungen um Einkommensverwendungen, die wegen ihrer Zwangsläufigkeit die subjektive Leistungsfähigkeit des Steuerpflichtigen mindern. Die zur Absicherung des Existenzminimums notwendigen Beträge sind demnach konsequenterweise als Sonderausgaben zum Abzug zuzulassen.[153]
- Weiter ist denkbar, dass es sich bei der nachgelagerten Besteuerung von Alterseinkünften um eine rein sozialpolitische Maßnahme zur Verbesserung der Absicherung im Alter handelt. Die Abziehbarkeit von Vorsorgeaufwendungen dient dann allein dem Zweck, einen Anreiz zur privaten Vorsorge zu schaffen. Dem Gesetzgeber steht es weitestgehend frei, die Abzugsbeträge nach seinem Dafürhalten zu verringern oder zu erhöhen.[154]

Die dargestellten Anknüpfungsmöglichkeiten für eine nachgelagerte Besteuerung von Alterseinkünften sind aus steuersystematischer Sicht nicht beliebig austauschbar. Ein Abzug von Zukunftssicherungsleistungen des Arbeitgebers als Werbungskosten oder Sonderausgaben kommt nur dann in Betracht, wenn diese beim Arbeitnehmer zumindest gedanklich zuvor zu einem Zufluss von Einnahmen geführt haben. Nur dann hat auch gegebenenfalls eine Steuerfreistellung der Einnahmen einen konstitutiven - und nicht bloß einen rein deklaratorischen[155] - Charakter. Der Zeitpunkt des Zuflusses von Einnahmen ist damit für die systemgerechte Ausgestaltung der (nachgelagerten) Besteuerung der betrieblichen Altersversorgung von entscheidender Bedeutung. Die tatbestandlichen

---

15/2150 anlässlich der öffentlichen Anhörung im Finanzausschuss des Deutschen Bundestages am 28. Januar 2004, S. 4.

153 Von Eichborn, DB 2000, 944 (945); Fischer, BB 2003, 873 (873 f.); Lehner, Einkommensteuer und Sozialhilferecht, Tübingen 1993, S. 299 ff.; Liesenfeld, DStR 2002, 1833 (1835); Söhn, StuW 1985, 395 (404); ders., StuW 1990, 356 (362); Söhn/Müller-Franken, StuW 2000, 442 (447); Wernsmann, StuW 1998, 317 (330 f.)

154 Vgl. Birk, DStZ 2004, 777 (778); Hey, Stellungnahme zum Entwurf eines Gesetzes zur Neuordnung der einkommensteuerlichen Behandlung von Altersvorsorgeaufwendungen und Altersbezügen (Alterseinkünftegesetz - AltEinkG) BT-Drucksache 15/2150 anlässlich der öffentlichen Anhörung im Finanzausschuss des Deutschen Bundestages am 28. Januar 2004, S. 4.

155 Rein deklaratorische Steuerbefreiungen finden sich z. B. in § 3 Nrn. 20 und 58 EStG. Sie erfassen Vermögensmehrungen, die schon von vornherein nicht zu einer Einkunftsart gehören, vgl. Birk, Steuerrecht, 15. Aufl. (2012), Rn. 612.

Voraussetzungen für den Zufluss von Einnahmen nach §§ 8 Abs. 1, 11 Abs. 1 EStG sollen deshalb im folgenden Abschnitt allgemein dargestellt werden. Welche Konsequenzen sich hieraus für die Besteuerung der einzelnen Durchführungswege der betrieblichen Altersversorgung ergeben bzw. ergeben sollten, wird später noch eingehend zu erörtern sein.

IV. Grundlegendes zum Zufluss von Einnahmen

Auf den Zufluss wird im Einkommensteuergesetz in zweifacher Weise Bezug genommen. Zunächst ist der Zufluss als Element des Einnahmebegriffs nach § 8 Abs. 1 EStG bedeutsam für die Beurteilung, ob überhaupt eine Einnahme vorliegt. Gleichzeitig entscheidet der Zufluss im Rahmen des § 11 Abs. 1 EStG aber auch über die zeitliche Zuordnung der Einnahmen zu einer Besteuerungsperiode, d. h. zu dem Kalenderjahr, in dem die Einnahmen zu berücksichtigen sind.[156] Für die im Wege des Lohnsteuerabzugs erhobenen Einkünfte aus nichtselbständiger Arbeit wird dementsprechend in § 38 Abs. 2 Satz 2 EStG bestimmt, dass die Lohnsteuer in dem Zeitpunkt entsteht, in dem der Arbeitslohn dem Arbeitnehmer zufließt.

§ 8 Abs. 1 definiert den Begriff der Einnahmen mithilfe dreier Gruppen von Merkmalen. Gegenstand der Einnahme müssen (1.) Güter in Geld oder Geldeswert sein, diese müssen (2.) dem Steuerpflichtigen zufließen, und zwar (3.) im Rahmen einer der Einkunftsarten des § 2 Abs. 1 Satz 1 Nr. 4 bis 7 EStG.

1. Einnahmen in Form von Geld oder geldwerten Gütern

Güter in Geld können in vielfacher Erscheinungsform auftreten. Allein § 19 EStG nennt unter anderem Gehälter, Löhne, Gratifikationen, Tantiemen, Beiträge und Zuwendungen, Sonderzahlungen sowie Versorgungsbezüge. Zahlreiche weitere Beispiele finden sich in anderen Vorschriften des Einkommensteuergesetzes. Erfasst sind sämtliche (inländischen und ausländischen)[157] Zahlungsmittel, sowohl in Form von Bargeld als auch in Form von Buchgeld.[158]

Ferner stellt das Gesetz klar, dass Einnahmen nicht nur in Geld, sondern auch in Gütern in Geldeswert bestehen können. Dies ergibt sich nicht nur aus § 8 Abs. 1

---

156 Vgl. Kratzsch, in: Frotscher, EStG, § 8 Rn. 89 f.; Krüger, in: Schmidt, EStG, 32. Aufl. (2013), § 8 Rn. 5;

157 BFH v. 27. Oktober 2004, VI R 29/92, BStBl. II 2005, 135 (136); Glenk, in: Blümich/Falk, § 8 Rn. 11; Pust, in: Littmann/Bitz/Pust, EStG, § 8 Rn. 27.

158 Kratzsch, in: Frotscher, EStG, § 8 Rn. 71; Pust, in: Littmann/Bitz/Pust, EStG, § 8 Rn. 27; Steiner, in: Lademann, EStG, § 8 Rn. 13.

EStG, sondern wird auch durch die Bestimmungen zu den einzelnen Einkunftsarten bestätigt (vgl. etwa § 19 Abs. 1 Nr. 1 und 2 EStG, wonach auch andere Bezüge und Vorteile zu den Einkünften aus nichtselbständiger Arbeit zählen). Diese Gleichsetzung von Geld und geldwerten Gütern beruht auf dem in § 3 Abs. 1 GG verwurzelten Gebot der Besteuerung nach der individuellen Leistungsfähigkeit. Denn bei wirtschaftlicher Betrachtung macht es in aller Regel keinen Unterschied, ob eine Bereicherung des Steuerpflichtigen in Form von Geld oder durch entsprechende, nicht in Geld bestehende Wertzuflüsse erfolgt. Das Leistungsfähigkeitsprinzip gebietet deshalb gleiche steuerliche Folgen für den Bezug von Geldzahlungen und den wirtschaftlich gleichstehenden Bezug geldwerter Güter.[159]

Die Aufzählung einzelner geldwerter Güter in § 8 Abs. 2 EStG (Wohnung, Kost, Waren, Dienstleistungen und sonstige Sachbezüge) ist keineswegs abschließend. Zu den geldwerten Gütern zählen auch vermögenswerte Rechte, Forderungen (wie z. B. der Anspruch auf Arbeitslohn[160]), sonstige wirtschaftliche Vorteile (beispielsweise unverzinsliche oder zinsvergünstigte Darlehen), Dienst- und Werkleistungen sowie private Nutzungsrechte.[161] Nicht einbezogen sind dagegen bloße Aufmerksamkeiten,[162] Zuwendungen des Arbeitgebers in ganz überwiegend eigenbetrieblichem Interesse[163] und nicht selbständig bewertbare Vorteile.[164] Auch die Ersparnis von Aufwendungen stellt für sich genommen keine Einnahme dar.[165]

Als geldwerte Güter in Betracht kommen mithin alle Vorteile, die einen in Geld ausdrückbaren (d. h. wirtschaftlichen und nicht bloß ideellen) Wert haben.[166] Ihr

---

159 Gröpl, in: Kirchhof/Söhn/Mellinghoff, EStG, § 8 Rn. A 12; Kister, in: Herrmann/Heuer/Raupach, EStG, § 8 Rn. 6; Musil, in: Herrmann/Heuer/Raupach, EStG, § 2 Rn. 11

160 Insbesondere im Fall von (Arbeitslohn-)Forderung ist allerdings in besonderem Maße zu prüfen, ob diese tatsächlich auch einen Einnahmezufluss begründen. Siehe dazu Seite 151 ff.

161 Durch die Einbeziehung empfangener Nutzungsvorteile geht der Begriff des geldwerten Gutes noch über den des Wirtschaftsgutes hinaus, vgl. BFH v. 26. Oktober 1987, GrS 2/86, BStBl. II 1988, 348 (352).

162 Hess. FG v. 14. Juni 1995, 6K2762/94, EFG 1996, 373 (373 f.); Glenk, in: Blümich/Falk, § 8 Rn. 16.

163 BFH v. 21. Februar 1986, VI R 21/84, BStBl. II 1986, 406 (407); v. 30. Mai 2001, VI R 177/99, BStBl. II 2001, 671 (672).

164 Kister, in: Herrmann/Heuer/Raupach, EStG, § 8 Rn. 32.

165 Kister, in: Herrmann/Heuer/Raupach, EStG, § 8 Rn. 27.

166 BFH v. 1. September 1998, VIII R 3/97, BStBl. II 1999, 213 (214); v. 20. August 1986, I R 41/82, BStBl. II 1987, 65 (69); Glenk, in: Blümich/Falk, § 8 Rn. 13.

Leistungsaustausch muss im allgemeinen wirtschaftlichen Verkehr regelmäßig einen Anspruch auf Zahlung von Geld zur Folge haben.[167] Entscheidend sind allein objektive Gesichtspunkte; darauf, ob der Steuerpflichtige von sich aus entsprechende Aufwendungen getätigt hätte, kommt es nicht an.[168] Gleichgültig ist ferner, ob die Leistungen einmalig oder laufend gezahlt werden,[169] unter welcher Bezeichnung sie gewährt werden und ob ein Rechtsanspruch auf sie besteht.[170]

2. Zufluss beim Steuerpflichtigen durch Erlangung der wirtschaftlichen Verfügungsmacht (objektive Bereicherung)

Eine Einnahme setzt weiter voraus, dass bei dem Steuerpflichtigen eine - von außen kommende - Vermögensmehrung, d. h. eine objektive Bereicherung, eintritt.[171] Das Geld oder die geldwerten Güter müssen dem Steuerpflichtigen zufließen.

Der Begriff des Zufließens ist nach ständiger Rechtsprechung des Bundesfinanzhofs wirtschaftlich zu verstehen. Ein Zufluss liegt demnach erst mit der Erlangung der wirtschaftlichen Verfügungsmacht über ein in Geld oder Geldeswert bestehendes Wirtschaftsgut vor; dies sei, so das Gericht, in der Regel der Zeitpunkt des Eintritts des Leistungserfolgs oder der Möglichkeit, den Leistungserfolg herbeizuführen.[172] Ob die wirtschaftliche Verfügungsmacht übergegangen ist, soll nach Auffassung des Bundesfinanzhofs nach den jeweiligen Umständen des Einzelfalls zu beurteilen sein.[173]

Geldbeträge fließen demnach im Allgemeinen dadurch zu, dass sie in bar ausgezahlt oder einem Konto des Empfängers bei einem Kreditinstitut

---

167 Kister, in: Herrmann/Heuer/Raupach, EStG, § 8 Rn. 23; Steiner, in: Lademann, EStG, § 8 Rn. 15.

168 BFH v. 27. März 1991, VI R 126/87, BStBl. II 1991, 720 (721).

169 Eine Ausnahme bilden die sonstigen Einkünfte nach § 22 Nr. 1 bis 1c EStG.

170 BFH v. 24. Januar 1975, VI R 242/71, BStBl. II 1975, 340 (342); v. 11. Februar 1988, VI R 106/84, BStBl. II 1988, 726 (728); Krüger, in: Schmidt, EStG, 32. Aufl. (2013), § 8 Rn. 12.

171 BFH v. 7. Dezember 1984, VI R 164/79, BStBl. II 1985, 164 (166); v. 17. September 1982, VI R 75/79, BStBl. II 1983, 39 (40 f.); v. 21. Juli 1987, VIII R 211/82, BFH/NV 1988, 224 (225).

172 BFH v. 26. Juli 1983, VIII R 30/82, BStBl. II 1983, 755 (757); v. 21. November 1989, IX R 170/85, BStBl. II 1990, 310 (311); v. 1. Oktober 1993, III R 32/92, BStBl. II 1994, 179 (181); v. 22. Juli 1997, VIII R 57/95, BStBl. II 1997, 755 (759 f.)

173 BFH v. 10. Dezember 1985, VIII R 15/83, BStBl. II 1986, 342 (343); v. 1. Oktober 1993, III R 32/92, BStBl. II 1994, 179 (181).

gutgeschrieben werden.[174] Eine bloße Forderung soll demgegenüber nach Auffassung des Bundesfinanzhofs regelmäßig noch nicht zu einer Einnahme führen; entscheidend soll vielmehr sein, dass der Wert der Forderung zugeflossen ist, entweder durch eine Zahlung (Erfüllung) oder einen vergleichbaren wirtschaftlichen Vorgang, wie z. B. eine Schuldumwandlung (Novation)[175] oder Verrechnung[176]. Auf die zivilrechtliche Fälligkeit der Schuld soll es in der Regel nicht ankommen. Die Einnahme könne vor, bei oder nach Fälligkeit zufließen. Gleichwohl misst der Bundesfinanzhof der Fälligkeit in Einzelfällen Bedeutung als Beweisanzeichen für den Übergang der wirtschaftlichen Verfügungsmacht bei.[177] Regelmäßig unbeachtlich sind nach der Rechtsprechung zudem (vorübergehende) Verfügungsbeschränkungen (z. B. bei Zahlung auf ein Sperrkonto oder ein gepfändetes Bankkonto[178] des Leistungsempfängers); diese sollen den Zufluss grundsätzlich[179] nicht hindern. Etwas anderes soll nur dann gelten, wenn durch die Verfügungsbeschränkung gleichzeitig auch ein Aufschub der Leistung bewirkt wird.[180]

Wie der Schuldner (z. B. der Arbeitgeber beim Arbeitslohn) den Vorgang buchhalterisch behandelt und ob es bei ihm zu einem (gleichzeitigen) Abfluss kommt, ist grundsätzlich nicht von Bedeutung. Eine derartige Korrespondenz kennt das deutsche Einkommensteuerrecht nicht.[181] Führt der Schuldner Bücher und macht regelmäßig Abschlüsse, hat er gemäß § 5 Abs. 1 Satz 1 EStG - soweit nicht im Rahmen der Ausübung eines steuerlichen Wahlrechts ein anderer Ansatz gewählt wurde - die handelsrechtlichen Grundsätze ordnungsmäßiger Buchführung zu beachten. Hiernach richtet sich insbesondere, ob er eine Verbindlichkeit oder eine Rückstellung auszuweisen hat. Hinsichtlich der steuerliche

---

174 BFH v. 10. Dezember 1985, VIII R 15/83, BStBl. II 1986, 342 (343); v. 6. Dezember 1990, VIII R 8/87, BStBl. 1992 II 232 (233).

175 BFH v. 9. November 1999, VIII B 96/99, BFH/NV 2000, 473 (473); v. 22. Juli 1997, VIII R 57/95, BStBl. II 1997, 755 (759).

176 BFH v. 13. Oktober 1987, VIII R 156/84, BStBl. II 1988, 252 (257).

177 Beispielsweise sollen nach der Entscheidung des BFH v. 21. Oktober 1981, I R 230/78, BStBl. II 1982, 139 (140) Beiträge, die eine Kapitalgesellschaft ihrem beherrschenden Gesellschafter schuldet, in der Regel mit ihrer Fälligkeit zufließen. Beherrschende Gesellschafter hätten es in der Hand, sich die Beträge von der Gesellschaft auszahlen oder in deren Betrieb stehen zu lassen.

178 BFH v. 9. Juli 1987, IV R 87/85, BStBl. II 1988, 342 (343); v. 30. Januar 1975, IV R 190/71, BStBl. II 1975, 776 (777).

179 Vgl. jedoch BFH v. 12. November 1997, XI R 30/97, BStBl. II 1998, 252 (253).

180 Vgl. Kister, in: Herrmann/Heuer/Raupach, EStG, § 11 Rn. 34.

181 Glenk, in: Blümich, § 8 Rn. 20.

Erfassung der Einnahmen nach § 8 Abs. 1 EStG kommt es demgegenüber allein auf den Zufluss beim Gläubiger (z. B. Arbeitnehmer) in Form des Erlangens der wirtschaftlichen Verfügungsmacht an.[182]

3. Zurechnung zu einer der Überschusseinkunftsarten

In der Regel unproblematisch ist bei der betrieblichen Altersversorgung der nach § 8 Abs. 1 EStG erforderliche Veranlassungszusammenhang zu einer der Überschusseinkunftsarten. Die betriebliche Altersversorgung wird per definitionem aus Anlass eines Arbeitsverhältnisses gewährt, vgl. § 1 Abs. 1 BetrAVG. Die entsprechenden Leistungen gehören deshalb regelmäßig zu den Einkünften aus nichtselbständiger Arbeit i. S. v. § 19 EStG. Je nach Ausgestaltung können sie aber auch den sonstigen Einkünften des § 22 EStG zuzuordnen sein.

V. Bedeutung des Leistungsfähigkeitsprinzips

Bei der Entscheidung über die Frage, ob bzw. wann ein Zufluss von Einnahmen vorliegt, ist stets zu berücksichtigen, dass diese Begriffe dazu dienen, das aus dem Gleichheitssatz des Art. 3 Abs. 1 GG abgeleitete Leistungsfähigkeitsprinzip zu konkretisieren. Voraussetzung eines Steuerzugriffs ist demnach, dass ein tatsächlicher Zuwachs an individueller wirtschaftlicher Leistungsfähigkeit, d. h. der Fähigkeit, Steuerleistungen zu erbringen,[183] stattgefunden hat. Das hinzuerworbene Vermögen muss dem Steuerpflichtigen ermöglichen, seine - in Form von Geldzahlungen (vgl. § 3 Abs. 1 AO) zu leistende - Steuerschuld zu begleichen. Maßstab hierfür sind nach geltendem Einkommensteuerrecht bei den Überschusseinkünften die „Einnahmen", d. h. der Zufluss wirtschaftlicher Werte, durch die der Steuerpflichtige einen Vermögenszuwachs erlangt. Der Zufluss hat dabei die Aufgabe, zu gewährleisten, dass nur verwirklichte Vermögensmehrungen - und nicht bereits unrealisierte Wertsteigerungen - steuerlich belastet werden.[184] Nur „sichere" Vermögenszuwächse, die sich in der wirtschaftlichen Verfügungsmacht über Geld oder geldwerte Güter (und nicht in bloßen rechtlichen Forderungen) manifestieren, sollen Gegenstand der einkommensteuerlichen Belastung der Überschusseinkünfte sein.[185]

---

182 BFH v. 3. Juli 1964, VI 262/63 U, BStBl. III 1965, 83 (84).

183 BVerfG v. 24. Juni 1958, 2 BvF 1/57, BVerfGE 8, 51 (68 f.); v. 29. Mai 1990, 1 BvL 20/84, 1 BvL 26/84, 1 BvL 4/86, BVerfGE 82, 60 (86).

184 Vgl. Musil, in: Herrmann/Heuer/Raupach, EStG, § 2 Rn. 12.

185 Vgl. Kister, in: Herrmann/Heuer/Raupach, EStG, § 8 Rn. 6.

Der Zufluss von Einnahmen bildet den Abschluss der einkommensteuerlichen Tatbestandverwirklichung. Das Zuflussprinzip hat damit im Bereich der Einkünfteermittlung die Funktion, die bei der Gewinnermittlung durch Betriebsvermögensvergleich den handelsrechtlichen Grundsätzen ordnungsgemäßer Buchführung zukommt.[186] Bei den Überschusseinkünften wird die Leistungsfähigkeit des Steuerpflichtigen innerhalb der jeweiligen Besteuerungsperiode (vgl. § 2 Abs. 7 EStG) nach dem Zufluss von Einnahmen bzw. dem Abfluss von Ausgaben bemessen. Anders als bei der Gewinnermittlung sind hier deshalb Forderungen und Verbindlichkeiten als solche grundsätzlich unbeachtlich.[187] Erst der Eingang oder Ausgang einer Zahlung soll Einfluss auf die einkommensteuerliche Bemessungsgrundlage haben.[188]

Gegen den sog. Dualismus der Einkünfteermittlung der Einkunftsarten wird vorgebracht, dass er die Hauptursache für komplizierte Steuervermeidungsgestaltungen und zahlreiche Streitigkeiten zur Abgrenzung von Einkunftsarten sei.[189] Zudem verletze er den Gleichheitssatz nach Art. 3 Abs. 1 GG.[190] Indessen hat das Bundesverfassungsgericht[191] das Nebeneinander der beiden Systeme der Einkünfteermittlung grundsätzlich gebilligt.[192] Davon unabhängig können sich im Hinblick auf das Leistungsfähigkeitsprinzip aber vor allem dann Bedenken ergeben, wenn die jeweiligen Systeme nicht folgerichtig durchgeführt werden.[193]

Für die unterschiedlichen Systeme der Einkünfteermittlung gibt es vor allem praktische Gründe: Zwar ermöglicht die Bilanzierung eine genaue Zuordnung der jeweiligen positiven und negativen Erfolgsbeiträge zu den Besteuerungsperioden; gleichzeitig ist diese Methode der Einkünfteermittlung eher kompliziert und erfordert umfangreiche, teils sehr spezielle Fachkenntnisse. Demgegenüber soll die Überschussrechnung, die im Sinne einer „Kassenrechnung" lediglich den Unterschiedsbetrag zwischen den Einnahmen und den Ausgaben erfasst, eine verhältnismäßig einfache, den Steuerpflichtigen nicht übermäßig belastende

186 Trzaskalik, in: Kirchhof/Söhn/Mellinghoff, EStG, § 11, Rn. A 6.

187 Trzaskalik, in: Kirchhof/Söhn/Mellinghoff, EStG, § 11, Rn. A 4.

188 Vgl. Hey, in: Tipke/Lang, Steuerrecht, 21. Aufl. (2013), § 8 Rn. 192.

189 Hey, in: Tipke/Lang, Steuerrecht, 21. Aufl. (2013), § 8 Rn. 185.

190 Vgl. Tipke, Die Steuerrechtsordnung, Band II, 2. Aufl. (2003), S. 718 ff.; Hey, in: Tipke/Lang, Steuerrecht, 21. Aufl. (2013), § 8 Rn. 185.

191 BVerfG v. 9. Juli 1979, BVerfGE 26, 302; v. 7. Oktober 1969, BVerfGE 27, 111; v. 11. Mai 1970, BVerfGE 28, 227.

192 Zur Kritik vgl. z. B. Tipke, Die Steuerrechtsordnung, Band II, 2. Aufl. (2003), S. 723 ff.; Lang, in: Tipke/Lang, Steuerrecht, 20. Aufl. (2010), § 9 Rn. 185.

193 Vgl. Trzaskalik, in: Kirchhof/Söhn/Mellinghoff, EStG, § 11, Rn. A 53.

Einkünfteermittlung bieten. Die Überschussrechnung ist deshalb vorrangig als Geldrechnung konzipiert, bei der Vermögensumschichtungen wie der Zugang von Forderungen oder das Eingehen von Verbindlichkeiten ebenso wie Rückstellungen außer Ansatz bleiben.

Etwas anderes gilt allerdings, wenn die Vermögenszugänge oder -abgänge nicht in Geld bestehen, d. h. insbesondere bei Sachbezügen im Sinne des § 8 Abs. 2 EStG. In diesen Fällen tritt das Prinzip der Geldrechnung im Interesse einer vollständigen Ermittlung der Einkünfte zurück; der Systemunterschied zwischen den Methoden der Einkünfteermittlung wird insoweit teilweise aufgehoben.[194] Hierin zeigt sich ferner, dass der (zivilrechtliche) Rechtsgrund einer Zahlung bzw. Vermögensmehrung oder -minderung nicht völlig außer Betracht bleiben darf. So lässt sich nur unter Berücksichtigung der Zweckbestimmung einer Vermögensänderung beurteilen, ob diese einkommensteuerlich zu berücksichtigen ist.[195] Mithin ist - wie der Bundesfinanzhof zu Recht betont[196] - stets anhand der Umstände der jeweiligen Fallgestaltung zu prüfen, ob bzw. wann ein Zufluss von Einnahmen vorliegt. Dabei kommt es letztlich auf die (Wertungs-) Frage an, ob durch den betreffenden Vorgang die Leistungsfähigkeit des Steuerpflichtigen - im Sinne einer gegenwärtigen Konsumleistungsfähigkeit - erhöht wird oder nicht.

VI. Formen des Zuflusses und zivilrechtliche Anknüpfungspunkte

Die Umschreibung des Zuflusses als „Erlangung der wirtschaftlichen Verfügungsmacht" verdeutlicht die enge Verbindung dieses steuerrechtlichen Begriffes zum Zivilrecht. Die Erzielung von Einkünften basiert in aller Regel auf Rechtsgeschäften bzw. rechtlichen Verfügungen des Steuerpflichtigen und/ oder eines anderen Rechtssubjekts. „Wirtschaftliche Verfügungsmacht" kann sich kaum anders ausdrücken als in Form von zivilrechtlichen Rechtspositionen. Bei der Auslegung des Begriffes des Zuflusses stellt sich damit die Frage, ob und inwieweit zivilrechtliche Wertungen auch auf das Steuerrecht übertragbar sind und welche zivilrechtlichen Begriffe ggf. als Anknüpfungspunkt geeignet sind.

---

194 Vgl. Hey, in: Tipke/Lang, Steuerrecht, 21. Aufl. (2013), § 8 Rn. 192; Trzaskalik, in: Kirchhof/Söhn/Mellinghoff, EStG, § 11, Rn. A 53.

195 Trzaskalik, in: Kirchhof/Söhn/Mellinghoff, EStG, § 11, Rn. A 4.

196 Siehe Seite 49.

1. Zivilrechtliche Erfüllung als „Referenzbegriff" des steuerlichen Zuflusses

Wie bereits erwähnt, erlangt nach ständiger Rechtsprechung[197] der Steuerpflichtige die für den Zufluss entscheidende wirtschaftliche Verfügungsmacht regelmäßig zu dem Zeitpunkt, zu dem der Leistungserfolg eintritt oder zumindest die Möglichkeit besteht, den Leistungserfolg herbeizuführen. Die Erfüllung eines Anspruchs stellt daher aus steuerlicher Sicht den „typischen Fall"[198] des Übergangs der wirtschaftlichen Verfügungsmacht nach § 11 Abs. 1 EStG dar. Die zivilrechtliche Erfüllung ist daher - zumindest im Grundsatz - auch für die steuerliche Erfassung einer Einnahme maßgeblich.[199]

a) Entwicklung der höchstrichterlichen Rechtsprechung

Die genannte Rechtsprechung geht zurück auf eine Entscheidung des Reichsfinanzhofs vom 13. November 1928[200], in der das Gericht erstmals auf den Zufluss im wirtschaftlichen Sinn - und nicht wie zuvor auf die Fälligkeit - als hauptsächliches Merkmal der Einnahme abstellte.

Davon abweichend war es nach § 36 Satz 1 des EStG 1920 für „die Frage, ob ein Einkommensbetrag vereinnahmt wurde, (...) ohne Bedeutung, ob der Betrag dem Steuerpflichtigen tatsächlich bereits zugeflossen ist oder noch geschuldet wird"[201], wobei nach der Rechtsprechung „geschuldet" mit „fällig", d. h. der unmittelbaren Realisierbarkeit des Anspruchs gleichzusetzen war.[202]

Ähnlich galten nach § 11 Abs. 1 des EStG 1925[203] „Einnahmen (...) innerhalb des Steuerabschnitts als bezogen, in dem sie fällig geworden oder, ohne fällig zu sein, dem Steuerpflichtigen zugeflossen sind. Soweit ein geschuldeter Betrag in einem Steuerabschnitt fällig geworden, sein Eingang aber zweifelhaft geworden ist, kann der Steuerpflichtige ihn bis zu dem Steuerabschnitt unberücksichtigt lassen, in dem er einbringlich wird." In der Begründung der

---

197 Vgl. z. B. BFH v. 26. Juli 1983, VIII R 30/82, BStBl. II 1983, 755 (757); v. 21. November 1989, IX R 170/85, BStBl. II 1990, 310 (311); v. 1. Oktober 1993, III R 32/92, BStBl. II 1994, 179 (181); v. 22. Juli 1997, VIII R 57/95, BStBl. II 1997, 755 (759 f.)

198 Trzaskalik, in: Kirchhof/Söhn/Mellinghoff, EStG, § 11 Rn. A 31.

199 Vgl. Glenk, in: Blümich, § 8 Rn. 25.

200 RFH v. 13. November 1928, VI A 155/28, RFHE 24, 272.

201 Einkommensteuergesetz v. 29. März 1920, RGBl. 1920, 359 (373).

202 RFH v. 10. Juli 1922, III D 1/22, RFHE 10, 132 (133); v. 2. Mai 1923, III A 157/23, RFHE 12, 143 (144).

203 Einkommensteuergesetz v. 10. August 1925, RGBl. 1925, 189 (191).

Regierungsvorlage hieß es dazu, es solle zur Ausschließung von Zweifeln und zur vollständigen Klarstellung die bürgerlich-rechtliche Fälligkeit entscheidend sein.[204] Durch das alternative Kriterium des Zuflusses sollten lediglich die Fälle abgedeckt werden, in denen ein solcher bereits vor Fälligkeit gegeben war, oder eine Fälligkeit, wie etwa bei freiwilligen Leistungen, von vornherein ausschied.[205]

Dessen ungeachtet fasst der Reichsfinanzhof in der genannten Entscheidung vom 13. November 1928 unter Berufung auf Enno Becker[206] die Fälligkeit als eine Unterart des (wirtschaftlichen) Zufließens auf. Der Ausdruck „fällig" sei im wirtschaftlichen, und nicht im bürgerlich-rechtlichen Sinne zu verstehen. Der Zufluss umfasse „sowohl den unmittelbaren Übergang von Geld oder geldwerten Gütern in das Vermögen des Steuerpflichtigen wie auch diejenigen Fälle (...), in denen die Verwirklichung eines Anspruchs in so greifbare Nähe gerückt und so gesichert ist, dass er wirtschaftlich dem tatsächlichen Eingang der Leistung, auf die er gerichtet ist, gleichzustellen ist"[207].

Obwohl der Entscheidung der eher seltene Fall zugrunde lag, dass der Steuerpflichtige erst nach längerer Zeit Kenntnis von der Fälligkeit erhalten hatte, ist sie als richtungsweisend anzusehen. So wurde in § 11 des EStG 1934[208], der als Vorläufer der heutigen Regelung gilt, nur noch allein auf den Zufluss von Einnahmen (und nicht mehr auf die Fälligkeit) Bezug genommen. Die Vorschrift erhielt bereits die Fassung „Einnahmen sind innerhalb des Kalenderjahrs bezogen, in dem sie zugeflossen sind." Die Gesetzesbegründung verweist dabei wortwörtlich auf die zitierte Definition des Zuflusses aus der Entscheidung des Reichsfinanzhofs.[209]

b) Schlussfolgerungen

Sucht man einen zivilrechtlichen Vergleichsbegriff für die steuerlich bedeutsame wirtschaftliche Verfügungsmacht, macht die dargestellte Rechtsentwicklung deutlich, dass dieser nach dem Willen des Gesetzgebers - ebenso wie nach der höchstrichterlichen Rechtsprechung - am ehesten in der Erfüllung einer Schuld (und nicht etwa in der Entstehung eines Anspruchs oder in dessen

---

204 Vgl. Becker, StuW 1926, 1047 (1049).
205 Vgl. Trzaskalik, in: Kirchhof/Söhn/Mellinghoff, EStG, § 11 Rn. A 37.
206 Vgl. StuW 1926, 1047.
207 RFH v. 13. November 1928, VI A 155/28, RFHE 24, 272 (276).
208 Einkommensteuergesetz v. 16. Oktober 1934, RGBl. I 1934, 1005 (1009).
209 Vgl. zum Ganzen Trzaskalik, in: Kirchhof/Söhn/Mellinghoff, EStG, § 11 Rn. A 33 ff.

Fälligkeit) zu sehen ist.[210] Erkennt man an, dass der Zufluss einen „sicheren" Vermögenszuwachs voraussetzt,[211] erscheint die Erfüllung durchaus als geeigneter Referenzbegriff, denn erst die Erfüllung kennzeichnet das „Behaltendürfen" des empfangenen Gutes. Zudem wird durch den Bezug auf die Erfüllung, d. h. den tatsächlichen Eingang beim Gläubiger, dem den Überschusseinkünften zugrunde liegenden vereinfachenden „Kassenprinzip" am besten Rechnung getragen.

Zwar sind die Begriffe des steuerlichen Zuflusses und der zivilrechtlichen Erfüllung nicht völlig deckungsgleich. Während der Zufluss der Bemessung der steuerlichen Leistungsfähigkeit in einer bestimmten Periode dient (vgl. § 11 EStG), hat die Erfüllung keinen entsprechenden Zeitraumbezug.[212] Gleichwohl bieten die beiden Begriffe aufgrund der bestehenden Parallelen einen guten Orientierungsrahmen.

Ausgangspunkt der steuerlichen Überlegungen zum Zufluss sollte daher stets die Frage sein, welcher Leistungserfolg (ursprünglich) geschuldet wurde und ob bzw. wann dieser eingetreten ist. Bei dem geschuldeten Erfolg wird es sich zumeist um die Auszahlung eines Geldbetrages (z. B. Lohnzahlung) handeln; er kann aber auch in einem Sachbezug (z. B. einer Forderung) bestehen. Ausnahme von der grundsätzlichen „Maßgeblichkeit des Erfüllungszeitpunktes für die Erfassung der Einnahmen"[213] sind zwar durchaus möglich, bedürfen jedoch einer besonderen Begründung.

2. Zufluss durch Rechtshandlungen

Vergleichbare Auswirkungen wie die Erfüllung können u. U. auch bestimmte Rechtshandlungen haben, durch die das Schuldverhältnis erlischt, d. h. sie bewirken ebenso einen Zufluss oder Abfluss.[214] In Betracht kommen dabei - neben der Abtretung und der Aufrechnung,[215] auf die hier mangels allgemeiner Relevanz für die betriebliche Altersversorgung nicht näher eingegangen werden soll - insbesondere Erfüllungssurrogate wie der Erlass bzw. Verzicht sowie die Schuldumwandlung (Novation).

---

210 Vgl. Trzaskalik, in: Kirchhof/Söhn/Mellinghoff, EStG, § 11, Rn. B 7.

211 Siehe Seite 52.

212 Vgl. Trzaskalik, in: Kirchhof/Söhn/Mellinghoff, EStG, § 11, Rn. A 32.

213 Glenk, in: Blümich, EStG, § 8, Rn. 25.

214 Vgl. Glenk, in: Blümich, EStG, § 11, Rn. 50.

215 Vgl. dazu Kister, in: Herrmann/Heuer/Raupach, EStG, § 11, Rn. 55 (Aufrechung) bzw. Rn. 58 (Abtretung) sowie Glenk, in: Blümich, EStG, § 11, Rn. 50 f. (Aufrechnung) bzw. Rn. 58 ff. (Abtretung).

a) Erlass, Verzicht

Ein Erlass, d. h. ein Vertrag, durch den der Gläubiger gegenüber dem Schuldner auf seine Forderung verzichtet (vgl. § 397 Abs. 1 BGB), löst im Regelfall keinen Einnahmezufluss aus. Gleiches gilt für den Verzicht aufgrund einer einseitigen Verzichtserklärung. Der Zufluss setzt einen von außen kommenden, tatsächlichen Wertzugang voraus und kann grundsätzlich nicht fingiert werden.[216] So begründet der bedingungslose Verzicht eines Arbeitnehmers auf sein Gehalt keinen Zufluss.[217]

Etwas anderes soll nach Auffassung des Bundesfinanzhofs jedoch gelten, wenn dem „Verzicht“ eine Verfügung über die Verwendung zugeflossener Einnahmen zugrunde liegt. So kann beispielsweise ein Gehaltsverzicht, wenn er mit einer Verwendungsauflage hinsichtlich der freiwerdenden Mittel verbunden wird (Lohnverwendungsabrede), zu einem Zufluss von Arbeitslohn beim Arbeitnehmer führen.[218] Ferner wird ein Zufluss auch bei einem Gehaltsverzicht gegen Freizeitausgleich für möglich gehalten.[219] Erleidet der Steuerpflichtige durch den (Gehalts-)Verzicht eine endgültige Vermögenseinbuße, soll demgegenüber ein Zufluss ausgeschlossen sein.[220] Ferner kann nach der Rechtsprechung auch ein Forderungsverzicht durch den Gläubiger einen Einnahmezufluss beim Schuldner bewirken. Verzichtet etwa ein Arbeitgeber gegenüber seinem Arbeitnehmer auf eine Forderung (z. B. auf Schadensersatz oder Darlehensrückzahlung), soll insoweit beim Arbeitnehmer ein Zufluss vorliegen.[221]

b) Novation (Schuldumwandlung)

Nach der Rechtsprechung des Bundesfinanzhofs kann ein Zufluss auch durch eine Novation begründet werden, d. h. eine Vereinbarung zwischen Gläubiger

---

216 BFH v. 29. Juni 2000, XI B 10/00, BFH/NV 2000, 1469 (1469); v. 1. März 1972, I R 214/70, BStBl. II 1972, 591 (593). Zu den Ausnahmen vgl. Kister, in: Herrmann/Heuer/Raupach, EStG, § 11 Rn. 36.

217 BFH v. 25. November 1993, VI R 115/92, BStBl. II 1994, 424 (426); v. 30. Juli 1993, VI R 87/92, BStBl. II 1993, 884 (884 f.).

218 BFH v. 30. Juli 1993, VI R 87/92, BStBl. II 1993, 884 (884 f.); v. 23. September 1998, XI R 18/98, BStBl. II 1999, 98 (98 f.).

219 Glenk, in: Blümich, EStG, § 11, Rn. 53.

220 BFH v. 5. Dezember 1990, I R 5/88, BStBl. II 1991, 308 (309); v. 30. Juli 1993, VI R 87/92, BStBl. II 1993, 884 (884 f.); v. 25. November 1993, VI R 115/92, BStBl. II 1994, 424 (426).

221 BFH v. 27. März 1992, VI R 145/89, BStBl. II 1992, 837 (838); v. 25. Januar 1985, VI R 173/80, BStBl. II 1985, 437 (438); v. 7. Dezember 1984, VI R 164/79, BStBl. II 1985, 164 (169).

und Schuldner, wonach der Betrag fortan aus einem anderen Rechtsgrund geschuldet werden soll, vgl. § 311 Abs. 1 BGB. Die mit der Novation verbundene Verfügung des Gläubigers lässt sich nach Ansicht des Gerichts auch einkommensteuerlich so ansehen, als ob der Schuldner die Altschuld begleicht und zugleich (unter Abkürzung des Zahlungswegs) eine Neuverpflichtung für die Rückzahlung eingeht.[222] Zu unterscheiden ist die Novation insbesondere von der modifizierten Stundungsvereinbarung, bei der mangels eines Wechsels der wirtschaftlichen Verfügungsmacht ein Zufluss verneint wird. Bei der Abgrenzung stellt der Bundesfinanzhof insbesondere auf die Interessen der Beteiligten sowie auf die Vermögenslage des Schuldners ab.[223] Dem (subjektiven) Interesse der Beteiligten soll dabei Indizwirkung für die (objektive) wirtschaftliche Verfügungsmacht zukommen.

Erfolgt die Novation im Interesse des Schuldners, soll es sich wirtschaftlich gesehen eher um eine Stundung der ursprünglichen Schuld handeln. Dem Gläubiger, dem eher an einer Auszahlung gelegen wäre, fließe, so das Gericht, nichts zu. Hieran soll auch die Vereinbarung einer Verzinsung nichts ändern, die allenfalls als Ersatz für sonst anfallende Verzugszinsen angesehen werden könne. Von einem Zufluss soll dagegen auszugehen sein, wenn die Beteiligten die Novation (z. B. aufgrund einer hohen Renditeerwartung) vorwiegend im Interesse des Gläubigers vereinbaren.[224]

Wird die Novation bereits im Vorhinein vereinbart, stellt sie sich also als Vorausverfügung über den Anspruch dar, misst der Bundesfinanzhof der Interessenlage allerdings nur wenig Gewicht bei. In solchen Fällen sei die Vereinbarung eines Erfüllungssurrogats Bestandteil der Gesamtheit aller zum Ausgleich von gegenläufigen Interessen ausgehandelten Vertragsbedingungen.[225] Ist die Interessenlage nicht eindeutig feststellbar, kommt es nach der Rechtsprechung darauf an, ob die Novation Ausdruck der freien Dispositionsbefugnis der Beteiligten ist und sich lediglich als Abkürzung des Leistungswegs erweist.[226]

222 BFH v. 26. Januar 1984, IV R 30/80, BStBl. II 1984, 480 (482).

223 BFH v. 14. Mai 1982, VI R 124/77, BStBl. II 1982, 469 (472); v. 26. Januar 1984, IV R 30/80, BStBl. II 1984, 480 (482).

224 BFH v. 24. März 1993, X R 55/91, BStBl. II 1993, 499 (501); v. 22. Juli 1997, VIII R 12/96, BStBl. II 1997, 755 (759).

225 BFH v. 24. März 1993, X R 55/91, BStBl. II 1993, 499 (501).

226 BFH v. 7. Dezember 1999, VIII R 8/98, BFH/NV 2000, 825 (826); v. 24. Juni 2003, IX B 227/02, BFH/NV 2003, 1327 (1327 f.)

3. Zufluss von Arbeitslohn

a) Allgemeines zum Arbeitslohnzufluss

Aus § 11 Abs. 1 Satz 4 i. V. m. § 38a Abs. 1 Satz 2 EStG ergibt sich eine Sonderregel für die zeitliche Erfassung von laufendem Arbeitslohn, d. h. von Arbeitslohn, der dem Arbeitnehmer regelmäßig zufließt (z. B. Monatsgehälter, Wochen- und Tagelöhne, Mehrarbeitsvergütungen[227]). Laufender Arbeitslohn gilt demnach als in dem Kalenderjahr „bezogen", in dem der Lohnzahlungszeitraum (vgl. § 39b Abs. 2 EStG) bzw. der Lohnabrechnungszeitraum (vgl. § 39b Abs. 5 EStG) endet. Nicht als laufender Arbeitslohn gezahlte sog. sonstige Bezüge (z. B. dreizehnte und vierzehnte Monatsgehälter, einmalige Abfindungen und Entschädigungen, nicht fortlaufend gezahlte Gratifikationen und Tantiemen, Jubiläumszuwendungen, Urlaubsgelder[228]) werden, wie § 11 Abs. 1 Satz 4 i. V. m. § 38a Abs. 1 Satz 3 EStG klarstellt, entsprechend den allgemeinen Regeln in dem Kalenderjahr bezogen, in dem sie zufließen. Aber auch durch § 38a Abs. 1 Satz 2 EStG wird nach zutreffender Ansicht[229] lediglich der Zahlungszeitpunkt, nicht aber der Zufluss als solcher fingiert.

Unabhängig davon, in welchem Kalenderjahr der Arbeitslohn im Sinne des § 38a Abs. 1 EStG als „bezogen" gilt, kann dieser dem Arbeitnehmer nur dann zugerechnet werden, wenn er ihm zugeflossen ist, der Arbeitnehmer also die tatsächliche Verfügungsmacht erlangt hat. Bei der hier vorzunehmenden objektiven Bereicherungsrechnung ist zwischen dem Dienstverhältnis als Erwerbsgrundlage[230] und dem Erfolgstatbestand, der Nutzung der Erwerbsgrundlage zur Erzielung von Einnahmen, zu unterscheiden. Der Lohnanspruch des Arbeitnehmers ist - ebenso wie der Anspruch des Arbeitgebers auf die Arbeitsleistung - Teil des normativen Dienstverhältnisses. Für den Erfolgstatbestand ist dagegen entscheidend, ob der Arbeitnehmer den Arbeitslohn tatsächlich vereinnahmt hat. Erst der Erfolgstatbestand entscheidet aber darüber, ob der Arbeitnehmer die Erwerbsgrundlage „Dienstverhältnis" derart nutzt, dass seine steuerliche Leistungsfähigkeit steigt und der staatliche

227 Vgl. R 39b.2 Abs. 1 LStR 2011/2013.

228 Vgl. R 39b.2 Abs. 2 LStR 2011/2013.

229 Vgl. Glenk, in: Blümich, EStG, § 11, Rn. 68; Reinhart, DB 1986, 2203 (2204).

230 Die Erforderlichkeit eines Dienstverhältnisses ergibt sich aus § 19 Abs. 1 Nr. 1 und 2 EStG, wonach die zu besteuernden Bezuge und Vorteile entweder „für eine Beschäftigung im öffentlichen oder privaten Dienst gewährt" werden oder als Versorgungsbezüge „aus früheren Dienstleistungen" hervorgehen müssen, vgl. Breinersdorfer, in: Kirchhof/Söhn/Mellinghoff, EStG, § 19, Rn. A 12.

Besteuerungsanspruch entstehen kann.[231] Der Lohnanspruch als solcher führt - auch wenn er durchsetzbar ist - noch nicht zu einer Nutzung der Erwerbsgrundlage im Sinne einer Einnahmeerzielung. Erst die Erfüllung dieses Anspruchs steigert die steuerliche Leistungsfähigkeit des Arbeitnehmers und rechtfertigt so die Besteuerung.[232]

Für die Frage, ob der Arbeitnehmer objektiv bereichert ist, sind deshalb nur die Vorteile aus der Nutzung der Erwerbsgrundlage zu berücksichtigen. Dementsprechend fließt dem Arbeitnehmer durch eine bloße Zusage des Arbeitgebers auf eine zukünftige Leistung noch kein Arbeitslohn zu.[233] Wie auch die Möglichkeit zur Abtretung und Pfändung zeigen, ist der Arbeitslohnanspruch zwar ein marktfähiges Wirtschaftsgut.[234] Der Arbeitslohnanspruch bleibt aber, auch wenn er fällig und einredefrei ist, Bestandteil des Dienstverhältnisses und damit Teil der Erwerbsgrundlage. Da die Besteuerung von Arbeitslohn aber erst an die Nutzung der Erwerbsgrundlage anknüpft, ist ein Zufluss erst zu verzeichnen, wenn der Arbeitgeber den Anspruch erfüllt, regelmäßig also durch Auszahlung der vereinbarten Vergütung.[235]

b) Arbeitslohnzufluss durch Gutschrift in den Büchern des Arbeitgebers

Von der Überweisung auf ein Konto des Arbeitnehmers, die regelmäßig einen Zufluss bewirkt, ist eine Gutschrift in den Büchern des Arbeitgebers zu unterscheiden, die die Auszahlung des geschuldeten Arbeitslohns vorübergehend ersetzen soll. Dient die Gutschrift beim Arbeitgeber lediglich dem Zweck, die Lohnforderung des Arbeitnehmers buchmäßig festzuhalten, soll dies noch keinen Zufluss bewirken.[236] Erschöpft sich die Gutschrift in einer bloßen Anerkennung des Bestehens einer Zahlungsverpflichtung, verschafft dies dem Arbeitnehmer noch keine wirtschaftliche Verfügungsmacht. Dies gilt selbst dann, wenn der Arbeitnehmer der Gutschrift (im Sinne einer reinen Billigung) zustimmt.[237] Zu einem Zufluss von Arbeitslohn soll es aber dann kommen, wenn

231 Kirchhof, in: Kirchhof/Söhn/Mellinghoff, EStG, § 2, Rn. A 105.

232 Breinersdorfer, in: Kirchhof/Söhn/Mellinghoff, EStG, § 19, Rn. B 212 f.

233 BFH v. 27. Mai 1993, VI R 19/29, BStBl. II 1994, 246 (247); v. 23. Juli 1999, VI B 116/99, BStBl. II 1999, 684.

234 Breinersdorfer, in: Kirchhof/Söhn/Mellinghoff, EStG, § 19, Rn. B 222.

235 BFH v. 25. November 1993, VI R 45/93, BStBl. II 1994, 246 (248); v. 20. Juli 2005, VI R 165/01, BStBl. II 2005, 890 (891 f.); Stache, in: Bordewin/Brandt, EStG, § 19, Rn. 586a ff.

236 BFH v. 9. April 1968, IV 267/64, BStBl. II 1968, 525 (253).

237 Vgl. auch Breinersdorfer, in: Kirchhof/Söhn/Mellinghoff, EStG, § 19, Rn. B 296.

gleichzeitig zum Ausdruck gebracht wird, dass der Betrag dem Berechtigten bereits im Zeitpunkt der Gutschrift frei zur Verfügung stehen soll.[238] Dabei muss der Berechtigte in der Lage sein, den Leistungserfolg ohne weiteres Zutun des- im Übrigen leistungsfähigen und leistungsbereiten[239] - Schuldners jederzeit herbeizuführen.[240]

Ein Zufluss von Arbeitslohn ist aber auch dann zu verzeichnen, wenn der Lohnanspruch mit der Gutschrift in ein Darlehen des Arbeitnehmers an den Arbeitgeber umgewandelt wird (Novation in ein Arbeitnehmerdarlehen). Vorausgesetzt, dass er auch eine sofortige Auszahlung hätte wählen können, disponiert der Arbeitnehmer hier derart über seinen Lohnanspruch, dass es zu einer Verwendung des Arbeitslohns kommt. Die Novation steht dann wirtschaftlich einer Auszahlung des Arbeitslohns bei sofortiger Rückgewähr als Darlehen gleich; sie führt also zu einem Wechsel der Erwerbsgrundlage.[241] Demgegenüber scheidet ein Zufluss nach der Rechtsprechung aus, wenn (laufender) Arbeitslohn aufgrund von Liquiditätsengpässen des Arbeitnehmers nicht sofort ausbezahlt, sondern zunächst gutgeschrieben (gestundet) wird.[242] Wirtschaftlich gesehen behält der Arbeitgeber hier den Arbeitslohn in einer Weise ein, die den Arbeitnehmer von jeglicher wirtschaftlichen Einwirkungsmöglichkeit ausschließt.[243] Ob eine Gutschrift auf einem Arbeitgeberkonto auf einer Stundung oder einer Novation in ein Arbeitnehmerdarlehen beruhen soll, wird in der Praxis allerdings oftmals nicht dokumentiert. Für die Abgrenzung wird deshalb wiederum auf die Interessenlage zurückgegriffen, so dass insofern auf die obigen allgemeinen Ausführungen zu Novation verwiesen werden kann.[244] Wird die sofortige Zahlung allein aufgrund der mangelnden Leistungsbereitschaft oder Zahlungsfähigkeit des Arbeitgebers durch eine Gutschrift ersetzt, kommt ein Zufluss von Arbeitslohn von vornherein nicht in Betracht.

---

238 BFH v. 9. April 1968, IV 267/64, BStBl. II 1968, 525 (252 f.); v. 21. Juli 1976, I R 147/74, BStBl. II 1977, 46 (48); v. 14. Februar 1984, VIII R 221/80, BStBl. II 1984, 480 (482); v. 2. März 1993, VIII R 13/91, BStBl. II 1993, 602 (603).

239 BFH v. 9. November 1999, VIII B 96/99, BFH/NV 2000, 473 (473); v. 21. Juli 1987, VIII R 211/82, BFH/NV 1988, 224 (225).

240 BFH v. 22. Juli 1997, VIII R 57/95, VIII R 12/96, BStBl. II 1997, 755 (759).

241 Breinersdorfer, in: Kirchhof/Söhn/Mellinghoff, EStG, § 19, Rn. B 298.

242 BFH v. 2. November 1994, VI R 35/94, BFH/NV 1995, 208 (208 f.)

243 Breinersdorfer, in: Kirchhof/Söhn/Mellinghoff, EStG, § 19, Rn. B 297.

244 BFH v. 22. Juli 1997, VIII R 57/95, VIII R 12/96, BStBl. II 1997, 755 (759); v. 24. März 1993, X R 55/91, BStBl. II 1993, 499 (501).

c) *Arbeitslohnzufluss durch Zahlung an Dritte (Lohnverwendungsabrede)*

Zu einem Zufluss von Arbeitslohn beim Arbeitnehmer kann es auch aufgrund von Zahlungen des Arbeitgebers an Dritte kommen, vorausgesetzt, dass sie zivilrechtlich zu einer Erfüllung des Arbeitslohnanspruchs führen.

Bei einer Lohnverwendungsabrede ermächtigt der Arbeitnehmer (als Inhaber des Lohnanspruchs) den Arbeitgeber, an einen Dritten mit erfüllender Wirkung zu leisten, vgl. § 362 Abs. 2 i. V. m. § 185 BGB. Zu unterscheiden sind dabei (i) das Deckungsverhältnis (Dienstverhältnis) zwischen Arbeitnehmer und Arbeitgeber, das durch die Lohnverwendungsabrede ergänzt wird, (ii) das durch verschiedene (vertragliche) Rechtsbeziehungen beeinflusste Zuwendungsverhältnis zwischen Arbeitnehmer und Drittem, und (iii) das Vollzugsverhältnis, in dem der Arbeitgeber den Arbeitslohn an den Dritten auszahlt. Erbringt der Arbeitgeber im Vollzugsverhältnis eine Zahlung, wird dadurch gleichzeitig auch eine entsprechende Leistung im Deckungsverhältnis sowie im Zuwendungsverhältnis bewirkt.[245]

Eine Lohnverwendungsabrede liegt beispielsweise vor, wenn der Arbeitnehmer den Arbeitgeber anweist, Teile seines Arbeitslohns vermögenswirksam anzulegen. Der Anspruch des Arbeitnehmers wird hier dadurch erfüllt, dass der Arbeitgeber im Vollzugsverhältnis eine Zahlung auf die Anlageform im Sinne von § 2 des 5. VermBG leistet.[246]

Anders als bei der Lohnverwendungsabrede, bei der der Arbeitnehmer Inhaber des Lohnanspruchs bleibt, geht der Anspruch bei einer Abtretung, Pfändung oder Verpfändung auf einen Dritten über. Auch in diesen Fällen kommt es in dem Zeitpunkt zu einem Lohnzufluss beim Arbeitnehmer, wenn der Arbeitgeber an den Dritten zahlt, der Lohnanspruch also nach § 362 Abs. 1 BGB erfüllt wird. Ungeachtet des Anspruchsübergangs auf den Dritten wird nämlich eine gleichzeitige Leistung im Deckungsverhältnis, d. h. dem Dienstverhältnis zwischen Arbeitnehmer und Arbeitgeber, angenommen. Mithin ist der Vorgang so zu behandeln, als wenn die Lohnzahlung erst vom Arbeitnehmer vereinnahmt, versteuert und anschließend an den Dritten weitergeleitet wird.[247]

---

245 Breinersdorfer, in: Kirchhof/Söhn/Mellinghoff, EStG, § 19, Rn. B 300 f.

246 Breinersdorfer, in: Kirchhof/Söhn/Mellinghoff, EStG, § 19, Rn. B 301.

247 BFH v. 18. August 1998, VII R 114/97, BStBl. II 1999, 84 (85 f.); Breinersdorfer, in: Kirchhof/Söhn/Mellinghoff, EStG, § 19, Rn. B 307.

d) Arbeitslohnzufluss durch Abtretung einer Forderung des Arbeitgebers

Tritt der Arbeitgeber dem Arbeitnehmer einen Anspruch gegen einen Dritten ab, ist hinsichtlich des Zeitpunkts des Lohnzuflusses wie folgt zu unterscheiden:

Bei einer Abtretung an Erfüllungs statt kommt es unmittelbar zu einem Erlöschen des Schuldverhältnisses, vgl. § 364 Abs. 1 BGB. Die Abtretung steht hier der Erfüllung gleich, so dass der Arbeitnehmer die Erwerbsgrundlage Dienstverhältnis nutzt, der Erfolgstatbestand also eintritt. Mithin fließt dem Arbeitnehmer bereits in dem Zeitpunkt Arbeitslohn zu, in dem der Arbeitgeber seine Forderung an ihn abtritt.[248]

Erfolgt die Abtretung Erfüllungs halber, hat sich der Arbeitnehmer zwar vorrangig an der abgetretenen Forderung zu befriedigen; sein Lohnanspruch bleibt aber zunächst bestehen. Hier kommt es erst dann zu einem Zufluss von Arbeitslohn, wenn der Arbeitnehmer den abgetretenen Anspruch gegenüber dem Dritten realisiert.[249]

Da der Arbeitnehmer bei der Abtretung an Erfüllungs statt das Gläubigerrisiko übernimmt, ist sie in der Praxis eher selten. Wesentlich häufiger vereinbaren Arbeitnehmer und Arbeitgeber eine Abtretung Erfüllungs halber. Als typisches Beispiel hierfür lässt sich die Lohnzahlung durch Bar- oder Verrechnungsscheck nennen. Die Zahlung fließt hier nach zutreffender Ansicht nicht bereits mit der Entgegennahme des Schecks, sondern erst mit der unwiderruflichen Gutschrift beim Leistungsempfänger zu.[250] Erst zu diesem Zeitpunkt tritt der Leistungserfolg ein; zuvor wird der Lohnanspruch des Arbeitnehmers lediglich durch eine zusätzliche Forderung gesichert.[251]

e) Arbeitslohnzufluss und Zukunftssicherungsleistungen

Auch die Frage, ob Ausgaben des Arbeitgebers für die Zukunftssicherung des Arbeitnehmers gegenwärtig zufließender Arbeitslohn sind, ist, wie der Bundefinanzhof[252] unlängst betont hat, im einzelnen Fall nach den allgemeinen Grundsätzen

---

248 Breinersdorfer, in: Kirchhof/Söhn/Mellinghoff, EStG, § 19, Rn. B 309.

249 BFH v. 22. April 1966, VI 137/65, BStBl. II 1966, 394 (394 f.)

250 BFH v. 5. Mai 1971, I R 166/69, BStBl. II 1971, 624 (626); Breinersdorfer, in: Kirchhof/Söhn/Mellinghoff, EStG, § 19, Rn. B 310; a. A. BFH v. 20. März 2001, IX R 97/97, BStBl. II 2001, 482 (483); v. 30. Oktober 1980, IV R 97/78, BStBl. II 1981, 305 (305 ff.); Claßen, in: Lademann, EStG, § 19, Rn. 137; Stache, in: Bordewin/Brandt, EStG, § 19, Rn. 587.

251 Breinersdorfer, in: Kirchhof/Söhn/Mellinghoff, EStG, § 19, Rn. B 310.

252 BFH v. 31. Oktober 1957, VI 1/54 U, BStBl. Ii 1958, 4 (5); v. 15. Juli 1977, VI R 109/74, BStBl. II 1977, 761 (763).

festzustellen. In Übereinstimmung mit der Finanzverwaltung[253] und der überwiegenden Ansicht im rechtswissenschaftlichen Schrifttum[254] unterscheidet die Rechtsprechung[255] danach, gegen wen sich der Versorgungsanspruch richtet.

Verschafft der Arbeitgeber dem Arbeitnehmer mit seinen Leistungen einen unmittelbaren Versorgungsanspruch gegen einen Dritten (z. B. ein Versicherungsunternehmen), sollen bereits die Maßnahmen des Arbeitgebers zur Zukunftssicherung einen Zufluss von Arbeitslohn bewirken.[256] Weitere Voraussetzung soll sein, dass der Arbeitnehmer der Zukunftssicherung ausdrücklich oder stillschweigend zugestimmt hat.[257] Die später erbrachten Versicherungsleistungen führen demnach nicht zu einem erneuten Zufluss von Arbeitslohn, sind aber als versicherungsmäßige Leistungen (sonstige Einkünfte) nach § 22 Nr. 5 EStG steuerpflichtig.[258]

Kein gegenwärtiger Arbeitslohn, sondern lediglich eine Versorgungszusage, liegt dagegen vor, wenn der Arbeitgeber dem Arbeitnehmer eine Versorgung aus ggf. erst im Zeitpunkt der Zahlung bereitzustellenden eigenen Mitteln zusagt.[259] Richtet sich der (formale) Versorgungsanspruch allein gegen den Arbeitnehmer - und nicht gegen eine (externe) Versorgungseinrichtung - soll dem Arbeitnehmer in der Vorsorgephase noch kein gegenwärtiger Arbeitslohn zufließen.[260] In diesem Fall sind erst die aufgrund der Zusage des Arbeitgebers an den Berechtigten ausgezahlten Versorgungsleistungen als Arbeitslohn zu versteuern.

---

253 Vgl. BMF v. 24. Juli 2013, IV C 3 - S 2015/11/10002, Tz. 291 ff.

254 Vgl. Barein, in: Littmann/Bitz/Pust, EStG, § 19 Rn. 179 ff., 199; Breinersdorfer, in: Kirchhof/Söhn/Mellinghoff, EStG, § 19 Rn. B 713, B 727, B 744; Herrmann, in: Frotscher, EStG, § 19, Rn. 98, 102; Krüger, in: Schmidt, EStG, 32. Aufl. (2013), § 19 Rn. 60; Krüger, in: Schmidt, EStG, 32. Aufl. (2013), § 19 Rn. 60.

255 Vgl. BFH v. 5. Juli 2007, VI 58/05, BFH/NV 2007, 1772 (1772); v. 22. November 2006, X R 29/05, BStBl. II 2007, 402 (405); v. 26. Juli 2005, VI R 115/01, BFH/NV 2005, 1804 (1805); v. 12. September 2001, VI R 154/99, BStBl. II 2002, 22 (24); v. 16. April 1999, VI R 60/96, BStBl. II 2000, 406 (407); v. 16. September 1998, VI B 155/98, BFH/NV 1999, 457 (458); v. 5. November 1992, I R 61/89, BStBl. II 1993, 185 (186 f.); v. 27. Mai 1993, VI R 19/92, BStBl. 1994 II, 246 (247 f.); v. 16. Mai 1975, VI R 165/72, BStBl. II 1975, 642 (643); v. 7. Februar 1990, X R 36/86, BStBl. II 1990, 1062 (1063 f.)

256 BFH v. 27. Mai 1993, VI R 19/92, BStBl. II 1994, 246 (247); v. 16. April 1999, VI 66/97, BStBl. II 2000, 408 (410).

257 BFH v. 15. Juli 1977, VI R 109/74, BStBl. II 1977, 761 (763).

258 Breinersdorfer, in: Kirchhof/Söhn/Mellinghoff, EStG, § 19, Rn. B 714.

259 Vgl. BFH v. 25. Oktober 1968, VI R 33/66, BStBl. II 1969, 187 (188).

260 BFH v. 27. Mai 1993, VI R 19/92, BStBl. II 1994, 246 (248).

Ob und inwieweit die dargestellte Differenzierung der herrschenden Auffassung - insbesondere auch unter Leistungsfähigkeitsgesichtspunkten - mit dem Zuflussprinzip vereinbar erscheint, wird im Folgenden noch eingehend zu erörtern sein.[261]

VII. Zusammenfassung Teil D

Als Maßstab steuerlicher Leistungsfähigkeit gilt derzeit in den meisten Einkommensteuerrechtssystemen - so auch in Deutschland - das aus den Elementen „Konsum" und „Sparen" zusammengesetzte Einkommen. Da die verschiedenen Sparformen steuerlich unterschiedlich belastet werden, wird im Interesse der Besteuerungsneutralität teilweise gefordert, auf eine Besteuerung des Sparens gänzlich zu verzichten (konsumorientierte Besteuerung). Erreicht werden soll dies entweder durch eine Sparbereinigung oder durch eine Zinsbereinigung von Einkünften.

Die Vorteile einer rein konsumorientierten Besteuerung wären im Wesentlichen in einer Inflationsbereinigung, der intertemporalen Neutralität der Besteuerung sowie in einer wohl gerechteren Besteuerung des Lebenseinkommens zu sehen. Diese Ziele lassen sich aber auch innerhalb des herkömmlichen Einkommensteuersystems fördern. Bei einem Systemwechsel zu einer konsumorientierten Besteuerung würden sie durch eine einseitige und vermutlich deutlich höhere Belastung des Arbeitseinkommens erkauft. Der Gesetzgeber hat sich derzeit für ein Viel-steuersystem entschieden, das teils an den Konsum (so insbesondere bei der Umsatzsteuer und anderen Verbrauchsteuern) und teils an den Zuwachs von Vermögen (so vorwiegend bei den Ertragsteuern) anknüpft. Diese grundlegende gesetzgeberische Entscheidung sollte auch bei der Suche nach der „richtigen" Besteuerung von Alterseinkünften nicht ohne zwingende Gründe - an denen es trotz der augenscheinlichen Vorzüge der konsumorientierten Besteuerung fehlt - abgewichen werden. Alterseinkünfte sind deshalb nicht etwa aufgrund eines konsumorientierten Besteuerungssystems generell nachgelagert zu besteuern. Der Orientierungsrahmen für den Besteuerungszeitpunkt sowie die weitere Ausgestaltung der Besteuerung von Alterseinkünften ist deshalb innerhalb der Systematik des geltenden, nicht rein konsumorientierten Einkommensteuerrechts zu suchen.

Eine nachgelagerte Besteuerung von Alterseinkünften kann dabei unter Gesichts-punkten der objektiven Leistungsfähigkeit oder der subjektiven Leistungsfähigkeit geboten sein; denkbar ist aber auch, dass es sich dabei um eine rein sozialpolitische Maßnahme handelt. Das entscheidende Kriterium für die

261 Siehe Seite 151 ff.

Einordnung ist dabei der Zufluss: Fließen dem Steuerpflichtigen nicht bereits in der Vorsorgephase, sondern erstmalig bei Auszahlung der Leistungen in der Versorgungsphase Ein-nahmen zu, ist eine volle nachgelagerte Besteuerung steuersystematisch zwingend geboten. Kommt es bereits in der Vorsorgephase zu einem Einnahmezufluss, kann sich eine (teilweise) nachgelagerte Besteuerung daraus ergeben, dass die Vorsorgebeiträge entweder als Werbungskosten, als Sonderausgaben oder als Ausdruck einer sozialpolitischen Maßnahme voll oder teilweise abzugsfähig sind.

Der einkommensteuerliche Zufluss setzt - entsprechend seinem Zweck, das Leistungsfähigkeitsprinzip zu konkretisieren - voraus, dass sich die Fähigkeit des Steuerpflichtigen erhöht hat, in Form von Geld zu zahlende Steuerleistungen zu erbringen. Von dem für die Überschusseinkünfte geltenden „Kassenprinzip" ist nur insoweit abzuweichen, als durch eine reine Geldrechnung nicht alle leistungsfähigkeitsrelevanten Sachverhalte erfasst werden könnten - insbesondere bei Vermögenszugängen oder -abgängen in Form reiner Sachleistungen.

Da zu den Sachleistungen prinzipiell auch Ansprüche zählen können, stellt sich oftmals - so auch im Bereich der Arbeitnehmereinkünfte - die Frage, ob es bereits bei Anspruchserwerb oder erst zu einem späteren Zeitpunkt zu einem Einnahmezufluss kommt. Die für den Zufluss maßgebliche wirtschaftliche Verfügungsmacht erlangt der Steuerpflichtige immer dann, wenn der geschuldete Leistungserfolg eintritt oder der Steuerpflichtige zumindest die Möglichkeit hat, diesen herbeizuführen. Den zivilrechtlichen Referenzbegriff für den einkommensteuerlichen Zufluss bildet daher die Erfüllung. Ausnahmeweise können aber auch bestimmte, der Erfüllung gleichgestellte Rechtshandlungen (Erfüllungssurrogate) einen Zufluss bewirken. Dazu zählen insbesondere ein mit einer Verwendungsauflage verbundener Verzicht (Lohnverwendungsabrede) sowie eine im Interesse des Gläubigers vereinbarte Novation.

Hinsichtlich des Zuflusses von Arbeitslohn ist zwischen dem Dienstverhältnis als solchem (Erwerbsgrundlage) und der Erzielung von Einnahmen aus dem Dienstverhältnis (Nutzung der Erwerbsgrundlage) zu unterscheiden. So führt der bloße Anspruch auf Arbeitslohn als Teil des Dienstverhältnisses noch nicht zu einem einkommensteuerlichen Zufluss. Ein Arbeitslohnzufluss, eine Steigerung der steuerlichen Leistungsfähigkeit, ist erst zu verzeichnen, wenn der Anspruch des Arbeitnehmers - in der Regel durch Auszahlung des vereinbarten Geldbetrages - erfüllt wird. Aber auch hier kann sich ein Zufluss aufgrund bestimmten zivilrechtliche Vereinbarungen zwischen den Beteiligten ergeben. Beispielhaft zu nennen sind die Gutschrift in den Büchern des Arbeitgebers, wenn sie (überwiegend) zum Vorteil des Arbeitnehmers erfolgt oder dieser jedenfalls eine jederzeitige Zugriffsmöglichkeit hat, die Lohnverwendungsabrede, bei der

der Arbeitslohnzufluss durch Zahlung an einen Dritten bewirkt wird, sowie die Abtretung eines Anspruchs des Arbeitgebers gegen einen Dritten an den Arbeitnehmer an Erfüllung statt. Für die Frage, ob und wann es bei den verschiedenen Gestaltungsformen der betrieblichen Altersversorgung zu einem einkommensteuerlichen Zufluss kommt, bedarf es daher einer näheren Auseinandersetzung mit den jeweiligen zivilrechtlichen Rechtsbeziehungen zwischen den Beteiligten.

E. Arbeitsrechtliche Gestaltungsmöglichkeiten betrieblicher Versorgungszusagen

Die Regelung der betrieblichen Altersversorgung erfolgt durch Rechtsnormen aus verschiedenen Rechtsbereichen. Die Rechtsbeziehungen zwischen Arbeitgeber, Arbeitnehmer und gegebenenfalls der Versorgungseinrichtung richten sich nach den arbeitsrechtlichen Bestimmungen des Gesetzes zur Verbesserung der betrieblichen Altersversorgung (Betriebsrentengesetz - BetrAVG)[262]. Sie unterscheiden sich je nach Wahl des Durchführungsweges, der Zusageart und der Finanzierungsform. Übernimmt ein Versicherungsunternehmen, eine Pensionskasse oder ein Pensionsfonds die Versorgung, sind außerdem versicherungsrechtliche Vorschriften zu beachten, insbesondere die des Versicherungsaufsichtsgesetzes (VAG)[263] und des Versicherungsvertragsgesetzes (VVG)[264].

Auswirkungen auf die Gestaltung der Versorgungszusage hat selbstverständlich auch das Steuerrecht, das seinerseits, was die begrifflichen und inhaltlichen Grundlagen anbelangt, an die arbeits- und versicherungsrechtlichen Regelungen anknüpft.[265] Für die Frage, wie die steuerrechtlichen Regelungen zur Umsetzung der nachgelagerten Besteuerung richtigerweise ausgestaltet sein sollten, ist vor allem der Zuflusszeitpunkt von Bedeutung. Dieser bestimmt sich danach, wann der Steuerpflichtige die wirtschaftliche Verfügungsmacht über eine Einnahme erlangt.[266] Da die wirtschaftliche Verfügungsmacht wesentlich von zivilrechtlichen Rechtspositionen abhängt, muss Ausgangspunkt einer Analyse der steuerlichen Bestimmungen der arbeits- und versicherungsrechtliche Rahmen der betrieblichen Altersversorgung sein.

262 Gesetz v. 19. Dezember 1974, BGBl. I 1974, 3610.

263 Gesetz über die Beaufsichtigung der Versicherungsunternehmen (Versicherungsaufsichtsgesetz - VAG) in der Fassung der Bekanntmachung vom 17. Dezember 1992, BGBl. I 1993, 2.

264 Gesetz über den Versicherungsvertrag (Versicherungsvertragsgesetz - VVG) in der im Bundesgesetzblatt Teil III, Gliederungsnummer 7632-1, veröffentlichten Fassung.

265 Vgl. Gosch, in: Kirchhof/Söhn/Mellinghoff, EStG, § 4d Rn. A 96; Kauffmann, in: Frotscher, EStG, Vor § 4b Rn. 4.

266 BFH v. 30. Januar 1975, IV R 190/71, BStBl. II 1975, 776 (777); v. 10. Dezember 1985, VIII R 15/83, BStBl. II 1986, 342 (343); Breinersdorfer, in: Kirchhof/Söhn/Mellinghoff, EStG, § 19 Rn. B 291; Trzaskalik, in: Kirchhof/Söhn/Mellinghoff, EStG, § 11 Rn. B 5.

I. Allgemeines

1. Historische Entwicklung

Als im Dezember 1974 das Gesetz zur Verbesserung der betrieblichen Altersversorgung (kurz: Betriebsrentengesetz) verabschiedet wurde, konnte die betriebliche Altersversorgung in Deutschland bereits auf eine lange Tradition zurückblicken. Schon Mitte des 19. Jahrhunderts - lange vor der Einführung der gesetzlichen Invaliditäts- und Alterssicherung der Arbeitnehmer[267] im Jahre 1891 - hatten verschiedene große Unternehmen betriebliche Versorgungswerke gegründet, um ihre Arbeitnehmer bzw. deren Familien im Alter, bei Krankheit oder im Fall des Todes des Ernährers zu unterstützen. So gewährte die Gute-Hoffnungs-Hütte ab 1850 eine freiwillige betriebliche Versorgung; es folgten 1858 Krupp sowie Friedrich Henschel, 1864 Dyckerhoff und Söhne, 1872 Siemens und Halske, 1879 die Badische Anilin- & Sodafabrik (BASF), 1882 die Farbwerke Hoechst und 1890 die Dresdner Bank.[268]

Die Leistungen erbrachten die Unternehmen teils direkt aus ihrem Vermögen, teils richteten sie innerbetriebliche Fonds oder Hilfskassen ein. Schon früh gab es auch Formen finanzieller Eigenbeteiligung der Arbeitnehmer. Beispielsweise hatte nach dem „Statut für die Pensionskasse der Beamten der Badischen Anilin- & Soda-Fabrik“ von 1888 „jedes Mitglied der Pensionskasse [...] von seinem festen Jahresgehalt bis zur Höhe von Mark 4 500 jedes Jahr vier Prozent zu entrichten“[269]; einen Beitrag gleicher Höhe zahlte das Unternehmen dazu.

Im Laufe des 19. und des 20. Jahrhunderts breitete sich die betriebliche Altersversorgung immer weiter aus. Trotz ihrer zunehmenden Bedeutung gab es lange Zeit nur vereinzelt staatliche Regulierungen.[270] Mit der erstmaligen gesetzlichen Regelung des Versicherungswesens im Jahre 1901 wurden insbesondere Pensionskassen der Versicherungsaufsicht unterstellt. Kassen, die auf ihre Leistungen

267 Vgl. das Gesetz, betreffend die Invaliditäts- und Altersversicherung v. 22. Juni 1889, RGBl. 1889, 97.

268 Ahrend/Förster/Rößler, Steuerrecht der betrieblichen Altersversorgung, Einführung, Rn. 1; Blomeyer/Rolfs/Otto, BetrAVG, 5. Aufl. (2010), Einleitung Rn. 1; Reichel/Heger, Betriebliche Altersversorgung, 2003, Rn. 6.

269 Zitiert nach aba Arbeitsgemeinschaft für betriebliche Altersversorgung (Hrsg.), Mit der Betriebsrente in eine sichere Zukunft, Heidelberg 2005, S. 12.

270 Vgl. Ahrend/Förster/Rößler, Steuerrecht der betrieblichen Altersversorgung, Einführung, Rn. 2 ff.

keinen Rechtsanspruch gewährten, nahm man hingegen von der Versicherungsaufsicht aus.[271]

Steuerlich waren Pensions-, Unterstützungs- und sonstige Hilfskassen unabhängig von ihrer Rechtsfähigkeit bereits durch das erste Körperschaftsteuergesetz von 1920 begünstigt.[272] In dem Bestreben, Gewinnmanipulationen durch betriebsinterne Unterstützungsfonds auszuschließen, beschränkte allerdings die Steuerreform von 1934 die Körperschaftsteuer- und Vermögensteuerbefreiung auf rechtsfähige Kassen (Pensionskassen).[273]

Diese Entwicklung führte zur Entstehung der Unterstützungskassen in ihrer heutigen Form: Betriebsinterne Fonds wurden nach und nach durch neu gegründete, rechtlich selbständige Kassen (Unterstützungskassen) abgelöst. Dabei hielt man an dem Ausschluss eines Rechtsanspruchs auf die Leistungen fest, um so eine versicherungsaufsichtsrechtliche Kontrolle zu verhindern. Arbeitsrechtliche und steuerrechtliche Schwierigkeiten, vor allem aber der Widerstand des Reichsaufsichtsamts für das Versicherungswesen (später: Bundesaufsichtsamt für Versicherungswesen; heute: Bundesanstalt für Finanzdienstleistungsaufsicht)[274] verzögerten jedoch zunächst die Übertragung der Mittel auf die neuen Kassen. Im Jahre 1940 erkannte das Reichsaufsichtsamt die Unterstützungskassen schließlich an und verzichtete auf sein Aufsichtsrecht, vorausgesetzt, dass die Kassen auf den fehlenden Rechtsanspruch in ihren Satzungen und Versorgungsrichtlinien ausdrücklich hinwiesen.[275]

In den 1950er und 1960er Jahren hatte vor allem das Bundesarbeitsgericht großen Einfluss auf die Weiterentwicklung des rechtlichen Rahmens für die betriebliche Altersversorgung. Auf der Basis der arbeitsgerichtlichen Rechtsprechung sind im Betriebsrentengesetz aus dem Jahre 1974 erstmals wichtige arbeitsrechtliche Grundlagen in einem Gesetz zusammengefasst worden. Dabei

271 Vgl. § 1 Satz 2 des Gesetzes über die privaten Versicherungsunternehmungen v. 12. Mai 1901, RGBl. 1901, 139 (139).

272 Vgl. § 2 Nr. 5 des Körperschaftsteuergesetzes v. 30. März 1920, RGBl. 1920, 393 (394).

273 Vgl. § 4 Abs. 1 Nr. 7 des Körperschaftsteuergesetzes v. 16. Oktober 1934, RGBl. I 1934, 1031 (1032); § 3 Abs. 1 Nr. 7 des Vermögensteuergesetzes v. 16. Oktober 1934, RGBl. I 1934, 1052; §§ 13-15 der 1. Körperschaftsteuer-Durchführungsverordnung v. 6. Februar 1935, RGBl. I 1935, 163 (165); §§ 5-7 der Vermögensteuer-Durchführungsbestimmungen v. 2. Februar 1935, RGBl. I 1935, 100 (101).

274 Vgl. Matthießen, in: Schaub/Matthießen/Polster, Altersvorsorge, München 2006, S. 403.

275 Vgl. BAG v. 3. Februar 1987, 3 AZR 208/85, DB 1987, 2414 (2414); Blomeyer, BB 1980, 789 (791); Höfer, BetrAVG, Band I, Rn. 196; Weiß, Handbuch der betrieblichen Altersfürsorge (H-BetrAV), 2. Aufl., München Düsseldorf 1952, S. 17 f.

sind die historisch gewachsenen Gestaltungsformen der Direktzusage, der Pensionskasse und der Unterstützungskasse typisiert und mit der Direktversicherung um einen weiteren Durchführungsweg der betrieblichen Altersversorgung ergänzt worden.[276] Mit dem Betriebsrentengesetz wurde für die nach wie vor bedeutenden vertraglichen Vereinbarungen zwischen Arbeitgeber und Arbeitnehmer ein gesetzlicher Rahmen geschaffen. Außerdem wurden Mindestnormen festgelegt, die vor allem dem Schutze des Arbeitnehmers dienen.

Nachdem das Betriebsrentengesetz lange Zeit nur geringfügigen Änderungen unterlegen hatte[277], wurde es durch das Rentenreformgesetz 1999[278] zwecks Verbesserung der Rahmenbedingungen der betrieblichen Altersversorgung erheblich umgestaltet und ergänzt. Die Neuregelungen betrafen vor allem die Abfindung aufrechtzuerhaltender Versorgungsanwartschaften, die Übertragung von Versorgungsanwartschaften bei Liquidation eines Unternehmens, die Insolvenzsicherung und die Anpassungsprüfungspflicht. Im Gesetz ausdrücklich klargestellt wurde, dass auch Entgeltumwandlungszusagen und beitragsorientierte Leistungszusagen zur betrieblichen Altersversorgung gehören und damit dem Betriebsrentengesetz unterliegen.[279] Zahlreiche Neuerungen enthielten zudem das Altersvermögensgesetz[280] und das Hüttenknappschaftliche Zusatzversicherungs-Neuregelungs-Gesetz[281] aus den Jahren 2001 bzw. 2002. Insbesondere wurde die Beitragszusage mit Mindestleistung eingeführt, mit dem Pensionsfonds ein fünfter Durchführungsweg neu geschaffen, dem Arbeitnehmer ein Anspruch auf Entgeltumwandlung eingeräumt und die Eigenbeitragszusage im Betriebsrentengesetz verankert.

Auch das Alterseinkünftegesetz hat erneute Änderungen des Betriebsrentengesetzes mit sich gebracht. Schwerpunktmäßig wurden durch das Alterseinkünftegesetz zwar die steuerlichen Vorschriften angepasst; daneben wurden aber auch die arbeitsrechtlichen Regelungen des Betriebsrentengesetzes über die Abfindung und Übertragung reformiert und damit die Portabilität der betrieblichen Altersversorgung deutlich verbessert. Zudem wurde dem Arbeitnehmer

276 Vgl. Mittelsten Scheid, Reform der Altersbesteuerung, Berlin 2004, S. 35.

277 Vgl. dazu Höfer, BetrAVG, Band I, Rn. 5.

278 Gesetz zur Reform der gesetzlichen Rentenversicherung (Rentenreformgesetz 1999 - RRG 1999) v. 11. Dezember 1997, BGBl. I 1997, 2998.

279 Kritisch Blomeyer, NZA 1997, 961 (961 ff.); ders., NZA 1998, 911 (911 ff.) Vgl. auch Doetsch/Förster/Rühmann, DB 1998, 258 (258 ff.)

280 Altersvermögensgesetz (AVmG) v. 26. Juni 2001, BGBl. I 2001, 1310.

281 Hüttenknappschaftliches Zusatzversicherungs-Neuregelungs-Gesetz (HZvNG) v. 21. Juni 2002, BGBl. I 2002, 2167.

ein Auskunftsanspruch über die Höhe der bisher erworbenen Anwartschaft und des Übertragungswerts eingeräumt.[282]

Nachfolgende Änderungen des Betriebsrentengesetzes[283] beinhalteten die Umstellung des Finanzierungsverfahrens des PSV, infolge derer nicht mehr wie zuvor lediglich die Kapitalwerte der vom PSV zu sichernden Ansprüche auf die beitragspflichtigen Arbeitgeber umgelegt, sondern nunmehr auch die Anwartschaften bereits im Jahr der Insolvenz berücksichtigt werden, vgl. § 10 Abs. 2 BetrAVG. Im Zuge der Anhebung der Altersgrenzen in der gesetzlichen Rentenversicherung durch das RV-Altersgrenzenanpassungsgesetz[284] wurden auch § 2 Abs. 1 und § 6 BetrAVG novelliert. Danach darf auch die Betriebsrente nur einfach ratierlich gekürzt werden, wenn der Arbeitnehmer die gesetzliche Altersrente für „besonders langjährig Versicherte" gemäß § 38 SGB VI in Anspruch nimmt. Mittelbare Auswirkungen auf das Betriebsrentengesetz hatten ferner die Reform des VVG zum 1. Januar 2008,[285] durch das das Recht der Lebensversicherung umgestaltet wurde, sowie die Strukturreform des Versorgungsausgleichs[286] mit Wirkung zum 1. September 2009.

2. Heutige Bedeutung und Verbreitung

Die Deckungsmittel der betrieblichen Altersversorgung betrugen Ende des Jahres 2011 insgesamt 500,7 Mrd. Euro. Ein bedeutender Teil entfiel dabei mit 264,6 Mrd. Euro (52,9 %) auf Direktzusagen. Für die Versorgung über Pensionskassen standen Deckungsmittel i. H. v. 119,2 Mrd. Euro (23,8 %) zur Verfügung; bei Direktversicherungen waren es 55,7 Mrd. Euro (11,1 %), bei Unterstützungskassen 35,0 Mrd. Euro (7,0 %) und bei Pensionsfonds 26,2 Mrd. Euro (5,2 %).[287]

---

282 Zu den Änderungen des Betriebsrentengesetzes durch das Alterseinkünftegesetz vgl. Förster/Cisch, BB 2004, 2126; Höfer, DB 2004, 1426; Langohr-Plato, INF 2004, 711; Reichel/Volk, DB 2005, 886; Schnitker/Grau, NJW 2005, 10.

283 Vgl. das Gesetz zur Änderung des Betriebsrentengesetzes und anderer Gesetze v. 2. Dezember 2006, BGBl. I 2006, 2742.

284 Gesetz zur Anpassung der Regelaltersgrenze an die demografische Entwicklung und zur Stärkung der Finanzierungsgrundlagen der gesetzlichen Rentenversicherung (RV-Altersgrenzenanpassungsgesetz) v. 20. April 2007, BGBl. I 2007, 554.

285 Gesetz zur Reform des Versicherungsvertragsrechts v. 23. November 2007, BGBl. I 2007, 2631.

286 Gesetz zur Strukturreform des Versorgungsausgleichs (VAStrRefG) v. 3. April 2009, BGBl. I 2009, 700.

287 Statistikreihe 2011 der aba Arbeitsgemeinschaft für betriebliche Altersversorgung e.V., http://www.aba-online.de.

Im Jahre 2001 verfügten nach einer Untersuchung von TNS Infratest Sozialforschung[288] etwa 52 % aller sozialversicherungspflichtig beschäftigten Arbeitnehmer über eine Anwartschaft auf betriebliche Altersversorgung; eine verbesserte Förderung seit Inkrafttreten des Altersvermögensgesetzes[289] und des Altersvermögensergänzungsgesetzes[290] zum 1. Januar 2002 führte dazu, dass dieser Anteil bis Ende 2006 auf 65 % anstieg. Viele Arbeitnehmer leisten allerdings nur geringe Beiträge bzw. profitieren von nur geringen arbeitgeberfinanzierten Beiträgen. Insbesondere steuerliche Fördermaßnahmen sollen dazu beitragen, die betriebliche wie die private Altersversorgung in den nächsten Jahren zu stärken. Die steuerliche Behandlung der einzelnen Durchführungswege der betrieblichen Altersversorgung unterscheidet sich jedoch teils erheblich voneinander.

II. Durchführungswege

Das Betriebsrentengesetz sieht heute fünf verschiedene Wege vor, das Versorgungsversprechen des Arbeitgebers umzusetzen.[291] Zu unterscheiden ist zwischen der unmittelbaren Versorgung durch den Arbeitgeber und der mittelbaren Versorgung über einen vom Unternehmen getrennten, rechtlich selbständigen Versorgungsträger, vgl. § 1 Abs. 1 Satz 2 BetrAVG. Ein solcher externer Versorgungsträger kann ein unabhängiges Versicherungsunternehmen, eine (über-)betriebliche Kasse in Form einer Pensions- oder Unterstützungskasse oder ein Pensionsfonds sein. Zwischen den Durchführungswegen kann der Arbeitgeber weitgehend frei wählen; der Betriebsrat hat insofern kein Mitbestimmungsrecht. Ausschlaggebend sind vor allem die jeweils bestehenden

288 Situation und Entwicklung der betrieblichen Altersversorgung in Privatwirtschaft und öffentlichem Dienst 2001 - 2006, Endbericht mit Tabellen, Untersuchung im Auftrag des Bundesministeriums für Arbeit und Soziales, München 2007.

289 Gesetz zur Reform der gesetzlichen Rentenversicherung und zur Förderung eines kapitalgedeckten Altersvermögens (Altersvermögensgesetz - AVmG) v. 26. Juni 2001, BGBl. I 2001, 1310.

290 Gesetz zur Ergänzung des Gesetzes zur Reform der gesetzlichen Rentenversicherung und zur Förderung eines kapitalgedeckten Altersvermögens (Altersvermögensergänzungsgesetz - AVmEG) v. 21. März 2001, BGBl. I 2001, 403.

291 Die Anregung des Bundesrates, einen weiteren Durchführungsweg auf der Basis von Investmentfonds zu schaffen, hat die Bundesregierung mit dem Hinweis auf die vielen Kombinationsmöglichkeiten der bestehenden Durchführungswege abgelehnt; ein sechster Durchführungsweg, so die Bundesregierung, würde die Komplexität der betrieblichen Altersversorgung weiter erhöhen und sich auf die Verbreitung eher hemmend auswirken, BT-Drucks. 16/6593, S. 11 f.

Finanzierungsmöglichkeiten und die damit verbundenen bilanziellen und steuerlichen Konsequenzen.[292] Vielfach stehen in einem Unternehmen gleich mehrere Durchführungswege nebeneinander; außerdem ist es zulässig, die Versorgung von einem Durchführungsweg auf einen anderen überzuleiten.[293]

Entscheidet sich der Arbeitgeber für einen mittelbaren Durchführungsweg, muss er selbst für die Versorgung aufkommen, wenn der Versorgungsträger die versprochenen Leistungen nicht oder nicht vollständig erbringt. Dies folgt seit dem 1. Januar 2001[294] aus § 1 Abs. 1 Satz 3 BetrAVG, der besagt, dass der Arbeitgeber für die Erfüllung der von ihm zugesagten Leistungen auch dann einzustehen hat, wenn die Durchführung nicht unmittelbar über ihn erfolgt. Mit dieser Regelung sollte klargestellt werden, dass der Arbeitgeber stets eine „Grundverpflichtung" übernimmt, die er nicht auf eine externe Versorgungseinrichtung überwälzen kann.[295] Das Bundesarbeitsgericht[296] ging schon vor Inkrafttreten der Norm davon aus, dass sich der Arbeitgeber mit der mittelbaren Zusage verpflichtet, dem Arbeitnehmer die Leistungen der Versorgungseinrichtung zu verschaffen; Inhalt und Umfang des Versorgungsverschaffungsanspruchs waren zunächst aber weitgehend ungeklärt. Indes leitete die Rechtsprechung, bezogen auf Unterstützungskassen, aus dem Verschaffungsanspruch eine verschuldensunabhängige Haftung des Arbeitgebers für die zugesagte Versorgung her.[297] Diesen Haftungsmaßstab hat der Gesetzgeber in § 1 Abs. 1 Satz 3 BetrAVG übernommen und auf alle übrigen Durchführungswege ausgedehnt.[298] Den Arbeitgeber trifft eine unbedingte gesetzliche Einstandspflicht für den Erfüllungsanspruch des Arbeitnehmers; er trägt damit letztlich auch das Risiko der Insolvenz des Direktversicherers oder der Pensionskasse.[299]

---

292 Matthießen, in: Schaub/Matthießen/Polster, Altersvorsorge, 2006, S. 159.

293 Kemper/Kisters-Kölkes, Arbeitsrechtliche Grundzüge der betrieblichen Altersversorgung, 5. Aufl. (2008), Rn. 85 ff.

294 Vgl. das Altersvermögensgesetz (AVmG) v. 26. Juni 2001, BGBl. I 2001, 1310.

295 Vgl. die Gesetzesbegründung, BT-Drucks. 14/4595, S. 67.

296 BAG v. 7. März 1995, 3 AZR 282/94, BB 1995, 2217 (2217 ff.); vgl. auch BVerfG v. 3. Dezember 1998, 1 BvR 484/96, NZA 1999, 321 (322); BAG v. 29. August 2000, 3 AZR 201/00, NZA 2001, 163 (165); v. 18. September 2001, 3 AZR 689/00, NZA 2002, 1391 (1391 ff.); v. 12. Oktober 2004, 3 AZR 571/03, NZA 2005, 1127 (1128).

297 Vgl. BAG v. 25. Januar 2000, 3 AZR 908/98, BeckRS 2000, 30782687.

298 Blomeyer/Rolfs/Otto, BetrAVG, 5. Aufl. (2010), § 1 Rn. 274 f.; Höfer, BetrAVG, Band I, Rn. 2509.

299 Blomeyer/Rolfs/Otto, BetrAVG, 5. Aufl. (2010), § 1 Rn. 271.

1. Direktzusage, § 1 Abs. 1 BetrAVG

Von einer unmittelbaren Versorgungszusage oder Direktzusage spricht man, wenn der Arbeitgeber eine betriebliche Altersversorgung zusagt, ohne einen externen Versorgungsträger hinzuzuziehen. Durch eine solche Zusage werden ausschließlich rechtliche Beziehungen zwischen Arbeitgeber und Arbeitnehmer begründet.

a) Vorsorgephase

Aufgrund der Versorgungszusage des Arbeitgebers erhält der Begünstigte zunächst nur eine Anwartschaft auf die späteren Versorgungsleistungen.[300] Während der Vorsorgephase steht ihm damit ein auf den Eintritt des Versorgungsfalls aufschiebend bedingter Anspruch zu.

Scheidet ein Arbeitnehmer vor Eintritt des Versorgungsfalls aus dem Unternehmen aus, bleibt ihm die Anwartschaft - unabhängig von einer etwaigen vertraglichen Verfallsklausel[301] - erhalten, wenn sie nach den Vorschriften des Betriebsrentengesetzes unverfallbar ist. Unverfallbarkeit setzt nach § 1b Abs. 1 Satz 1 BetrAVG voraus, dass die Versorgungszusage zum Zeitpunkt der Beendigung des Arbeitsverhältnisses mindestens fünf Jahre bestanden hat; außerdem muss der Arbeitnehmer ein Mindestalter von 25 Jahren (bei bis zum 31. Dezember 2008 erteilten Versorgungszusagen: 30 Jahren)[302] besitzen. Diese Fristen gelten unabhängig vom Durchführungsweg für alle arbeitgeberfinanzierten Versorgungszusagen, vgl. § 1b Abs. 2 bis 4 BetrAVG. Auf Entgeltumwandlung oder Eigenbeträgen des Arbeitnehmers beruhende Anwartschaften

300 Doetsch/Hagemann/Oecking/Reichenbach, Betriebliche Altersversorgung, 4. Aufl. (2013), S. 47; Thümer, in: Blümich, EStG, Loselbl., § 19 Rn. 323.

301 Vgl. die Grundsatzentscheidung des BAG v. 10. März 1972, 3 AZR 278/71, AP Nr. 156 zu § 242 BGB Ruhegehalt sowie Blomeyer/Rolfs/Otto, BetrAVG, 5. Aufl. (2010), § 1b Rn. 1 ff.

302 Das Lebensalter für den Erwerb einer vom Arbeitgeber finanzierten unverfallbaren Anwartschaft wurde herabgesetzt durch das Gesetz zur Förderung der zusätzlichen Altersversorgung und zur Änderung des Dritten Buchs Sozialgesetzbuch vom 10. Dezember 2007, BGBl. I 2007, 2838. Zu Vermeidung einer ungerechtfertigten Schlechterstellung bleibt die Anwartschaft auch in Altfällen bereits bei Vollendung des 25. Lebensjahres erhalten, wenn die Zusage zwischen dem 1. Januar 2001 und dem 31. Dezember 2008 erteilt wurde und das Arbeitsverhältnis bis zum 31. Dezember 2013 ununterbrochen fortbesteht, vgl. § 30f Abs. 2 BetrAVG. Zum Regierungsentwurf vom 8. August 2007 vgl. Höfer, DB 2007, 1922.

sind demgegenüber nach § 1b Abs. 5 Satz 1 BetrAVG sofort mit ihrer Entstehung unverfallbar.

Der Arbeitgeber geht mit der Erteilung der Direktzusage gegenüber seinem Arbeitnehmer eine ungewisse Verbindlichkeit ein.[303] Deshalb muss er für die Verpflichtungen aus der Direktzusage sowohl in seiner Handelsbilanz als auch in der Steuerbilanz Rückstellungen bilden, vgl. § 249 Abs. 1 Satz 1 HGB und § 6a EStG. Ein konkretes Versorgungsvermögen steht den Pensionsrückstellungen typischerweise nicht gegenüber. Dem Unternehmen bleibt es aber frei, zur Erfüllung seiner Versorgungsverpflichtungen Vermögen (z. B. in Form von Wertpapieren, Immobilien oder Fonds) anzusammeln und so anzulegen, dass die Erträge die voraussichtlichen Versorgungsleistungen abdecken.[304] Dessen ungeachtet muss der Arbeitgeber gemäß § 10 Abs. 1 BetrAVG für die gesetzliche Insolvenzsicherung des unmittelbaren Versorgungsanspruchs Beiträge an den Pensions-Sicherungs-Verein auf Gegenseitigkeit (PSV) leisten.

Der Ansatz der Pensionsrückstellung in der Steuerbilanz erfolgt gemäß § 6a Abs. 3 EStG nach dem Teilwertverfahren unter Anwendung versicherungsmathematischer Erwartungswerte. Dabei ist das mit der unmittelbaren Versorgungszusage zu tragende Risiko umso besser kalkulierbar, je mehr gleichartige Verbindlichkeiten der Arbeitgeber übernommen hat („Gesetz der großen Zahl")[305]. Diese Form der Alterssicherung ist deshalb bei großen Unternehmen mit vielen Beschäftigten wesentlich weiter verbreitet als bei kleineren.[306]

Für den Arbeitgeber können sich aus der Direktzusage interessante innerbetriebliche Finanzierungseffekte ergeben. Die Bildung der Pensionsrückstellung führt zu einem Aufwand, ohne dass dem Unternehmen Liquidität verloren geht. Es verringert sich bereits in der Vorsorgephase der steuerpflichtige Gewinn und damit die ertragsteuerliche Belastung des Arbeitgebers. Insgesamt betrachtet wird also mittels der Pensionsrückstellungen die Steuerersparnis, die letztlich durch den Aufwand für die in der Versorgungsphase auszuzahlenden Versorgungsleistungen bedingt ist, in die Vorsorgephase vorverlegt. Dem Arbeitgeber stehen so in der Vorsorgephase zusätzliche liquide Mittel zur Verfügung, die er - da keine besonderen Anlagevorschriften bestehen - nach Belieben investieren

303 Buttler, Einführung in die betriebliche Altersversorgung, 6. Aufl. (2012), Rn. 243.

304 Vgl. dazu Breinersdorfer, in: Kirchhof/Söhn/Mellinghoff, EStG, § 19 Rn. B 737; Bursee/Grawert/Knoll, Nachgelagerte Besteuerung und Entgeltpolitik, 2003, S. 65; Reichel/Heger, Betriebliche Altersversorgung, 2003, Rn. 161 f.

305 Blomeyer/Rolfs/Otto, BetrAVG, 5. Aufl. (2010), § 1 Rn. 204.

306 Doetsch/Hagemann/Oecking/Reichenbach, Betriebliche Altersversorgung, 4. Aufl. (2013), S. 128.

kann. Das Unternehmen benötigt weniger Fremdkapital und erspart sich entsprechende Finanzierungsaufwendungen.[307]

Nachteilig wirkt sich für den Arbeitgeber allerdings aus, dass er das Versorgungsrisiko grundsätzlich allein zu tragen hat. Der Abschluss einer Rückdeckungsversicherung kann dieses Risiko zwar verringern, beeinträchtigt aber gleichzeitig die Liquidität des Unternehmens.[308] Finanziell belastet wird der Arbeitgeber zudem durch die Versicherungsbeiträge, die er nach § 10 Abs. 1 BetrAVG an den Pensions-Sicherungs-Verein zu leisten hat.[309]

b) Versorgungsphase

Tritt die Bedingung ein, erreicht also z. B. der Arbeitnehmer die vorgesehene Altersgrenze, erstarkt der Anspruch aus der Direktzusage zum Vollrecht.[310] Der Versorgungsanspruch richtet sich unmittelbar gegen den (ehemaligen) Arbeitgeber, der zugleich Versorgungsträger ist.[311] Der Arbeitgeber zahlt die Leistungen selbst an den Berechtigten aus, tritt gegenüber der Finanzverwaltung und den Sozialbehörden als Zahlstelle auf und ist für den Versorgungsberechtigten Ansprechpartner bei etwaigen Zweifelsfragen.[312]

c) Rückgedeckte Direktzusage

Bei der Direktzusage trägt der Arbeitgeber prinzipiell allein die Verantwortung für die Erfüllbarkeit seines Versorgungsversprechens.[313] Vor allem der

---

307 Ahrend/Förster/Rößler, Steuerrecht der betrieblichen Altersversorgung, 2. Teil, Rn. 171 ff.; Mauch, in: Ernst & Young/VDR (Hrsg.), Altersvorsorge, 2. Aufl. (2004), D. Rn. 73 ff.

308 Die an das Versicherungsunternehmen zu zahlenden Prämien sind für den Arbeitgeber Betriebsausgaben; die Ansprüche aus der Rückdeckungsversicherung hat er in Höhe des Deckungskapitals zu aktivieren, vgl. BFH v. 9. August 2005, I R 11/06, BStBl. II 2006, 762 (763); v. 1. Februar 1966, I 90/63, BStBl. III 1966, 251 (251 f.); v. 28. Juni 2001, IV R 41/00, BStBl. II 2002, 724 (725); Weber-Grellet, in: Schmidt, EStG, 32. Aufl. (2013), § 5 Rn. 270 „Rückdeckungsversicherung".

309 Vgl. Mauch, in: Ernst & Young/VDR (Hrsg.), Altersvorsorge, 2. Aufl. (2004), D. Rn. 101, 340 ff.

310 Vgl. Blomeyer/Rolfs/Otto, BetrAVG, 5. Aufl. (2010), § 7 Rn. 22; vgl. Ellenberger, in: Palandt, BGB, 72. Aufl. (2013), Einf v § 158, Rn. 8.

311 Ahrend/Förster/Rößler, Steuerrecht der betrieblichen Altersversorgung, 2. Teil, Rn. 6; Höfer, BetrAVG, Band I, Rn. 133.

312 Reichel/Heger, Betriebliche Altersversorgung, 2003, Rn. 156.

313 Breinersdorfer, in: Kirchhof/Söhn/Mellinghoff, EStG, § 19 Rn. B 719, B 729.

Eintritt vorzeitiger Versorgungsfälle (bei den Leistungsarten Invaliditäts- und Hinterbliebenenversorgung) kann unversehens zu einem hohen Finanzierungsbedarf führen. Das Erreichen der Altersgrenze ist zwar leichter vorhersehbar, allein die Bildung der Pensionsrückstellung stellt aber noch keine Liquidität zur Verfügung. Für den Arbeitgeber ist es deshalb ratsam, schon frühzeitig Kapital anzusammeln, das im Versorgungsfall zur Verfügung steht. Eine Rückdeckung der Versorgungsverpflichtung kann, wie erwähnt, z. B. über Investmentfonds erfolgen; weitaus häufiger anzutreffen ist jedoch die Absicherung über eine Rückdeckungsversicherung.[314]

Unter einer Rückdeckungsversicherung versteht man eine Versicherung auf das Leben oder die Gesundheit des Versorgungsberechtigten, die der Arbeitgeber bei einem Lebensversicherungsunternehmen abschließt und aus der nur er selbst bezugsberechtigt ist.[315] Der Arbeitgeber ist also Versicherungsnehmer und Bezugsberechtigter, der Arbeitnehmer versicherte Person.[316] Durch den Abschluss der Rückdeckungsversicherung deckt der Arbeitgeber seine eigenen durch die Versorgungszusage bedingten Risiken ab;[317] es werden ausschließlich Rechtsbeziehungen zwischen dem Versicherer und dem Arbeitgeber begründet. Der Versorgungsberechtigte selbst darf keinerlei Ansprüche gegen die Versicherungsgesellschaft erwerben. Sein Versorgungsanspruch richtet sich, unabhängig davon, ob eine Rückdeckungsversicherung besteht oder nicht, allein gegen den Arbeitgeber. Die rückgedeckte Direktzusage wird deshalb nicht als eigenständiger Durchführungsweg der betrieblichen Altersversorgung angesehen, sondern lediglich als ein Finanzierungsinstrument des Arbeitgebers.[318]

Der Abschluss einer Rückdeckungsversicherung kann aber auch für den Arbeitnehmer von Nutzen sein, vor allem wenn der Arbeitgeber seine Ansprüche aus der Rückdeckungsversicherung an ihn verpfändet. Der in §§ 7 ff. BetrAVG

---

314 Buttler, Einführung in die betriebliche Altersversorgung. 6. Aufl. (2012), Rn. 262 f.; vgl. Mauch, in: Ernst & Young/VDR (Hrsg.), Altersvorsorge, 2. Aufl. (2004), D. Rn. 99.

315 RFH v. 27. Februar 1942, IV 220/41, RStBl. 1942, 561 (562); BFH v. 12. Juli 1957, VI 3/65 U, BStBl. 1957 III, 289 (290); v. 9. Oktober 2002, VI R 112/99, BStBl. II 2002, 884.

316 Ahrend/Förster/Rößler, Steuerrecht der betrieblichen Altersversorgung, 2. Teil, Rn. 1393; Blomeyer/Rolfs/Otto, BetrAVG, 5. Aufl. (2010), StR A Rn. 28.

317 Vgl. R 40b.1 Abs. 3 Satz 1, Satz 2 Nr. 1 LStR 2011/2013; Blomeyer/Rolfs/Otto, BetrAVG, 5. Aufl. (2010), StR A Rn. 28 ff.

318 Vgl. Ahrend/Förster/Rößler, Steuerrecht der betrieblichen Altersversorgung, 2. Teil, Rn. 1392; Bode/Obenberger, Die betriebliche Altersversorgung nach dem Betriebsrentengesetz 2005, Berlin 2005, Rn. 63.

geregelte gesetzliche Insolvenzschutz durch den Pensions-Sicherungs-Verein (PSV) kann so durch eine privatrechtliche Insolvenzsicherung ergänzt werden.[319]

Abzugrenzen ist die Rückdeckungsversicherung insbesondere von der Direktversicherung, aus der auch der Arbeitnehmer selbst Ansprüche herleiten kann.[320] Die Unterscheidung ist insbesondere auch steuerlich bedeutsam, denn anders als bei einer reinen Rückdeckung der Arbeitgeberverpflichtung werden bei der Direktversicherung bereits die Beitragszahlungen an das Versicherungsunternehmen als (grundsätzlich steuerpflichtiger) Arbeitslohn behandelt.[321] Nach der Rechtsprechung liegt eine Rückdeckungsversicherung (und nicht etwa eine Direktversicherung) auch dann vor, wenn die Beteiligten die Versorgungszusage auf die Leistungen beschränken, die der Träger der Rückdeckung später tatsächlich erbringt.[322] Ferner soll es nach Ansicht der Finanzverwaltung der steuerlichen Anerkennung einer Rückdeckungsversicherung nicht entgegenstehen, wenn der Arbeitgeber seine Ansprüche aus der Rückdeckungsversicherung an den Arbeitnehmer verpfändet oder auf den Eintritt des Versicherungsfalls aufschiebend bedingt abtritt.[323]

Sichert der Arbeitgeber seine Versorgungsverpflichtung insgesamt ab, liegt eine kongruente Rückdeckungsversicherung vor. In der Praxis begrenzt der Arbeitgeber seine Zusage üblicherweise auf die Versorgungsleistungen, die aus den an die Rückdeckungsversicherung gezahlten Beiträgen resultieren.[324] Durch eine partielle Rückdeckungsversicherung wird nur ein Teil der Versorgungszusage abgesichert. So können z. B. nur vorzeitige Versorgungsfälle versichert sein, während die Ansammlung des Versorgungskapitals unternehmensintern oder bei einem Anlageinstitut erfolgt.[325]

2. Unterstützungskasse, § 1b Abs. 4 BetrAVG

Die Unterstützungskasse ist nach § 1b Abs. 4 Satz 1 BetrAVG eine rechtsfähige Versorgungseinrichtung, die betriebliche Altersversorgung durchführt und die

319 Berz, DStR 2000, 315 (317); Reichel/Heger, Betriebliche Altersversorgung, 2003, Rn. 464 ff.

320 Vgl. Ahrend/Förster/Rößler, Steuerrecht der betrieblichen Altersversorgung, 2. Teil, Rn. 1401 ff.

321 Siehe Seite 153 ff.

322 BFH v. 27. Mai 1993, VI R 19/92, BStBl. II 1994, 246 (248); a. A. noch BFH v. 20. November 1987, VI R 91/84, BFH/NV 1988, 564 (565).

323 Vgl. R 40b.1 Abs. 3 Nr. 3 Satz 2 LStR 2011/2013.

324 Bode/Obenberger, Die betriebliche Altersversorgung nach dem Betriebsrentengesetz 2005, Berlin 2005, Rn. 63; vgl. BFH v. 27. Mai 1993, VI R 19/92, BStBl. 1994 II, 246 (247).

325 Dazu ausführlich Buttler, Einführung in die betriebliche Altersversorgung, 6. Aufl. (2012), Rn. 267 ff.

(dem Arbeitnehmer) auf ihre Leistungen keinen Rechtsanspruch gewährt.[326] Sie kann als Firmen-, Konzern- oder Gruppenkasse für einzelne oder mehrere Trägerunternehmen errichtet werden.[327] In Frage kommt jede Rechtsform, die der Kasse Rechtsfähigkeit verleiht.[328] In der Praxis sind Unterstützungskassen üblicherweise als eingetragener Verein oder Gesellschaft mit beschränkter Haftung organisiert, seltener als rechtsfähige Stiftung.[329] Die Kasse ist mit einem Sondervermögen ausgestattet, das durch einmalige oder laufende Zuwendungen des Arbeitgebers, eigene Vermögenserträge und unter Umständen auch durch Leistungen Dritter (z. B. in Form von Erbschaften oder Schenkungen)[330] finanziert wird. Für den Arbeitnehmer ergibt sich der Vorteil, dass die Mittel zur Erfüllung der Versorgungszusage rechtlich aus dem unternehmerischen Risiko des Arbeitgebers ausgegliedert werden.[331]

Die Besonderheit der Unterstützungskasse gegenüber allen anderen mittelbaren Durchführungswegen besteht darin, dass der Arbeitnehmer - zumindest formal betrachtet - keinen Rechtsanspruch auf die Leistungen der Kasse erhält. Der Ausschluss des Rechtsanspruchs ist vor allem historisch bedingt[332] und bewirkt, dass die Unterstützungskasse, anders als die Pensionskasse, von der Finanzdienstleistungsaufsicht befreit ist, vgl. § 1 Abs. 3 VAG. Da die Kasse nicht dem Versicherungsaufsichtsgesetz unterfällt, ist sie in der Wahl ihrer Kapitalanlage weitgehend frei und kann insbesondere dem Trägerunternehmen das erhaltene Deckungskapital als Darlehen zurückgewähren.[333]

---

326 Vgl. BFH v. 5. November 1992, I R 61/89, BStBl. II 1993, 185 (186).

327 Blomeyer/Rolfs/Otto, BetrAVG, 5. Aufl. (2010), § 1 Rn. 254; Höfer, BetrAVG, Band I, Rn. 193.

328 Weil sie keinen Rechtsanspruch auf ihre Leistungen gewähren dürfen, können Unterstützungskasse allerdings nicht als Versicherungsverein auf Gegenseitigkeit betrieben werden, vgl. Kauffmann, in: Frotscher, EStG, § 4d Rn. 1.

329 Bursee/Grawert/Knoll, Nachgelagerte Besteuerung und Entgeltpolitik, 2003, S. 69; Mauch, in: Ernst & Young/VDR (Hrsg.), Altersvorsorge, 2. Aufl. (2004), D. Rn. 103.

330 In Betracht kommt dies vor allem bei durch Unternehmerpersönlichkeiten gegründeten Unterstützungskassen, die zumeist die Rechtsform einer Stiftung haben, vgl. Ahrend/Förster/Rößler, Steuerrecht der betrieblichen Altersversorgung, Losebl., 3. Teil, Rn. 26.

331 Breinersdorfer, in: Kirchhof/Söhn/Mellinghoff, EStG, § 19 Rn. B 736.

332 Siehe Seite 73.

333 Ahrend/Förster/Rößler, Steuerrecht der betrieblichen Altersversorgung, 3. Teil, Rn. 75; Gosch, in: Kirchhof/Söhn/Mellinghoff, EStG, § 4d Rn. A 2; Harle/Kesting/Leser, BB 2006, 131 (133).

In welcher Weise er seine Unterstützungskasse dotiert, bleibt weitgehend dem Arbeitgeber überlassen.[334] Dies ermöglicht es dem Unternehmen, seine Zuwendungen in den Grenzen der steuerlich abzugsfähigen Beträge an die Ertragslage anzupassen, vgl. dazu die komplexe Regelung des § 4d EStG. Die Unterstützungskasse muss auch kein ständiges Kassenvermögen unterhalten; sie kann sowohl im Umlageverfahren als auch im Kapitaldeckungsverfahren arbeiten.[335] Die Versorgungsleistungen der Kasse sind insolvenzgeschützt beim Pensions-Sicherungs-Verein, § 10 Abs. 1 BetrAVG.

a) Vorsorgephase

Auch der Unterstützungskassenversorgung liegt eine Zusage des Arbeitgebers gegenüber dem Arbeitnehmer zugrunde, die allerdings auf die mittelbare Versorgung durch eine Unterstützungskasse gerichtet ist. Zu dem arbeitsrechtlichen Grundverhältnis treten zwei weitere Rechtsverhältnisse hinzu, das Deckungsverhältnis zwischen Arbeitgeber und Unterstützungskasse sowie das „Begünstigungsverhältnis" zwischen Unterstützungskasse und Arbeitnehmer.[336] Die Unterstützungskasse ist regelmäßig aufgrund eines vom Arbeitgeber erteilten Auftrags verpflichtet, die vorgesehenen Leistungen an den Berechtigten zu erbringen.[337]

Obgleich formal ein konstitutives Wesensmerkmal der Unterstützungskasse,[338] hat der Ausschluss des Rechtsanspruchs für das Arbeitsrecht heute nur noch geringe Bedeutung. Die Unterstützungskassenzusage genießt ebenso wie alle anderen betrieblichen Versorgungszusagen arbeitsrechtlichen Vertrauens- und Bestandsschutz. Nach ständiger Rechtsprechung des Bundesarbeitsgerichts[339] ist

---

334 Dem Arbeitgeber bleibt es natürlich unbenommen, sich vertraglich zu verpflichten - z. B. zur regelmäßigen Dotierung einer Gruppen-Unterstützungskasse. Vereinzelt kann sich eine Dotierungspflicht auch aus einem Tarifvertrag ergeben, vgl. Ahrend/Förster/Rößler, Steuerrecht der betrieblichen Altersversorgung, 3. Teil, Rn. 86.

335 Breinersdorfer, in: Kirchhof/Söhn/Mellinghoff, EStG, § 19 Rn. B 733.

336 Blomeyer/Rolfs/Otto, BetrAVG, 5. Aufl. (2010), Anh § 1 Rn. 947 ff.; Griebeling, DB 1991, 2336 (2337).

337 BAG v. 10. November 1977, 3 AZR 705/76, BB 1978, 762 (764).

338 Ahrend/Förster/Rößler, Steuerrecht der betrieblichen Altersversorgung, 3. Teil, Rn. 70; Gosch, in: Kirchhof/Söhn/Mellinghoff, EStG, § 4d Rn. B 4.

339 Ständige Rechtsprechung seit Anfang der 1970er Jahre, z. B. BAG v. 12. Februar 1971, 3 AZR 83/70, BB 1971, 784 (785); v. 17. Mai 1973, 3 AZR 381/72, BB 1973, 1308 (1309); v. 28. April 1977, 3 AZR 300/76, BB 1977, 1202 (1203); v. 10. November 1977, 3 AZR 705/76, BB 1978, 762 (763); v. 5. Juli 1979, 3 AZR 197/78, BB 1979, 1605 (1605 ff.); v. 9. Februar 1982, 3 AZR 508/79, DB 1982, 2470 (2470 f.); v. 17. April 1985, 3 AZR 72/83, DB 1986, 228 (228 ff.); v. 3. Februar 1987, 3 AZR 208/85,

deshalb der Ausschluss des Rechtsanspruchs in ein an sachliche Gründe gebundenes Widerrufsrecht der Unterstützungskasse bezüglich der Altersversorgung umzudeuten. Dabei geht das Bundesarbeitsgericht davon aus, dass die betriebliche Altersversorgung stets eine Gegenleistung für die erwartete oder erbrachte Arbeit und Betriebstreue darstelle. Seien diese Leistungen erbracht, könne dem Arbeitnehmer die Gegenleistung in Form der versprochenen Versorgung nicht ohne weiteres entzogen werden. Zwar habe der Arbeitnehmer seine Ansprüche vorrangig bei der Unterstützungskasse und nicht beim Arbeitgeber geltend zu machen. Maßgebend für die Leistungspflicht bleibe aber das Grundverhältnis zwischen Arbeitnehmer und Arbeitgeber. Der Arbeitgeber müsse dafür Sorge tragen, dass der Unterstützungskasse ausreichende Mittel zur Verfügung stünden und andernfalls selbst für die zugesagten Versorgungsleistungen aufkommen. Allenfalls eine Insolvenz des Trägerunternehmens im Sinne von § 7 BetrAVG, die eine Eintrittspflicht des Trägers der Insolvenzsicherung auslöse, könne einen Widerruf der Zusage rechtfertigen.

Das Bundesverfassungsgericht hat diese Einschränkung des Widerrufsrechts durch das Bundesarbeitsgericht mehrfach bestätigt.[340] Mit § 1 Abs. 1 Satz 3 BetrAVG hat die von der Rechtsprechung entwickelte Einstandspflicht des Arbeitgebers für alle mittelbaren Versorgungszusagen nun auch eine gesetzliche Grundlage erhalten.[341] Insgesamt gesehen hat sich damit die Rechtsposition des Begünstigten einer Unterstützungskassenzusage so weit verfestigt, dass sie einem Rechtsanspruch praktisch gleichkommt.[342]

b) *Versorgungsphase*

Nach Eintritt des Versorgungsfalls erhält der Versorgungsempfänger die vorgesehenen Leistungen von der Unterstützungskasse ausbezahlt.

DB 1987, 2414 (2414 f.); v. 22. Oktober 1992, 3 AZR 486/90, DB 1992, 2095 (2096); v. 17. November 1992, 3 AZR 76/92, BB 1993, 1292 (1293); v. 26. August 1997, 3 AZR 213/96, BB 1998, 1369 (1370). Anders noch BAG v. 31. Mai 1968, 3 AZR 459/67, DB 1968, 1628 (1628).

340 BVerfG v. 19. Oktober 1983, 2 BvR 298/81, BVerfGE 65, 196 (210 ff.); v. 14. Januar 1987, 1 BvR 1052/79, BVerfGE 74, 129 (153 ff.). Vgl. auch BVerfG v. 3. Dezember 1998, 1 BvR 484/96, NZA 1999, 321 (322).

341 Siehe Seite 77.

342 Vgl. Andresen/Cisch, in: Richardi/Wißmann/Wlotzke/Oetker (Hrsg.), Münchener Handbuch zum Arbeitsrecht, Band 1, Individualarbeitsrecht, 3. Aufl. (2009), § 143 Rn. 87; Höfer, BetrAVG, Band I, Rn. 197 f.; Mittelsten Scheid, Reform der Altersbesteuerung, Berlin 2004, S. 38.

c) *Rückgedeckte Unterstützungskasse*

Unterstützungskassen werden heute ganz überwiegend als rückgedeckte Kassen betrieben. Dabei sichert die Kasse ihre Versorgungsverpflichtungen - ebenso wie der Arbeitgeber bei der rückgedeckten Direktzusage[343] - mittels einer Rückdeckungsversicherung ab. Auch bei der rückgedeckten Unterstützungskasse kann der Arbeitnehmer die Leistungen des Versicherers nicht unmittelbar beanspruchen; diese fließen zunächst in das Vermögen der Unterstützungskasse.[344]

3. Direktversicherung, § 1b Abs. 2 BetrAVG

Die Direktversicherung ist nach § 1b Abs. 2 Satz 1 BetrAVG eine Versicherung, die der Arbeitgeber für die betriebliche Altersversorgung auf das Leben des Arbeitnehmers abschließt und aus der der Arbeitnehmer oder seine Hinterbliebenen ganz oder teilweise bezugsberechtigt sind. Als Lebensversicherung kommen vor allem Kapitalversicherungen (einschließlich Risikoversicherungen), Rentenversicherungen und fondsgebundene Lebensversicherungen in Betracht; einbezogen sind aber auch ergänzende Berufsunfähigkeitsversicherungen sowie unselbständige Unfallversicherungen.[345]

Wie bei der Rückdeckungsversicherung ist auch hier der Arbeitgeber Versicherungsnehmer und der Versorgungsberechtigte versicherte Person. Im Unterschied zur Rückdeckungsversicherung steht das Bezugsrecht bei der Direktversicherung jedoch nicht allein dem Arbeitgeber, sondern zumindest teilweise auch dem Arbeitnehmer oder seinen Hinterbliebenen zu.[346] Der Versicherungsvertrag erfüllt deshalb stets die Voraussetzungen eines Vertrags zugunsten Dritter im Sinne des § 328 Abs. 1 BGB.[347] Dabei stehen das Versicherungsverhältnis (Deckungsverhältnis) zwischen Arbeitgeber und Versicherungsunternehmen und das Bezugsrechtsverhältnis zwischen Arbeitnehmer und Versicherungsunternehmen generell unverknüpft nebeneinander.[348]

---

343 Siehe Seite 81.

344 Ahrend/Förster/Rößler, Steuerrecht der betrieblichen Altersversorgung, 3. Teil, Rn. 355; Gosch, in: Kirchhof/Söhn/Mellinghoff, EStG, § 4d Rn. A 107.

345 R 4b Abs. 1 Satz 7 EStR 2012; Ahrend/Förster/Rößler, Steuerrecht der betrieblichen Altersversorgung, 4. Teil, Rn. 25 f.

346 Vgl. BFH v. 16. April 1999, VI R 60/96, BStBl. II 2000, 406 (408).

347 Blomeyer/Rolfs/Otto, BetrAVG, 5. Aufl. (2010), Anh § 1 Rn. 728; Höfer, BetrAVG, Band I, Rn. 136; vgl. Thürmann, BB 1985, 1269 (1273).

348 Vgl. Blomeyer, DB 1988, 962 (963); Thürmann, BB 1985, 1269.

Im Versicherungsverhältnis trägt der Arbeitgeber die üblichen versicherungsrechtlichen Obliegenheiten, namentlich die Pflicht zur Zahlung der vereinbarten Prämien gemäß § 1 Satz 2 VVG. Dabei gilt das Prinzip der Kapitaldeckung nach § 11 VAG.[349] Gleichzeitig stehen dem Arbeitgeber sämtliche Gestaltungsrechte zu, beispielsweise das Recht, die Versicherung zu kündigen oder prämienfrei weiterzuführen, vgl. §§ 165 f. VVG. Das Versicherungsunternehmen unterliegt der Kontrolle durch die Bundesanstalt für Finanzdienstleistungsaufsicht (BaFin); es ist verpflichtet, das Vermögen so anlegen, dass möglichst große Sicherheit und Rentabilität bei jederzeitiger Liquidität unter Wahrung angemessener Mischung und Streuung erreicht wird, § 54 VAG. Ein gesetzlicher Insolvenzschutz ist deshalb für Direktversicherungszusagen nur in begrenzten Fällen vorgesehen, vgl. § 7 Abs. 1 Satz 2 Nr. 1, Abs. 2 Satz 1 Nr. 2 BetrAVG.

a) Vorsorgephase

Der versicherte Arbeitnehmer erhält bis zum Eintritt des Versorgungsfalls eine Anwartschaft auf die Versicherungsleistungen, die man versicherungsrechtlich als Bezugsrecht bezeichnet.[350] Zur Begründung des Bezugsrechts bedarf es einer entsprechenden Erklärung des Arbeitgebers gegenüber dem Versicherer. Der Arbeitgeber kann das Bezugsrecht an Bedingungen knüpfen und nach § 159 Abs. 2 und 3 VVG widerruflich oder unwiderruflich ausgestalten. Möglich ist auch die Einräumung eines teilweisen oder gespaltenen Bezugsrechts, vgl. § 1b Abs. 2 Satz 1 BetrAVG. Üblicherweise wird dem Berechtigten bei Abschluss der Direktversicherung zunächst nur ein widerrufliches Bezugsrecht gewährt; häufig anzutreffen sind auch Gestaltungen, nach denen das Bezugsrecht mit Eintritt der Unverfallbarkeit unwiderruflich wird[351] (sog. eingeschränkt unwiderrufliches Bezugsrecht[352]).

(1) Widerrufliches Bezugsrecht

Ein widerrufliches Bezugsrecht kann der Arbeitgeber bis zum Eintritt des Versicherungsfalls jederzeit ändern, ganz oder teilweise aufheben oder auf einen anderen übertragen, vgl. § 159 Abs. 1 VVG. Als Versicherungsnehmer bleibt es ihm vorbehalten, die Ansprüche aus dem Versicherungsvertrag ohne Zustimmung

349 Breinersdorfer, in: Kirchhof/Söhn/Mellinghoff, EStG, § 19 Rn. B 748.

350 Blomeyer/Rolfs/Otto, BetrAVG, 5. Aufl. (2010), Anh § 1 Rn. 728; Matthießen, in: Schaub/Matthießen/Polster, Altersvorsorge, München 2006, S. 153.

351 Vgl. BAG v. 26. Juni 1990, 3 AZR 651/88, NZA 1991, 60 (60 ff).

352 Matthießen, in: Schaub/Matthießen/Polster, Altersvorsorge, München 2006, S. 155.

des Bezugsberechtigten abzutreten, zu beleihen oder zu verpfänden. Mit einem widerruflichen Bezugsrecht erhält der Arbeitnehmer also nur eine recht schwache Anwartschaft;[353] rein versicherungsrechtlich betrachtet steht dem widerruflich Berechtigten kaum mehr zu als eine ungesicherte Hoffnung auf die im Versicherungsfall fällig werdenden Leistungen.[354]

Arbeitsrechtlich sind den Rechten des Arbeitgebers jedoch vor allem dann Grenzen gesetzt, wenn die gesetzlichen Voraussetzungen für die Unverfallbarkeit der Versorgungsanwartschaft erfüllt sind: So verpflichtet § 1b Abs. 2 Satz 1 BetrAVG den Arbeitgeber, ein gesetzlich unverfallbares Bezugsrecht nicht mehr zu widerrufen; gegebenenfalls hat er den Arbeitnehmer im Versicherungsfall so zu stellen, als ob eine Abtretung oder Beleihung nicht erfolgt wäre.[355] Bei (sofort unverfallbaren) Entgeltumwandlungszusagen ist dem Arbeitnehmer nach § 1b Abs. 5 Satz 2 BetrAVG von vornherein ein unwiderrufliches Bezugsrecht einzuräumen. Die genannten Beschränkungen betreffen allein das arbeitsrechtliche Grundverhältnis zwischen Arbeitgeber und Arbeitnehmer; auf das Versicherungsverhältnis zwischen Arbeitgeber und Versicherer wirken sie sich nicht unmittelbar aus. Ein entgegen § 1b Abs. 2 Satz 1 BetrAVG ausgesprochener Widerruf des Bezugsrechts ist deshalb versicherungsrechtlich wirksam und bindend.[356] Ist ein arbeitsrechtlich unzulässiger Widerruf erfolgt, muss der nach § 1 Abs. 1 Satz 3 BetrAVG einstandspflichtige Arbeitgeber die zugesagten Leistungen, soweit erforderlich, aus eigenem Vermögen erbringen.[357]

Im Fall der Insolvenz des Arbeitgebers gehört bei einem widerruflichen Bezugsrecht der Versicherungsanspruch zur Insolvenzmasse.[358] Der Insolvenzverwalter ist verpflichtet, das Bezugsrecht zur Verwertung in der Masse zu widerrufen.[359] Ist die Versorgungsanwartschaft unverfallbar, tritt gemäß § 7 Abs. 2 Nr. 2 BetrAVG der Pensions-Sicherungs-Verein ein. Direktversicherungen mit widerruflichem Bezugsrecht unterliegen deshalb der Insolvenzsicherungspflicht.

---

353 So Blomeyer/Rolfs/Otto, BetrAVG, 5. Aufl. (2010), Anh § 1 Rn. 731.

354 Vgl. Schneider, in: Prölss/Martin, VVG, 28. Aufl. (2010), § 159 VVG Rn. 11.

355 Vgl. Ahrend/Förster/Rößler, Steuerrecht der betrieblichen Altersversorgung, 4. Teil, Rn. 127; Blomeyer/Rolfs/Otto, BetrAVG, 5. Aufl. (2010), § 1b Rn. 237 ff.

356 Vgl. BAG v. 26. Februar 1991, 3 AZR 213/90, NZA 1991, 845 (846); v. 8. Juni 1999, 3 AZR 136/98, NZA 1999, 1103 (1105); BGH v. 22. März 1984, IX ZR 69/83, NJW 1984, 1611 (1611).

357 Ähnlich schon BAG v. 8. November 1988, 3 AZR 85/87, NZA 1989, 679 (681).

358 BGH v. 3. April 1993, IX ZR 169/92, NJW 1993, 1994 (1994 f.)

359 Vgl. BGH v. 7. April 2005, IX ZR 138/04, NJW 2005, 2231 (2231).

(2) Unwiderrufliches Bezugsrecht

Mit einem unwiderruflichen Bezugsrecht erhält der Versorgungsberechtigte ein nicht mehr zu entziehendes, nur noch durch den Eintritt des Versicherungsfalls bedingtes Recht auf die Leistungen des Direktversicherers. Er kann im Rahmen des Versicherungsrechts frei über sein Bezugsrecht verfügen, es z. B. abtreten oder verpfänden.[360] Um die bezweckte Alterssicherung nicht zu gefährden, werden Arbeitgeber und Arbeitnehmer eine solche vorzeitige Verfügung aber in aller Regel ausschließen.[361] Zudem muss der mit einer unverfallbaren Anwartschaft ausgeschiedene Arbeitnehmer die Verfügungsbeschränkungen des § 2 Abs. 2 Sätze 4 bis 6 BetrAVG beachten.[362]

Ein gesetzlicher Insolvenzschutz besteht bei einem unwiderruflichen Bezugsrecht grundsätzlich nicht; etwas anderes gilt nur, wenn der Arbeitgeber die Ansprüche aus dem Versicherungsvertrag (mit Zustimmung des Arbeitnehmers) abgetreten, beliehen oder verpfändet[363] hat, vgl. § 7 Abs. 1 Satz 2 Nr. 1 BetrAVG. Indes sind derartige Verfügungen bei Entgeltumwandlung nach § 1b Abs. 5 Nr. 3 BetrAVG ohnehin nicht gestattet.

(3) Gespaltenes Bezugsrecht

Bei einem teilweisen oder gespaltenen Bezugsrecht steht dem Arbeitnehmer im Versicherungsfall nur ein (quantitativ oder qualitativ begrenzter) Teil der Versicherungsleistungen zu. In diesem Fall ist nur der auf den Arbeitnehmer oder seine Hinterbliebenen entfallende Anteil eine Direktversicherung; bei dem Anteil, der dem Arbeitgeber zugutekommt, handelt es sich um eine

360 Vgl. BGH v. 17. Februar 1966, II ZR 286/63, BGHZ 45, 162 (167); v. 20. Mai 1992, XII ZR 255/90, BGHZ 118, 242 (247); Reiff/Schneider, in: Prölss/Martin, VVG, 28. Aufl. (2010), § 13 ALB 86 Rn. 2 ff.

361 Blomeyer/Rolfs/Otto, BetrAVG, 5. Aufl. (2010), Anh § 1 Rn. 734; Höfer, BetrAVG, Band I, Rn. 148.

362 Demnach darf der ausgeschiedene Arbeitnehmer die Ansprüche aus dem Versicherungsvertrag in Höhe des durch Beitragszahlungen des Arbeitgebers gebildeten geschäftsplanmäßigen Deckungskapitals oder, soweit die Berechnung des Deckungskapitals nicht zum Geschäftsplan gehört, das nach § 169 Abs. 3 und 4 des Versicherungsvertragsgesetzes berechneten Wertes weder abtreten noch beleihen. In dieser Höhe darf der Rückkaufswert auf Grund einer Kündigung des Versicherungsvertrags nicht in Anspruch genommen werden; im Falle einer Kündigung wird die Versicherung in eine prämienfreie Versicherung umgewandelt. § 169 Abs. 1 des Versicherungsvertragsgesetzes findet insoweit keine Anwendung. Eine Abfindung des Anspruchs nach § 3 BetrAVG ist weiterhin möglich.

363 Vgl. Förster/Cisch/Karst, Betriebsrentengesetz, 13. Aufl. (2012), § 7 Rn. 22.

Rückdeckungsversicherung.[364] Die Aufteilung des Bezugsrechts hat infolgedessen auch Auswirkungen auf die steuerliche Beurteilung der Versicherung. Denkbar ist, dass der Arbeitnehmer nur die garantierten Leistungen aus dem Versicherungsvertrag bekommen soll, während der Arbeitgeber die Überschussbeteiligung erhält. Gelegentlich kommt es aber auch vor, dass im Erlebensfall der Arbeitnehmer die Versorgungsleistungen beanspruchen kann, und im Fall des Todes der Arbeitgeber bezugsberechtigt ist.[365]

b) Versorgungsphase

Bei Eintritt des Versorgungsfalls erwirbt der Versicherte endgültig das Recht auf die Leistungen aus der Direktversicherung, vgl. § 330 BGB, § 159 Abs. 2 VVG. Das Versicherungsunternehmen zahlt die Leistungen unmittelbar an den Versorgungsberechtigten aus.[366]

4. Pensionskasse, § 1b Abs. 3 Var. 1 BetrAVG

§ 1b Abs. 3 Satz 1 BetrAVG beschreibt die Pensionskasse als eine rechtsfähige Versorgungseinrichtung, die dem Arbeitnehmer oder seinen Hinterbliebenen einen Rechtsanspruch auf die zugesagten Altersversorgungsleistungen einräumt. Sofern die Pensionskasse ihr Versicherungsgeschäft im Kapitaldeckungsverfahren betreibt, erfolgt die Versorgung ebenfalls mittels einer Lebensversicherung, vgl. § 118a VAG. Anders als der Träger einer Direktversicherung ist die Pensionskasse aber kein allgemein tätiges Versicherungsunternehmen, sondern beschränkt sich auf die Versicherung der betrieblichen Altersversorgung.[367] Sie kann als Betriebspensionskasse von einem einzelnen Unternehmen errichtet werden oder als Konzern- oder Gruppenpensionskasse der Versorgung der Arbeitnehmer mehrerer Unternehmen dienen.[368] Finanzdienstleistungs - und Versicherungsunternehmen bieten außerdem seit einigen Jahren sog.

---

364 FG Hamburg v. 8. August 2001, VII 158/97, EFG 2001, 1611 (1611 f.); Thürmer, in: Blümich, EStG, Loselbl., § 19 Rn. 321.

365 Vgl. Gosch, in: Kirchhof/Söhn/Mellinghoff, EStG, § 4b, Rn. B 81 f., B 88;; Höfer, BetrAVG, Band I, Rn. 152 ff.

366 Buttler, Einführung in die betriebliche Altersversorgung, 6. Aufl. (2012), Rn. 214.

367 Ahrend/Förster/Rößler, Steuerrecht der betrieblichen Altersversorgung, 5. Teil, Rn. 43.

368 Ahrend/Förster/Rößler, Steuerrecht der betrieblichen Altersversorgung, 5. Teil, Rn. 50.2 ff.; Höfer, BetrAVG, Band I, Rn. 179.

Wettbewerbspensionskassen an, die - anders als die traditionellen Firmenpensionskassen - allen Branchen offen stehen.[369]

Pensionskassen werden traditionell als Versicherungsvereine auf Gegenseitigkeit betrieben,[370] zulässig ist nach § 7 Abs. 1 VAG aber auch die Rechtsform der Versicherungsaktiengesellschaft einschließlich der Europäischen Aktiengesellschaft (SE).

Den privatrechtlichen Pensionskassen weitgehend gleichgestellt sind die teils umlagefinanzierten, nicht rechtsfähigen Zusatzversorgungseinrichtungen des öffentlichen Dienstes wie z. B. die Versorgungsanstalt des Bundes und der Länder (VBL), vgl. die Sonderregelungen für den öffentlichen Dienst in § 18 BetrAVG. Aufgabe der Zusatzversorgung ist es, den im öffentlichen und kirchlichen Dienst beschäftigten Arbeitnehmern die tarifvertraglich zugesagte zusätzliche Altersversorgung zu gewähren. Sie ergänzt damit die der Grundversorgung (i. d. R. gesetzliche Rente) der Arbeitnehmer in diesen Bereichen.[371] Die Einrichtungen sind regelmäßig als Versicherungsanstalten des öffentlichen Rechts organisiert.[372]

Privatrechtliche Pensionskassen unterliegen als rechtlich selbständige Versicherungsunternehmen der Finanzdienstleistungsaufsicht;[373] da das Versicherungsaufsichtsgesetz eine sicherheitsorientierte Anlagepolitik verlangt, ist ein Beitritt des Arbeitgebers zum Pensions-Sicherungs-Verein nicht vorgeschrieben.[374]

a) Vorsorgephase

Die Rechtsverhältnisse zwischen den Beteiligten entsprechen weitgehend denen bei der Direktversicherung. Der Arbeitgeber muss auch bei der Pensionskassenzusage sicherstellen, dass der Arbeitnehmer die versprochenen Kassenleistungen

---

369 Höfer, BetrAVG, Band I, Rn. 177.1; Schwind, BetrAV 2006, 413 (413 f.)

370 Ahrend/Förster/Rößler, Steuerrecht der betrieblichen Altersversorgung, 5. Teil, Rn. 55 ff.; Blomeyer/Rolfs/Otto, BetrAVG, 5. Aufl. (2010), Anh § 1 Rn. 806.

371 Bergkemper, FR 2011, 1043 (1044); Glaser, BB 2006, 2217 (2217).

372 Gosch, in: Kirchhof/Söhn/Mellinghoff, EStG, § 4c Rn. B 4; Kauffmann, in: Frotscher, EStG, § 4c Rn. 11; vgl. BFH v. 22. September 1995, VI R 52/95, BStBl. II 1996, 136 (137).

373 Ahrend/Förster/Rößler, Steuerrecht der betrieblichen Altersversorgung, 5. Teil, Rn. 90; Schlewing, in: Schlewing/Henssler/Schipp/Schnitker (Hrsg.), Arbeitsrecht der betrieblichen Altersversorgung, Teil 5 D, Rn. 24 ff.

374 Breinersdorfer, in: Kirchhof/Söhn/Mellinghoff, EStG, § 19 Rn. B 752.

erhält und gegebenenfalls selbst dafür einstehen.[375] Sofern dies in der Satzung der Pensionskasse vorgesehen ist, muss der Arbeitgeber dem Arbeitnehmer durch Anmeldung bei der Kasse den Zugang zum Versicherungs- und Mitgliedschaftsverhältnis eröffnen. Außerdem obliegt es dem Arbeitgeber, als Trägerunternehmen die Pensionskasse durch laufende oder einmalige Zuwendungen zu dotieren.[376]

Das Versicherungsverhältnis kann in verschiedener Weise ausgestaltet sein: Bei einer Versicherungsaktiengesellschaft ist stets der Arbeitgeber Versicherungsnehmer, der Arbeitgeber oder seine Hinterbliebenen sind bezugsberechtigte Versicherte, vgl. §§ 328, 330 BGB. Ist die Pensionskasse ein Versicherungsverein auf Gegenseitigkeit, kann auch der Arbeitnehmer selbst Versicherungsnehmer und zugleich Versicherter sein; die Bestimmung eines besonderen Bezugsrechts erübrigt sich in diesem Fall.[377] Darüber hinaus begründet der Arbeitnehmer zumeist auch ein Mitgliedschaftsverhältnis zu der als Versicherungsverein auf Gegenseitigkeit organisierten Pensionskasse, das in der Praxis jedoch häufig nur mit eingeschränkten gesellschaftsrechtlichen Mitgliedsrechten verbunden ist. Ist der Arbeitgeber selbst Versicherungsnehmer, kann auch er Mitglied der Kasse sein.[378]

Der Arbeitnehmer erhält stets ein unwiderrufliches Bezugsrecht auf die Leistungen der Pensionskasse, das im Wesentlichen dem unwiderruflichen Bezugsrecht bei der Direktversicherung entspricht.[379] Verfügungen des Arbeitgebers über den Versorgungsanspruch wie eine Beleihung oder ein Rückkauf sind damit nicht möglich.[380] Wie bei anderen Durchführungswegen kann aber die Gewährung der Leistungen von bestimmten Bedingungen abhängig gemacht werden.[381]

---

375 BAG v. 29. August 2000, 3 AZR 201/00, BB 2000, 2527 (2527 f.); v. 7. September 2004, 3 AZR 550/03, NZA 2005, 1239 (1243).

376 Blomeyer/Rolfs/Otto, BetrAVG, 5. Aufl. (2010), Anh § 1 Rn. 830, 838; Reichel/Heger, Betriebliche Altersversorgung, 2003, Rn. 612.

377 BFH v. 29. April 1991, VI R 61/88, BStBl. II 1991, 647 (648); Blomeyer/Rolfs/Otto, BetrAVG, 5. Aufl. (2010), Anh § 1 Rn. 808 ff.; Gosch, in: Kirchhof/Söhn/Mellinghoff, EStG, § 4c Rn. B 11.

378 Gosch, in: Kirchhof/Söhn/Mellinghoff, EStG, § 4c Rn. B 12; Höfer, BetrAVG, Band I, Rn. 182 ff.; Reichel/Heger, Betriebliche Altersversorgung, 2003, Rn. 613 f.

379 Blomeyer/Rolfs/Otto, BetrAVG, 5. Aufl. (2010), Anh § 1 Rn. 837.

380 Ahrend/Förster/Rößler, Steuerrecht der betrieblichen Altersversorgung, 5. Teil, Rn. 82; Höfer/Veit/Verhuven, BetrAVG, Band II, Rn. 1915.

381 Blomeyer/Rolfs/Otto, BetrAVG, 5. Aufl. (2010), StR A, Rn. 105.

b) *Versorgungsphase*

In der Versorgungsphase erbringt die Pensionskasse die vom Arbeitgeber zugesagten Versorgungsleistungen an den Berechtigten.

5. Pensionsfonds, § 1b Abs. 3 Var. 2 BetrAVG

Der Pensionsfonds steht seit dem 1. Januar 2002[382] als fünfter Durchführungsweg der betrieblichen Altersversorgung zur Verfügung. Er ist in Anlehnung an die international üblichen „pension funds" entwickelt worden, die vor allem in den Vereinigten Staaten, im Vereinigten Königreich, in den Niederlanden und Belgien die wichtigste Form betrieblicher Altersvorsorge bilden.[383] Der Pensionsfonds ist wie die Pensionskasse eine rechtsfähige Versorgungseinrichtung betrieblicher oder überbetrieblicher Art, die einen Rechtsanspruch auf ihre Leistungen gewährt, vgl. die recht allgemeine Definition in § 1b Abs. 3 BetrAVG. Eine nähere Begriffsbestimmung findet sich in § 112 VAG. Als Rechtsform sind nur die Aktiengesellschaft, einschließlich der SE, und der - dem Versicherungsverein auf Gegenseitigkeit entsprechende[384] - Pensionsfondsverein auf Gegenseitigkeit zulässig, vgl. § 112 Abs. 2 i. V. m. § 113 Abs. 2 Nr. 3 VAG.

Pensionsfonds werden durch Zahlungen des Trägerunternehmens und den Erträgen daraus finanziert. Der Arbeitnehmer kann durch Eigenbeiträge oder Entgeltumwandlung zur Aufbringung der Mittel beitragen.[385] Die Dotierung des Pensionsfonds erfolgt nach dem Anwartschaftsdeckungsverfahren[386] regelmäßig in der Vorsorgephase, vgl. § 116 VAG.[387]

382 Vgl. Art. 7, 7a des Altersvermögensgesetzes (AVmG) v. 26. Juni 2001, BGBl. I 2001, 1310. Die Regelungen zum Pensionsfonds sind durch das Hüttenknappschaftliches Zusatzversicherungs-Neuregelungs-Gesetz (HZvNG) v. 21.6.2002, BGBl. I 2002, 2167 geändert und um einkommensteuerliche Regelungen ergänzt worden.

383 Höfer, BetrAVG, Band I, Rn. 1515; Reichel/Heger, Betriebliche Altersversorgung, 2003, Rn. 188.

384 Heubeck, DB 2001, Beilage 5 zu Heft 24, S. 2 (3); Kauffmann, in: Frotscher, EStG, § 4e Rn. 2a.

385 Höfer, BetrAVG, Band I, Rn. 1517; Mauch, in: Ernst & Young/VDR (Hrsg.), Altersvorsorge, 2. Aufl. (2004), D. Rn. 268.

386 In § 112 Abs. 1 VAG ist vom „Kapitaldeckungsverfahren" die Rede, gemeint ist damit das Kapitaldeckungsverfahren in Gestalt des Anwartschaftsdeckungsverfahrens, vgl. Blomeyer/Rolfs/Otto, BetrAVG, 5. Aufl. (2010), § 1 Rn. 233.

387 Vgl. auch die zu § 116 VAG ergangene Verordnung über die Rechtsgrundlagen für die Deckungsrückstellungen von Pensionsfonds - PFDeckRV v. 20.12.2001, BGBl. I 2001, 4183.

Ebenso wie die Direktversicherung und die Pensionskasse wird der Pensionsfonds durch die Bundesanstalt für Finanzdienstleistungsaufsicht (BaFin) überwacht. Allerdings unterliegt der Pensionsfonds bei seiner Kapitalanlage im Vergleich zu diesen Durchführungswegen deutlich geringeren Beschränkungen, vgl. § 115 VAG sowie die dazu ergangene Pensionsfonds-Kapitalanlageverordnung[388]. Insbesondere darf der Pensionsfonds in einem erheblich höheren Maße in Aktien investieren.[389] Die Mindestausstattung des Pensionsfonds mit Kapital ist in § 114 VAG und ergänzend in der Pensionsfonds-Kapitalausstattungsverordnung[390] geregelt. Anders als der Pensionskasse ist es dem Pensionsfonds erlaubt, die Kapitalanlage und die Versicherung auszulagern (etwa auf eine Kapitalanlagegesellschaft bzw. ein Versicherungsunternehmen zu übertragen). Die rechtlichen Beziehungen zwischen dem Arbeitnehmer, dem Arbeitgeber und dem Pensionsfonds bleiben dadurch unberührt.[391]

Neben dem arbeitsrechtlichen Grundverhältnis entsteht ein Versorgungsverhältnis zwischen dem Pensionsfonds und dem Arbeitnehmer. Arbeitgeber und Pensionsfonds treffen zudem eine Trägervereinbarung (Pensionsfondsvertrag).[392]

a) Vorsorgephase

Vergleichbar mit allen übrigen Durchführungswegen beruht die Pensionsfondszusage auf einer arbeitsrechtlichen Versorgungsvereinbarung zwischen Arbeitgeber und Arbeitnehmer. Der Arbeitnehmer erhält gegen den Pensionsfonds einen eigenen Anspruch auf die Versorgungsleistungen, vgl. § 112 Abs. 1 Nr. 3 VAG. Sichergestellt wird dies durch eine entsprechende Regelung in dem

---

388 Verordnung über die Anlage des gebundenen Vermögens von Pensionsfonds (Pensionsfonds-Kapitalanlagenverordnung - PFKapAV) v. 21. Dezember 2001, BGBl. I 2001, 4185.

389 Gohdes/Haferstock/Schmidt, DB 2001, 1558 (1561); Höfer, BetrAVG, Band I, Rn. 1517.1; Matthießen, in: Schaub/Matthießen/Polster, Altersvorsorge, München 2006, S. 322; vgl. Heubeck, DB 2001, Beilage 5 zu Heft 24, S. 2 (4 f.)

390 Verordnung über die Kapitalausstattung von Pensionsfonds (Pensionsfonds-Kapitalausstattungsverordnung - PFKAustV) v. 20. Dezember 2001, BGBl. I 2001, 4180; vgl. auch die Verordnung über Rechnungsgrundlagen für die Deckungsrückstellungen von Pensionsfonds (Pensionsfonds-Deckungsrückstellungsverordnung - PFDeckRV) v. 20. Dezember 2001, BGBl. I 2001, 4183.

391 Matthießen, in: Schaub/Matthießen/Polster, Altersvorsorge, München 2006, S. 323; Reichel/Heger, Betriebliche Altersversorgung, 2003, Rn. 739 f.

392 Blomeyer/Rolfs/Otto, BetrAVG, 5. Aufl. (2010), Anh § 1 Rn. 900 ff.; Reichel/Heger, Betriebliche Altersversorgung, 2003, Rn. 737.

Pensionsfondsvertrag zwischen der Versorgungseinrichtung und dem Arbeitgeber.[393] Bei dem Pensionsfondsvertrag handelt es sich insofern um einen Vertrag zugunsten Dritter im Sinne des § 328 Abs. 1 BGB.[394]

b) Versorgungsphase

Der Pensionsfonds ist verpflichtet, seine Leistungen nach Eintritt des Versorgungsfalls als lebenslange Altersrente oder in Form eines Auszahlungsplans mit unmittelbar anschließender Restverrentung zu erbringen, vgl. § 112 Abs. 1 Nr. 4 VAG. Reine Kapitalzahlungen sind damit nicht zulässig.[395] Lediglich im Rahmen eines Auszahlungsplans darf der Pensionsfonds eine Teilkapitalisierung vornehmen.[396]

III. Zusagearten

Das Betriebsrentengesetz sieht in § 1 Abs. 1 Satz 1 und Abs. 2 Nr. 1 und 2 BetrAVG mit der Leistungszusage, der beitragsorientierten Leistungszusage und der Beitragszusage mit Mindestleistung drei Zusagearten vor. Man unterscheidet grundsätzlich zwischen leistungsbezogenen und beitragsorientierten Systemen.

1. Leistungszusage, § 1 Abs. 1 BetrAVG

Die Zusageart, die dem Betriebsrentengesetz allgemein zugrunde liegt, ist die Leistungszusage; sie bildet gleichsam die Grundform betrieblicher Altersversorgung.[397] Leistungszusagen sind Zusagen, mit denen der Arbeitgeber verspricht, bestimmte oder bestimmbare Leistungen der betrieblichen Altersversorgung an den Versorgungsempfänger zu zahlen.[398] Leistungszusagen werden deshalb

---

393 Insofern besteht ein wesentlicher Unterschied zur Pensionskasse, bei der der Arbeitnehmer häufig selbst Vertragspartner der Versorgungseinrichtung wird. Siehe dazu Seite 93.

394 Höfer, BetrAVG, Band I, Rn. 1529; Reichel/Heger, Betriebliche Altersversorgung, 2003, Rn. 738; Zeppenfeld/Rößler, BB 2006, 1221 (1222).

395 Zu den möglichen - negativen - Auswirkungen auf die Verbreitung der Pensionskasse vgl. Gohdes/Haferstock/Schmidt, DB 2001, 1558 (1561); Höfer, BetrAVG, Band I, Rz 1547; Reichel/Heger, Betriebliche Altersversorgung, 2003, Rn. 743.

396 Bode/Saunders, DB 2002, 1378 (1379); Reichel/Heger, Betriebliche Altersversorgung, 2003, Rn. 743.

397 Förster/Recktenwald, in: Ruland/Rürup, Alterssicherung und Besteuerung, 2008, § 6, Rn. 33.

398 Reichel/Heger, Betriebliche Altersversorgung, 2003, Rn. 206.

in Anlehnung an im angelsächsischen Sprachraum zu findende vergleichbare Gestaltungen[399] auch als defined benefit-Zusagen bezeichnet.[400] Gegenstand der Zusage sind nicht die Finanzierungsbeiträge, sondern allein die in der Versorgungsphase zu gewährenden Versorgungsleistungen. Der Arbeitgeber hat dafür zu sorgen, dass zur Deckung der zugesagten Leistungen genügend finanzielle Mittel zur Verfügung stehen.[401]

Eine Leistungszusage kann über alle fünf Durchführungswege umgesetzt werden. Typische Gestaltungsmodelle sind Festbetragszusagen, dynamische Zusagen und Gesamtversorgungszusagen. Bei einer Festbetragszusage besteht die zugesagte Leistung in einem von vornherein festgelegten Geldbetrag, der beispielsweise als einmalige Kapitalleistung oder als monatliche Rente ausgezahlt wird. Eine dynamische Zusage ermöglicht es, die Einkommensentwicklung bei der Leistungsbemessung zu berücksichtigen. Eine häufig gewählte Form der dynamischen Zusage ist die Endgehaltszusage, bei der ein bestimmter Prozentsatz des zuletzt bezogenen Gehalts als Ruhegehalt versprochen wird. Mit der Gesamtversorgungszusage wird dem Berechtigten eine bestimmte Gesamtversorgung (z. B. 75 % des zuletzt bezogenen Einkommens) unter Berücksichtigung der Leistungen aus der gesetzlichen Rentenversicherung garantiert. Betriebliche Versorgungsleistungen werden dann insoweit erbracht, als das zugesagte Gesamtversorgungsniveau durch die Leistungen aus der gesetzlichen Rentenversicherung nicht erreicht wird.[402]

2. Beitragsorientierte Leistungszusage, § 1 Abs. 2 Nr. 1 BetrAVG

Welche Kosten die Erteilung eines Versorgungsversprechens verursacht, ist für den Arbeitgeber bei reinen Leistungszusagen nur schwer vorherzusehen. In der Praxis wurden deshalb bereits in den 1970er Jahren Versorgungsmodelle entwickelt, die sich vornehmlich an dem Aufwand orientierten, den der Arbeitgeber für die Versorgung seiner Arbeitnehmer zu tragen bereit war. Der Gesetzgeber hat auf diese Entwicklung reagiert, indem er mit Wirkung zum 1. Januar 1999

---

399 Vgl. Fischer, Betriebspensionen im Internationalen Steuerrecht am Beispiel US-amerikanischer Versorgungszusagen, Köln 2001, S. 47 ff.

400 Freye, Gehaltsumwandlungen aus arbeits- und steuerrechtlicher Sicht, Hamburg 2003, S. 25; Hanau/Arteaga, BB 1997, Beilage 17 zu Heft 47, S. 4; Höfer, BetrAVG, Band I, Rn. 2520; Schmeisser/Blömer, DStR 1999, 334 (339).

401 Hanau/Arteaga/Rieble/Veit, Entgeltumwandlung, 2. Aufl., Köln 2006, Rn. 502; Höfer, BetrAVG, Band I, Rn. 2517.1.

402 Reichel/Heger, Betriebliche Altersversorgung, 2003, Rn. 206 ff.; Schmeisser/Blömer, DStR 1999, 334 (339).

die beitragsorientierte Leistungszusage, auch als „Zusage mit Beitragsprimat“ bezeichnet,[403] in das Betriebsrentengesetz aufgenommen hat.[404] Diese Ergänzung hatte allerdings eher deklaratorischen Charakter,[405] denn beitragsorientierte Leistungszusagen waren auch zuvor schon als betriebliche Altersversorgung im Sinne des Gesetzes anerkannt.[406]

Die beitragsorientierte Leistungszusage wird in § 1 Abs. 2 Nr. 1 BetrAVG umschrieben als eine Zusage, mit der sich der Arbeitgeber verpflichtet, bestimmte Beiträge in eine Anwartschaft auf Alters-, Invaliditäts- und Hinterbliebenenversorgung umzuwandeln. Anders als bei der reinen Leistungszusage wird in der Versorgungszusage nicht eine konkrete Leistung, sondern ein bestimmter periodischer oder einmaliger Beitrag bzw. Aufwand des Arbeitgebers festgelegt. Dieser ist im Zeitpunkt der Einbringung nach einem ebenfalls in der Versorgungszusage genannten versicherungsmathematischen Modus in eine Leistung (z. B. als „Rentenbaustein“ oder „Kapitalbaustein“) umzurechnen.[407] Insgesamt gesehen ist das Versprechen des Arbeitgebers also auch bei der beitragsorientierten Leistungszusage auf eine Leistung gerichtet. Diese Zusageform ist deshalb als Unterart der Leistungszusage zu betrachten, auf die das Betriebsrentengesetz uneingeschränkt anzuwenden ist.[408] Für ihre Umsetzung stehen alle fünf Durchführungswege der betrieblichen Altersversorgung zur Verfügung.[409]

Da sich die Versorgungsleistungen jeweils aus dem kalkulierten Vermögensstand ergeben, ist die beitragsorientierte Leistungszusage aus Sicht des

---

403 Blumenstein, Vergleichende Darstellung der beitragsorientierten Leistungszusage und der Beitragszusage mit Mindestleistung, in: Kisters-Kölkes (Hrsg.), Festschrift für Kurt Kemper zum 65. Geburtstag, München 2005, S. 25 (25).

404 Vgl. Gesetz zur Reform der gesetzlichen Rentenversicherung (Rentenreformgesetz 1999 - RRG 1999) v. 11. Dezember 1997, Art. 8 Nr. 1 Buchst. c, BGBl. I 1997, 2998 (3025).

405 Vgl. die Gesetzesbegründung, BT-Drucks. 13/8671, S. 120.

406 Blomeyer, NZA 1998, 911 (913); Doetsch/Förster/Rühmenn, DB 1998, 258 (259); Hanau/Arteaga, BB 1997, Beilage 17 zu Heft 47, S. 5; Langohr-Plato, BB 1999, 1215 (1215).

407 Blomeyer, NZA 1998, 911 (913); Hanau/Arteaga/Rieble/Veit, Entgeltumwandlung, 2. Aufl. (2006), Rn. 506.

408 Blomeyer/Rolfs/Otto, BetrAVG, 5. Aufl. (2010), § 1 Rn. 86; Höfer, BetrAVG, Band I, Rn. 2520; kritisch: Hanau/Arteaga/Rieble/Veit, Entgeltumwandlung, 2. Aufl. (2006), Rn. 509 f.

409 Blomeyer/Rolfs/Otto, BetrAVG, 5. Aufl. (2010), § 1 Rn. 84; Hanau/Arteaga/Rieble/Veit, Entgeltumwandlung, 2. Aufl., 2006, Rn. 505; Reichel/Heger, Betriebliche Altersversorgung, 2003, Rn. 221.

Arbeitgebers relativ risikolos. Für den Arbeitnehmer birgt sie allerdings die Gefahr, dass bei vorzeitigem Eintritt des Versorgungsfalls ein Versorgungsdefizit entsteht.[410] Aber auch beim Arbeitgeber verbleibt ein gewisses Risiko: Ist der vom Versorgungsträger tatsächlich erwirtschaftete Ertrag niedriger als die bei der Umrechnung unterstellte Verzinsung, muss der Arbeitgeber nachfinanzieren. Dies folgt aus dem Charakter der Zusage als Leistungszusage.[411]

3. Beitragszusage mit Mindestleistung, § 1 Abs. 2 Nr. 2 BetrAVG

a) Reine (im Betriebsrentengesetz nicht vorgesehene) Beitragszusagen

Anders als bei Leistungszusagen beschränkt sich die Verpflichtung des Arbeitgebers bei reinen Beitragszusagen darauf, bestimmte Beiträge für die Versorgung seines Arbeitnehmers an einen externen Versorgungsträger abzuführen oder zweckgebunden im eigenen Unternehmen bereitzustellen. Für die Versorgung steht ausschließlich die Summe der geleisteten Beiträge und der daraus erzielten Erträge als Versorgungskapital (Risikokapital) zur Verfügung. Ob und in welcher Höhe hieraus Versorgungsleistungen erbracht werden können, bleibt während der Vorsorgephase offen und kann erst bei Eintritt des Versorgungsfalls ermittelt werden. Der Arbeitgeber ist, sobald er die versprochenen Finanzierungsbeiträge bereitgestellt hat, von allen seinen Verpflichtungen aus der Zusage frei. Das Risiko der Kapitalanlage und Kapitalerhaltung trägt bei der reinen Beitragszusage also allein der Versorgungsberechtigte.[412]

Solche reinen Beitragszusagen oder defined contribution-Zusagen sind vor allem im angloamerikanischen Raum weit verbreitet.[413] Auch in Deutschland wird seit langem die gesetzliche Anerkennung dieser Zusageart gefordert.[414] Im

---

410 Reichel/Heger, Betriebliche Altersversorgung, 2003, Rn. 223.

411 Matthießen, in: Schaub/Matthießen/Polster, Altersvorsorge, München 2006, S. 108.

412 Blomeyer, NZA 2001, 913 (916); Bode/Obenberger, Die betriebliche Altersversorgung nach dem Betriebsrentengesetz 2005, Berlin 2005, Rn. 36; Hanau/Arteaga, BB 1997, Beilage 17 zu Heft 47, S. 5; Höfer, BetrAVG, Band I, Rn. 2527.1; Langohr-Plato/Teslau, DB 2003, 661 (661); Reichel/Heger, Betriebliche Altersversorgung, 2003, Rn. 205, 219; Schmeisser/Blömer, DStR 1999, 334 (339 f.)

413 Schmeisser/Blömer, DStR 1999, 334 (340); Zeppenfeld/Rößler, BB 2006, 1221 (1222); vgl. Fischer, Betriebspensionen im Internationalen Steuerrecht, 2001, S. 50 ff.

414 Blomeyer, DB 1997, 1921 (1923); Hanau/Arteaga, BB 1997, Beilage 17 zu Heft 47, S. 5; Hanau/Arteaga/Rieble/Veit, Entgeltumwandlung, 2. Aufl., Köln 2006, Rn. 518; Langohr-Plato/Teslau, DB 2003, 661 (661); Roth, ZRP 2004, 154 (155); Schmeisser/Blömer, DStR 1999, 334 (340).

Betriebsrentengesetz sind reine Beitragszusagen nach wie vor nicht vorgesehen und somit als betriebliche Altersversorgung nicht zulässig. Derartige Vereinbarungen sind aber nicht generell unwirksam, sondern zum Schutze des Arbeitnehmers regelmäßig in eine Beitragszusage mit Mindestleistung umzudeuten.[415]

b) Beitragszusage mit Mindestleistung

Die Beitragszusage mit Mindestleistung ist zum 1. Januar 2002 in § 1 Abs. 2 Nr. 2 BetrAVG aufgenommen worden und lediglich in Kombination mit den Durchführungswegen Direktversicherung, Pensionskasse und Pensionsfonds umsetzbar.[416] Auch hier zahlt der Arbeitgeber einen bestimmten Beitrag zur Finanzierung von Leistungen der betrieblichen Altersversorgung an einen Versorgungsträger, den dieser nach Maßgabe seiner Vermögensanlagegrundsätze investiert. In der Versorgungsphase wird das so entstandene Vermögen entweder als Versorgungskapital an den Versorgungsempfänger ausgezahlt oder in eine lebenslänglich laufende Rente umgerechnet.[417]

Der wesentliche Unterschied zur reinen Beitragszusage besteht darin, dass bei der Beitragszusage mit Mindestleistung für die Versorgung mindestens die Summe der zugesagten Beiträge in ihrem Nominalwert[418] als Versorgungskapital zur Verfügung stehen muss. Abzuziehen ist allerdings der zur Absicherung biometrischer Risiken (d. h. für Risikoprämien zur Finanzierung vorzeitiger Versorgungsfälle durch Invalidität oder Tod) verbrauchte Teil der Beiträge. Reicht das tatsächlich vorhandene Vermögen z. B. aufgrund einer missglückten Anlagepolitik des Versorgungsträgers nicht aus, um die Mindestleistung zu erbringen, hat der Arbeitgeber für den fehlenden Betrag einzustehen.[419]

Bei Direktversicherungs- und Pensionskassenzusagen ist die Gefahr einer Ausfallhaftung des Arbeitgebers wegen der dort bestehenden strengen Anlagevorschriften äußerst gering. Zudem garantieren diese Versorgungsträger häufig die Mindestleistung und übernehmen insoweit das Risiko der Kapitalanlage. Pensionsfonds unterliegen hingegen bei ihrer Anlagepolitik nur wenigen

---

415 BAG v. 7. September 2004, 3 AZR 550/03, DB 2005, 507 (507 f.); Blomeyer/Rolfs/Otto, BetrAVG, 5. Aufl. (2010), § 1 Rn. 89; Höfer, BetrAVG, Band I, Rn. 2527.7 ff.

416 Blomeyer/Rolfs/Otto, BetrAVG, 5. Aufl. (2010), § 1 Rn. 91 f.; Langohr-Plato/Teslau, DB 2003, 661 (661, 667); Schwark/Raulf, DB 2003, 940 (941); a. A. Höfer, BetrAVG, Band I, Rn. 2538 ff., der entgegen dem Gesetzeswortlaut die Beitragszusage mit Mindestleitung bei allen fünf Durchführungswegen anwenden will.

417 Reichel/Heger, Betriebliche Altersversorgung, 2003, Rn. 225.

418 Matthießen, in: Schaub/Matthießen/Polster, Altersvorsorge, München 2006, S. 111.

419 Langohr-Plato/Teslau, DB 2003, 661 (661 ff.)

gesetzlichen Restriktionen. Hier kann der Arbeitgeber sein Haftungsrisiko begrenzen, indem er den Pensionsfonds vertraglich verpflichtet, zumindest für die einbezahlten Beiträge eine sichere Anlageform zu wählen.[420]

Der Arbeitnehmer trägt im Vergleich zur beitragsorientierten Leistungszusage bei der Beitragszusage mit Mindestleistung ein höheres Anlagerisiko. Im schlechtesten Fall hat er nur Anspruch auf die Mindestleistung. Zugleich besteht aber auch die Chance, dass bei guter Entwicklung entsprechend mehr Kapital für seine Versorgung zur Verfügung steht. Eine solche Aussicht hat der Arbeitnehmer bei einer beitragsorientierten Leistungszusage dagegen nur, wenn ihm auch eventuelle Überschüsse zugesagt sind.[421]

IV. Entgeltumwandlung

1. Formen arbeitnehmerfinanzierter betrieblicher Altersversorgung

Von der arbeitgeberfinanzierten betrieblichen Altersversorgung, bei der der Arbeitgeber die Vorsorgebeiträge zusätzlich zum ohnehin geschuldeten Arbeitslohn erbringt, ist die arbeitnehmerfinanzierte betriebliche Altersversorgung zu unterscheiden. Soweit sie arbeitnehmerfinanziert sind, genießen Versorgungsanwartschaften einen erhöhten arbeitsrechtlichen Bestandsschutz[422] und sind z. B. gemäß § 1b Abs. 5 BetrAVG sofort unverfallbar.

Das Betriebsrentengesetz sieht mit der Entgeltumwandlung gemäß § 1 Abs. 2 Nr. 3 bzw. 1a Abs. 1 BetrAVG sowie den Eigenbeiträgen gemäß § 1 Abs. 2 Nr. 4 BetrAVG zwei Formen der arbeitnehmerfinanzierten betrieblichen Altersversorgung vor.

a) Entgeltumwandlung, §§ 1 Abs. 2 Nr. 3 und 1a Abs. 1 BetrAVG

Die Entgeltumwandlung ist seit dem 1. Januar 1999[423] ausdrücklich als Zusageform der betrieblichen Altersversorgung im Betriebsrentengesetz

420 Blumenstein, Vergleichende Darstellung der beitragsorientierten Leistungszusage und der Beitragszusage mit Mindestleistung, in: Kisters-Kölkes (Hrsg.), Festschrift für Kurt Kemper zum 65. Geburtstag, München/Unterschleißheim 2005, S. 25 (29); Reichel/Heger, Betriebliche Altersversorgung, 2003, Rn. 227 f.

421 Blumenstein, Vergleichende Darstellung der beitragsorientierten Leistungszusage und der Beitragszusage mit Mindestleistung, in: Kisters-Kölkes (Hrsg.), Festschrift für Kurt Kemper zum 65. Geburtstag, München/Unterschleißheim 2005, S. 25 (29).

422 Breinersdorfer, in: Kirchhof/Söhn/Mellinghoff, EStG, § 19 Rn. B 724.

423 Vgl. das Gesetz zur Reform der gesetzlichen Rentenversicherung (Rentenreformgesetz 1999 - RRG 1999) v. 11. Dezember 1997, BGBl. I 1997, 2998.

aufgeführt.[424] Sie setzt nach § 1 Abs. 2 Nr. 3 BetrAVG voraus, dass künftige Entgeltansprüche des Arbeitnehmers in wertgleiche Anwartschaften auf Versorgungsleistungen umgewandelt werden.

Gegenstand einer Entgeltumwandlung im Sinne des § 1 Abs. 2 Nr. 3 BetrAVG sind „künftige" - steuerlich gesehen also noch nicht zugeflossene - Ansprüche des Arbeitnehmers auf Arbeitslohn.[425] Demgegenüber leistet der Arbeitnehmer die sog. Eigenbeiträge im Sinne des § 1 Abs. 2 Nr. 4 BetrAVG aus seinem bereits zugeflossenen und auch versteuerten Arbeitsentgelt.[426] Der Begriff des Entgelts ist im Betriebsrentengesetz nicht näher eingegrenzt und daher weit zu verstehen. Er umfasst alle Vergütungen des Arbeitgebers, die ihren Ursprung im Arbeitsverhältnis haben. Umwandlungsfähig sind deshalb nicht nur Lohn- und Gehaltsansprüche, sondern auch Ansprüche auf alle erdenklichen vermögenswerten Leistungen wie Weihnachtsgeld, Umsatz- oder Gewinnbeteiligungen, Prämien, Deputate und sonstige Sach- und Nutzungsleistungen (z. B. Haustrunk einer Brauerei, Dienstwagen).[427]

Auf Vorschriften zur Bewertung des Entgelts und der zu verschaffenden Versorgungsanwartschaft verzichtet das Gesetz.[428] In der Praxis orientiert sich die Umrechnung weitgehend an versicherungsmathematischen Grundsätzen und unterscheidet sich je nach Durchführungsweg und Art der Zusage.[429] Steuerlich

---

424 Ob auch aus umgewandeltem Arbeitsentgelt finanzierte Versorgungsversprechen den gesetzlichen Begriff der betrieblichen Altersversorgung erfüllen, war lange umstritten (vgl. Höfer, BetrAVG, Band I, Rn. 2553 m. w. N.), entsprach jedoch schon vor der gesetzlichen Klarstellung der Rechtsprechung des Bundesarbeitsgerichts, vgl. BAG v. 26. Juni 1990, 3 AZR 641/88, BB 1991, 482 (482 ff.); v. 8. Juni 1993, 3 AZR 670/92, BB 1994, 73 (74); v. 17. Oktober 1995, 3 AZR 622/94, DB 1996, 1240 (1241 f.)

425 Siehe dazu Seite 116 f.

426 BMF v. 24. Juli 2013, IV C 3 - S 2015/11/10002, Tz. 292; Hanau/Arteaga/Rieble/Veit, Entgeltumwandlung, 2. Aufl., Köln 2006, Rn. 3 f.; Wellisch/Näth, BB 2006, 18 (20, Fn. 20).

427 Blomeyer, NZA 2000, 281 (282); Clemens, Entgeltumwandlung zur betrieblichen Altersversorgung, Berlin 2005, S. 74 ff.; Doetsch/Förster/Rühmann, DB 1998, 258 (258); Hanau/Arteaga/Rieble/Veit, Entgeltumwandlung, 2. Aufl., 2006, Rn. 69 ff.

428 Während des Gesetzgebungsverfahrens zum RRG 1999 war noch geplant, eine Umrechnung in eine Anwartschaft „nach versicherungsmathematischen Grundsätzen" anzuordnen (vgl. BT-Drucks. 13/8011, S. 69), dies wurde aber später aufgegeben (vgl. BT-Drucks. 13/8671, S. 120).

429 Vgl. dazu Blomeyer, NZA 2000, 281 (283 ff.); Blomeyer/Rolfs/Otto, BetrAVG, 5. Aufl. (2010), § 1 Rn. 145 ff.; Hanau/Arteaga/Rieble/Veit, Entgeltumwandlung, 2. Aufl., 2006, Rn. 100 ff.

soll eine Entgeltumwandlung nach Auffassung des Bundesfinanzministeriums[430] auch dann anzuerkennen sein, wenn die Wertgleichheit außerhalb versicherungsmathematischer Grundsätze berechnet wird. Entscheidend ist, dass die Versorgungsleistungen zur Absicherung mindestens eines biometrischen Risikos (Alter, Tod, Invalidität) vom Arbeitgeber zugesagt und erst beim Eintritt des biologischen Ereignisses fällig werden.[431]

§ 1a Abs. 1 Satz 1 BetrAVG gewährt dem Arbeitnehmer einen - vom Einvernehmen des Arbeitgebers unabhängigen - Anspruch auf Entgeltumwandlung in betriebliche Altersversorgung. Die Höhe des Anspruchs ist begrenzt auf 4 % der Beitragsbemessungsgrenze in der allgemeinen Rentenversicherung (Beitragsbemessungsgrenze 2013: 69 600 Euro), vgl. § 159 SGB VI. Um das Entstehen von Kleinbetragsrenten zu vermeiden und der Aufbau einer sinnvollen Versorgung zu fördern,[432] schreibt § 1a Abs. 1 Satz 4 BetrAVG vor, dass der Arbeitnehmer verpflichtet ist, mindestens ein Hundertsechzigstel der Bezugsgröße nach § 18 Abs. 1 SGB IV umzuwandeln (Bezugsgröße 2013: 32 340 Euro). Ausgeschlossen ist der Anspruch, sofern bereits eine durch Entgeltumwandlung finanzierte betriebliche Altersversorgung besteht, § 1a Abs. 2 BetrAVG. Sind allerdings die Höchstbeträge des § 1a Abs. 1 Satz 1 BetrAVG noch nicht ausgeschöpft, hat der Arbeitnehmer einen Auffüllungsanspruch.[433]

Können sich die Parteien nicht auf einen Durchführungsweg einigen, sieht § 1a Abs. 1 Satz 3 BetrAVG folgende Regelung vor: Schlägt der Arbeitgeber eine Versorgung über einen Pensionsfonds, eine Pensionskasse oder eine Direktversicherung vor, muss der Arbeitnehmer hierauf eingehen. Bietet der Arbeitgeber einen anderen Durchführungsweg oder gar keine betriebliche Altersversorgung an, kann der Arbeitnehmer verlangen, dass der Arbeitgeber für ihn eine Direktversicherung abschließt.[434] Dieses Recht umfasst allerdings nicht die Auswahl eines bestimmten Versorgungsträgers durch den Arbeitnehmer.[435]

---

430 BMF v. 24. Juli 2013, IV C 3 - S 2015/11/10002, Tz. 293.

431 BMF v. 24. Juli 2013, IV C 3 - S 2015/11/10002, Tz. 293; Breinersdorfer, in: Kirchhof/Söhn/Mellinghoff, EStG, § 19 Rn. B 725.

432 Blomeyer, DB 2001, 1413 (1415); Reichel/Heger, Betriebliche Altersversorgung, 2003, Rn. 283.

433 Matthießen, in: Schaub/Matthießen/Polster, Altersvorsorge, 2006, S. 187; Reichel/Heger, Betriebliche Altersversorgung, 2003, Rn. 282.

434 Heubeck, DB 2001, Beilage 5 zu Heft 24, S. 2 (3); Matthießen, in: Schaub/Matthießen/Polster, Altersvorsorge, 2006, S. 188 f.

435 BAG v. 19. Juli 2005, 3 AZR 502/04 [A], DB 2005, 2252 (2252).

b) *Eigenbeiträge des Arbeitnehmers, § 1 Abs. 2 Nr. 4 BetrAVG*

Die Eigenbeitragszusage ist zum 1. Januar 2003 als weitere Form arbeitnehmerfinanzierter betrieblicher Altersversorgung in das Betriebsrentengesetz aufgenommen worden.[436] Die Eigenbeitragsbeteiligung von Arbeitnehmern war schon vor der Gesetzesänderung besonders bei Pensionskassen weit verbreitet und wurde auch im Bereich der Zusatzversorgung des öffentlichen Dienstes zunehmend praktiziert.[437] Herkömmlicherweise wurden diese Zusagen allerdings nicht der betrieblichen, sondern der privaten Altersversorgung zugeordnet.[438] Vor diesem Hintergrund sollte durch die Erweiterung des § 1 Abs. 2 BetrAVG um die Nr. 4 vor allem die steuerliche Förderung von Eigenbeitragszusagen (durch Zulagen und Sonderausgabenabzug nach §§ 10a, 79 ff. EStG) erleichtert werden.[439]

§ 1 Abs. 2 Nr. 4 Halbsatz 1 BetrAVG sieht Eigenbeitragszusagen nur für die externen Durchführungswege Pensionsfonds, Pensionskasse und Direktversicherung vor. Eigenbeitragszusagen im Wege der Direktzusage und der Unterstützungskassenzusage sind damit ausgeschlossen.[440]

Das Gesetz ordnet die aus dem Arbeitsentgelt aufgebrachten Beiträge nur dann der betrieblichen - und nicht der privaten Altersversorgung - zu, wenn die Zusage des Arbeitgebers „auch die Leistungen aus diesen Beiträgen umfasst".[441] Man bezeichnet die Eigenbeitragszusage deshalb auch als „Umfassungszusage".[442] Der Arbeitgeber kann frei darüber entscheiden, ob er seine Zusage in Anbetracht der damit verbundenen Einstandspflicht nach § 1 Abs. 1 Satz 3 BetrAVG auch auf die Eigenbeiträge ausdehnen will oder nicht.[443]

Auf die Umfassungszusage sind gemäß § 1 Abs. 2 Nr. 4 Halbsatz 2 BetrAVG die betriebsrentenrechtlichen Regelungen für Entgeltumwandlung entsprechend anzuwenden, soweit die zugesagten Leistungen aus den Eigenbeiträgen

436 Hüttenknappschaftliches Zusatzversicherungs-Neuregelungs-Gesetz (HZvNG) v. 21. Juni 2002, BGBl. I 2002, 2167.

437 Höfer, BetrAVG, Band I, Rn. 2579.

438 Zur Kritik an der gesetzlichen Regelung vgl. Höfer, BetrAVG, Band I, Rn. 2582 ff.; Hopfner, DB 2002, 1050 (1050 ff.)

439 Vgl. BT-Drucks. 14/9007, S. 34 f.; Höfer, BetrAVG, Band I, Rn. 2579.

440 Blomeyer/Rolfs/Otto, BetrAVG, 5. Aufl. (2010), § 1 Rn. 194.

441 Vgl. BAG v. 7. September 2004, 3 AZR 550/03, NZA 2005, 1239 (1242).

442 Bode/Obenberger, Die betriebliche Altersversorgung nach dem Betriebsrentengesetz 2005, 2005, Rn. 524; Matthießen, in: Schaub/Matthießen/Polster, Altersvorsorge, 2006, S. 395.

443 Blomeyer/Rolfs/Otto, BetrAVG, 5. Aufl. (2010), § 1 Rn. 170; Schwark/Gunia, DB 2003, 338 (338).

im Kapitaldeckungsverfahren finanziert werden. Ausgeschlossen sind damit Beiträge, die der Arbeitnehmer im Rahmen des Umlageverfahrens leistet, wie es unter anderem bei den Zusatzversorgungskassen des öffentlichen Dienstes teils üblich ist.[444] Zudem beschränkt § 30e Abs. 1 BetrAVG die entsprechende Geltung der Sonderbestimmungen auf Eigenbeitragszusagen ab dem 1. Januar 2003. Aufgrund des Verweises in § 1 Abs. 2 § 1 Abs. 2 Nr. 4 Halbsatz 2 BetrAVG gelten insbesondere die Vorschriften des § 1a BetrAVG über den Anspruch auf Entgeltumwandlung in betriebliche Altersversorgung, des § 1b Abs. 5 Satz 1 BetrAVG über die sofortige Unverfallbarkeit sowie des § 7 Abs. 2 Satz 3 i. V. m. § 2 Abs. 5a über die Höhe der insolvenzgeschützten Anwartschaft entsprechend.

2. Zivilrechtliche Einordnung der Entgeltumwandlung

Der Entgeltumwandlung liegt eine zivilrechtliche Vereinbarung (Umwandlungsabrede) zugrunde, wonach der Arbeitnehmer zukünftig als Vergütung für seine Arbeitsleistung anstelle von Geld oder Sachleistungen eine Versorgungszusage erhält. Wie diese Umwandlungsabrede zivilrechtsdogmatisch einzuordnen ist, ist nach wie vor nicht geklärt. Aufgrund der hier bestehenden engen Verknüpfung zwischen Steuerrecht und Zivilrecht, ist diese Frage auch für die steuerliche Abgrenzung der Entgeltumwandlung[445] von Interesse.

Zu identifizieren ist in diesem Zusammenhang der Gegenstand der Entgeltumwandlung, den § 1 Abs. 2 Nr. 3 BetrAVG - nur wenig spezifisch - als „künftige Entgeltansprüche" beschreibt. Bei der Auslegung dieses Begriffs ist zwischen den einzelnen Entgeltforderungen und ihrer schuldrechtlichen Grundlage zu unterscheiden: Ansprüche auf Arbeitsentgelt beruhen zunächst auf einer allgemeinen Grundlage, dem Arbeitsverhältnis einschließlich der Vergütungsregelung.[446] Aus diesem Schuldverhältnis im weiteren Sinne, vgl. § 194 Abs. 1 BGB, erwächst im Folgenden die Entgeltforderung, das Schuldverhältnis im engeren Sinne, vgl. § 241 Abs. 1 BGB. Das Arbeitsverhältnis bringt also ratierlich zeitbezogene Einzelforderungen hervor, die der Arbeitnehmer durch die versprochenen Dienste

444 Vgl. BT-Drucks. 14/9442, S. 47; Blomeyer/Rolfs/Otto, BetrAVG, 5. Aufl. (2010), § 1 Rn. 171 ff.

445 Siehe Seite 116 f.

446 Die Entgeltregelung kann sich aus dem Arbeitsvertrag, einer Betriebsvereinbarung, einem Tarifvertrag oder aus dem Gesetz ergeben, vgl. Hanau/Arteaga/Rieble/Veit, Entgeltumwandlung, 2. Aufl., 2006, Rn. 36.

(d. h. seine Arbeitsleistung und/oder Betriebstreue) nach und nach erdient.[447] Im Moment der Entstehung löst sich die Entgeltforderung vom Arbeitsverhältnis und kann davon unabhängig beeinflusst werden, z. B. durch Erlass oder Abtretung. Das Arbeitsverhältnis lässt sich deshalb anschaulich beschreiben als „Muttertier (...), das die konkreten Forderungen ‚kalbt'"[448].

Der Wortlaut des Gesetzes („Umwandlung künftiger Entgeltansprüche") scheint eher darauf hinzudeuten, dass die Entgeltumwandlung primär auf die Entgeltforderung abzielt, so dass die Entgeltumwandlung als (rein) forderungsbezogenes Rechtsgeschäft (Erlass, Leistung an Erfüllungs statt) erklärt werden könnte. Denkbar ist jedoch auch, dass durch die Entgeltumwandlung bereits die schulderzeugende Regelung, d. h. das Arbeitsverhältnis als solches, verändert wird. Eine treffende zivilrechtsdogmatische Einordnung der Entgeltumwandlung hat zunächst die tatbestandlichen Voraussetzungen des Entgeltanspruchs (Arbeitsleistung, Betriebstreue, o. ä.) unangetastet zu lassen, während der ursprüngliche Entgeltanspruch (teilweise) durch den Versorgungsverschaffungsanspruch ersetzt wird. Aus steuerlichen und sozialversicherungsrechtlichen Gründen sollte zudem möglichst gewährleistet sein, dass die Entgeltumwandlung als solche nicht zu einem Zufluss von Einnahmen beim Arbeitnehmer führt.[449]

a) Keine Novation

Der Klarstellung halber sei darauf hingewiesen, dass die Entgeltverwendungsabrede nicht mit einer Novation gleichzusetzen ist. Bei einer Novation wird ein bestehendes Schuldverhältnis aufgehoben und gleichzeitig durch ein neues ersetzt; das neue Schuldverhältnis tritt dabei an die Stelle des alten.[450] Die Entgeltumwandlung verändert jedoch nicht das Schuldverhältnis in seiner Gesamtheit, sondern lässt den Tatbestand der entgelterzeugenden Norm (insbesondere: Arbeitsleistung) unverändert bestehen. Modifiziert wird lediglich die Rechtsfolgenseite, indem vereinbart wird, dass der Arbeitnehmer zukünftig anstelle einer zeitnahen Entgeltauszahlung eine Versorgungszusage erhalten soll. Dies entspricht jedoch nicht einer derart umfassenden Änderung des Schuldverhältnisses, wie sie mit einer Novation verbunden wäre.[451]

---

447 Vgl. Blomeyer/Rolfs/Otto, BetrAVG, 5. Aufl. (2010), § 1 Rn. 118.
448 Hanau/Arteaga/Rieble/Veit, Entgeltumwandlung, 2. Aufl. (2006), Rn. 38.
449 Vgl. Hanau/Arteaga/Rieble/Veit, Entgeltumwandlung, 2. Aufl. (2006), Rn. 38 und 45.
450 Vgl. Grüneberg, in: Palandt, BGB, 72. Aufl. (2013), § 311 Rn. 8.
451 Vgl. Hanau/Arteaga/Rieble/Veit, Entgeltumwandlung, 2. Aufl. (2006), Rn. 39.

b) Keine Entgeltverwendungsabrede

Ebenso wenig in Betracht kommt eine Einordnung der Entgeltumwandlung als Lohnverwendungsabrede. Anders als bei der Eigenbeitragszusage i. S. v. § 1 Abs. 2 Nr. 4 BetrAVG verpflichtet sich der Arbeitnehmer hier nicht, bereits bei ihm „angekommene" (d. h. steuerlich zugeflossene) Entgeltbestandteile für seine betriebliche Altersversorgung zu verwenden. Vielmehr soll der Arbeitnehmer anstelle einer Entgeltzahlung zunächst nur eine Versorgungszusage erhalten. Die Umwandlungsvereinbarung verhindert von vornherein, dass überhaupt ein verwendbares Entgelt bei ihm ankommt.[452]

c) Kein Erlassvertrag

Teilweise wird die Entgeltumwandlungsvereinbarung als Erlassvertrag gemäß § 397 BGB in Kombination mit einer Versorgungszusage gesehen.[453] Bei dieser Konstruktion stünden sich der Erlass als Verfügung[454] des Arbeitnehmers über seinen Anspruch und die Versorgungszusage des Arbeitgebers als Gegenleistung gegenüber.[455] Ein solches Verständnis entspricht jedoch regelmäßig nicht dem Willen der Vertragsparteien. Zudem wird es dem Charakter der Entgeltumwandlung nicht gerecht, bei der es sich gerade nicht um einen Leistungsaustausch handelt. Vielmehr ist die Entgeltumwandlung auf eine vertragliche Anpassung der ursprünglichen Leistungspflichten des Arbeitgebers gerichtet.[456] An die Stelle der Pflicht zur (zeitnahen) Auszahlung des Entgelts tritt dabei die Verpflichtung, dem Arbeitnehmer wertgleiche Versorgungsleistungen zu verschaffen.[457]

d) Keine Leistung an Erfüllungs statt

Weiter wird die Auffassung vertreten, der Entgeltumwandlung liege die Vereinbarung einer Leistung an Erfüllungs statt i. S. v. § 364 Abs. 1 BGB

---

452 Vgl. Hanau/Arteaga/Rieble/Veit, Entgeltumwandlung, 2. Aufl. (2006), Rn. 41; Hopfner, DB 2002, 1050 (1053).

453 Heither, Ergänzende Altersvorsorge durch Direktversicherung nach Gehaltsumwandlung, 1998, S. 75; Höfer, BetrAVG, Band I, Rn. 2551; Kupfer/Neumann, BetrAV 2004, 42 (44); vgl. BAG v. 26. Juni 1990, 3 AZR 641/88, BB 1991, 482 (483).

454 Vgl. Grüneberg, in: Palandt, BGB, 72. Aufl. (2013), § 397 Rn. 2.

455 Vgl. Blomeyer/Rolfs/Otto, BetrAVG, 5. Aufl. (2010), § 1 Rn. 124; Clemens, Entgeltumwandlung zur betrieblichen Altersversorgung, Berlin 2005, S. 81 f.

456 Hopfner, DB 2002, 1050 (1052).

457 Vgl. Hanau/Arteaga/Rieble/Veit, Entgeltumwandlung, 2. Aufl. (2006), Rn. 42.

zugrunde.[458] Dabei soll die Entgeltumwandlung das Arbeitsverhältnis als schuldrechtliche Grundlage nicht berühren. Auf Ebene der Erfüllung soll der Arbeitgeber dann die im Arbeitsverhältnis nicht geschuldete Versorgungsanwartschaft leisten. Die Umwandlungsvereinbarung richtet sich demnach auf eine einseitige Ersetzungsbefugnis, wonach der Arbeitnehmer anstelle der geschuldeten Entgeltzahlung die Versorgungszusage leisten soll. Der Entgeltanspruch des Arbeitnehmers würde zunächst entstehen, aber durch die (eigentlich schuldwidrige) Leistung der Versorgungszusage untergehen.

Zwar lässt sich auch der Gesetzeswortlaut dahingehend interpretieren, dass sich die Entgeltumwandlung - ebenso wie hier vorgeschlagen - allein auf die vom Arbeitsverhältnis getrennt zu betrachtende Entgeltforderung bezieht.[459] Dies ist jedoch keineswegs zwingend.

Unterdessen führt die Annahme einer Leistung an Erfüllungs statt zu teils unbefriedigenden Ergebnissen. Da die Vereinbarung einer Leistung an Erfüllungs statt den Schuldinhalt nicht verändert, bleibt der ursprüngliche Entgeltzahlungsanspruch des Arbeitnehmers weiter bestehen. Der Arbeitnehmer verpflichtet sich lediglich, auch das Versorgungsversprechen als Gegenleistung aus dem Arbeitsverhältnis zu akzeptieren. Sein eigentlicher Anspruch geht erst nach § 364 Abs. 1 BGB unter, wenn der Arbeitgeber anstelle der Zahlung die Alternativleistung (hier die Verschaffung der Versorgung) erbringt. Vor diesem Zeitpunkt hätte der Arbeitnehmer die Möglichkeit, über seinen Zahlungsanspruch zu verfügen, diesen z. B. abzutreten oder zu verpfänden,[460] während der Arbeitgeber seine Verpflichtung durch sofortige Auszahlung erfüllen könnte.[461] Dies entspricht aber nicht dem Charakter der Entgeltumwandlung, die auf eine „endgültige“ Veränderung der Rechtsbeziehungen zwischen den Arbeitsvertragsparteien gerichtet ist.

Auch die Vereinbarung einer einseitigen Ersetzungsbefugnis des Arbeitnehmers erscheint wenig interessengerecht. Der Arbeitnehmer hätte hier dauerhaft die Wahl zwischen der ursprünglich vereinbarten Vergütung und der Versorgung - was wiederum dem Ziel des sinnvollen Aufbaus einer betrieblichen Altersversorgung zuwider laufen würde. Die damit verbundene Unsicherheit bedeutete zudem eine Belastung für den Arbeitgeber, dessen Interesse, sich auf möglichst feste und regelmäßige Versorgungsbeiträge einzustellen, durch § 1a

458 ArbG Limburg v. 23. Februar 2000, 1 Ca 156/99, DB 2000, 1823 (1824); Hanau/Arteaga/Rieble/Veit, Entgeltumwandlung, 1. Aufl. (1999), B., Rz. 2 ff.

459 Hanau/Arteaga/Rieble/Veit, Entgeltumwandlung, 2. Aufl. (2006), Rn. 46.

460 Vgl. Blomeyer/Rolfs/Otto, BetrAVG, 5. Aufl. (2010), § 1 Rn. 124.

461 Vgl. Hopfner, DB 2002, 1050 (1052).

Abs. 1 Satz 5 BetrAVG gesetzlich geschützt wird. Die geschilderten Nachteile ließen sich allein dadurch beseitigen, dass die Vertragsparteien die Einseitigkeit der Ersetzungsbefugnis abbedingen und die Altersversorgung von vornherein zur einzig möglichen Leistung bestimmen. Eine solche Vereinbarung ist aber nicht mehr auf eine Leistung an Erfüllungs statt, sondern vielmehr auf eine Schuldänderung gerichtet.[462]

e) Entgeltumwandlung als Schuldänderungsvereinbarung

Richtigerweise ist die Entgeltumwandlung als Schuldänderungsvereinbarung einzuordnen, bei der das Arbeitsverhältnis als solches umgestaltet wird.[463] Die Vertragsparteien vereinbaren, dass der bisher auf Geld gerichtete Vergütungsanspruch des Arbeitnehmers teilweise durch einen Anspruch auf eine Versorgungszusage des Arbeitnehmers ersetzt wird. Die Entgeltumwandlung greift dabei unmittelbar auf den Arbeitsvertrag (genauer: die darin enthaltene entgelterzeugende Regelung) und nicht bloß auf die davon losgelöste Entgeltforderung zu. Sie modifiziert also einen Teilbereich des beide Seiten bindenden ursprünglichen Verpflichtungsgeschäfts, indem sie die Hauptleistungspflicht des Arbeitgebers abändert. Als Entgelt für die Erbringung der Arbeitsleistung durch den Arbeitnehmer wird künftig unmittelbar die Verschaffung einer Altersversorgung geschuldet.

Von der Vereinbarung einer Leistung an Erfüllungs statt unterscheidet sich die Schuldänderung im Wesentlichen dadurch, dass dem Arbeitnehmer hier von vornherein nur ein Anspruch auf betriebliche Versorgung zusteht. Der Arbeitgeber kann diesen Anspruch auch nur durch Verschaffung der Versorgung erfüllen. Damit entspricht die Schuldänderung regelmäßig den Interessen der an der Entgeltumwandlung beteiligten Vertragsparteien. Diese bringen durch die Vereinbarung der Entgeltumwandlung zum Ausdruck, dass zukünftig gerade nicht mehr die unmittelbare Entgeltauszahlung, sondern stattdessen die Versorgungszusage geschuldet werden soll. Die Altersversorgung wird so - im Wege der Schuldänderung - zur allein und endgültig geschuldeten Leistung.[464]

---

462 Vgl. Hanau/Arteaga/Rieble/Veit, Entgeltumwandlung, 2. Aufl. (2006), Rn. 51.

463 Blomeyer, NZA 2000, 281 (283); Blomeyer/Rolfs/Otto, BetrAVG, 5. Aufl. (2010), § 1 Rn. 124; Hanau/Arteaga/Rieble/Veit, Entgeltumwandlung, 2. Aufl. (2006), Rn. 45 ff.; Hopfner, DB 2002, 1050 (1052); Trzaskalik, in: Kirchhof/Söhn/Mellinghoff, EStG, § 11 Rn. B 103.

464 Vgl. das von Blomeyer, NZA 2000, 281 (283 f.) so genannte „Endgültigkeitsprinzip".

Nicht zuletzt bietet die Schuldänderung auch im Fall von Leistungs- bzw. Vertragsstörungen ein stimmiges Instrumentarium: Da das synallagmatische Verhältnis zwischen Arbeitsleistung und Entgelt bestehen bleibt, wirken sich Leistungsstörungen auf Seiten des Arbeitnehmers (z. B. Nichtleistung) unmittelbar auf den Versorgungsverschaffungsanspruch aus, der dann nach § 326 Abs. 1 Satz 1 BGB für die entsprechende Zeit entfällt. Kommt der Arbeitgeber seiner Verschaffungspflicht nicht nach, wird diese Leistungsstörung unmittelbar durch Sekundäransprüche des Arbeitnehmers aufgefangen. Ist die Umwandlungsvereinbarung nichtig oder unwirksam, unterfällt sie als Änderungsvertrag zum Arbeitsvertrag den Grundsätzen vom fehlerhaften Arbeitsverhältnis und braucht deshalb grundsätzlich (d. h. solange die Unwirksamkeit nicht geltend gemacht wird) nicht - unter ggf. unerwünschten Ergebnissen - rückabgewickelt zu werden.[465] Ferner erleichtert das Schuldumwandlungsmodell die Klärung von Zweifelsfragen im Verhältnis von Entgeltumwandlung und Tarifvertrag bzw. Betriebsvereinbarung.[466]

3. Zeitliche Eingrenzung des „künftigen Entgeltanspruchs“

Unabhängig von der dogmatischen Einordnung stellt sich die Frage, welche zeitlichen Beschränkungen sich daraus ergeben, dass sich die Entgeltumwandlung nach § 1 Abs. 2 Nr. 3 BetrAVG auf „künftige Entgeltansprüche“ bezieht.

a) Erfordernis einer allgemeinen Rechtsgrundlage

Das Erfordernis eines Anspruchs verdeutlicht, dass im Zeitpunkt der Umwandlung bereits eine generelle Rechtsgrundlage für den Entgeltanspruch bestanden haben muss.[467] Bevorstehende Gehaltserhöhungen etwa können nur umgewandelt werden, sofern der Arbeitnehmer einen festen Anspruch auf sie hat. Begründet oder erweitert der Arbeitgeber dagegen anstelle einer noch nicht vereinbarten Gehaltserhöhung eine Versorgungszusage, liegt keine Entgeltumwandlung, sondern arbeitgeberfinanzierte betriebliche Altersversorgung vor.[468]

---

465 Zu Störungen des Umwandlungsvertrages vgl. umfassend Hanau/Arteaga/Rieble/Veit, Entgeltumwandlung, 2. Aufl. (2006), Rn. 257 ff.

466 Zur vertraglichen Umwandlung von Tarifentgelt vgl. umfassend Hanau/Arteaga/Rieble/Veit, Entgeltumwandlung, 2. Aufl. (2006), Rn. 340 ff.

467 BAG v. 8. Juni 1999, 3 AZR 136/98, BB 1999, 2195 (2196); Blomeyer/Rolfs/Otto, BetrAVG, 5. Aufl. (2010), § 1 Rn. 114; Doetsch/Förster/Rühmann, DB 1998, 258 (258); Höfer, BetrAVG, Band I, Rn. 2558.

468 BAG v. 8. Juni 1999, 3 AZR 136/98, BB 1999, 2195 (2196); Blumenstein/Krekeler, DB 1998, 2600 (2600); Wohlleben, DB 1998, 1230 (1231).

b) „Künftiger" Anspruch

Uneinigkeit besteht darüber, bis zu welchem Zeitpunkt Entgeltansprüche spätestens umgewandelt werden können. In Betracht kommen drei verschiedene Zeitpunkte bzw. Zeitabschnitte, die zumindest in der Regel aufeinander folgen und das Schicksal eines Entgeltanspruchs bestimmen.

- In einem ersten Abschnitt wird der durch Arbeitsvertrag oder anderweitig begründete Anspruch „erdient", indem der Arbeitnehmer die versprochenen Dienste nach und nach erbringt. Der Moment, in dem der Anspruch erdient ist und sämtliche (ggf. sonstigen) Tatbestandsvoraussetzungen erfüllt sind, kennzeichnet die Entstehung des Anspruchs.
- Der nachfolgende Abschnitt ist regelmäßig die Phase bis zum vereinbarten Entgeltzahlungstermin, d. h. bis zur Fälligkeit des Arbeitsentgelts. Denkbar ist zwar auch, dass das Entgelt bereits vor Ableistung der Dienste bezahlt wird; dies ist jedoch eher die Ausnahme, vgl. § 614 BGB.
- Der dritte Abschnitt endet mit der Erfüllung, d. h. regelmäßig der tatsächlichen Auszahlung des Entgelts. Die Erfüllung des Anspruchs führt dazu, dass das Schuldverhältnis erlischt, vgl. § 362 Abs. 1 BGB.

Mit Bezug auf die genannten Zeitabschnitte wird im arbeitsrechtlichen Schrifttum zum Teil vertreten, dass nur noch nicht erdiente Entgeltansprüche umwandlungsfähig seien.[469] Nach einer anderen Ansicht soll eine Entgeltumwandlung auch dann noch zulässig sein, wenn der Anspruch bereits erdient, aber noch nicht fällig ist.[470] Andere Autoren schließen darüber hinaus auch bereits fällige, aber noch nicht ausgezahlte Entgeltansprüche mit ein.[471]

Über das Arbeitsrecht hinaus hat die dargestellte Streitfrage vor allem auch für das Sozialversicherungsrecht sowie das Steuerrecht praktische Bedeutung. Das Bundesfinanzministerium erkennt die Herabsetzung von Arbeitslohn (laufender Arbeitslohn, Einmal- und Sonderzahlungen) zugunsten der betrieblichen Altersversorgung „aus Vereinfachungsgründen" grundsätzlich auch dann

---

469 Blomeyer/Rolfs/Otto, BetrAVG, 5. Aufl. (2010), § 1 Rn. 116; Bode, DB 1994, 784 (785); Clemens, Entgeltumwandlung zur betrieblichen Altersversorgung, Berlin 2005, S. 80; Steinmeyer, in: Müller-Glöge/Preis/Schmidt (Hrsg.), Erfurter Kommentar zum Arbeitsrecht, 13. Aufl. (2013), BetrAVG, § 1 Rn. 23; Hanau/Arteaga/Rieble/Veit, Entgeltumwandlung, 2. Aufl. (2006), Rn. 92.

470 Blumenstein/Krekeler, DB 1998, 2600 (2600); Doetsch/Förster/Rühmann, DB 1998, 258 (258).

471 Höfer, BetrAVG, Band I, Rn. 2560; Heither, Ergänzende Altersvorsorge durch Direktversicherung nach Gehaltsumwandlung, 1998, S. 73 f.

steuerlich als Entgeltumwandlung an, wenn die Gehaltsänderungsvereinbarung bereits erdiente, aber noch nicht fällig gewordene Anteile umfasst. Dies soll auch dann gelten, wenn eine Einmal- oder Sonderzahlung einen Zeitraum von mehr als einem Jahr betrifft.[472] Da die Sozialversicherungsträger - soweit ersichtlich - keine abweichende Auffassung vertreten, kann davon ausgegangen werden, dass sich die allgemeine Praxis an dieser Auffassung der Finanzverwaltung orientiert. Doch ist diese Praxis aus zivilrechtlicher sowie steuerlicher Sicht auch zutreffend?

c) Zivilrechtliche Eingrenzung

Der Wortlaut der gesetzlichen Regelung in § 1 Abs. 2 Nr. 3 BetrAVG („künftige Entgeltansprüche") ermöglicht verschiedene Interpretationen. Einerseits lässt er sich so verstehen, dass nur „künftige", d. h. noch nicht erdiente und entstandene Ansprüche, nicht aber „gegenwärtige" Ansprüche umgewandelt werden können.[473] Ebenso kann man die vom Gesetz gebrauchte Wendung aber auch im Sinne von „Ansprüchen auf künftiges Entgelt", d. h. noch nicht ausgezahltes Entgelt, deuten. Seitens der Befürworter einer Begrenzung der Entgeltumwandlung auf noch nicht erdiente Ansprüche wird teilweise argumentiert, dass das Gesetz durch das Erfordernis „künftiger Ansprüche" verhindern wolle, dass die Anerkennung der Entgeltumwandlung zu einem Insolvenzschutz nach §§ 7 ff. BetrAVG für erdientes oder gar fälliges Entgelt führe.[474] Dem ist jedoch entgegenzuhalten, dass der Gesetzgeber mittlerweile selbst Eigenbeitragszusagen gemäß § 1 Abs. 2 Nr. 4 BetrAVG in den Schutzbereich des Betriebsrentengesetzes einbezogen hat, und zwar einschließlich des Insolvenzschutzes nach §§ 7 ff. BetrAVG.[475] Vor dem Hintergrund dieser Entwicklung vermag der Hinweis auf einem vermeintlich zu weit greifenden, vom Gesetz nicht gewollten Insolvenzschutz nicht (mehr) zu überzeugen.

Für die zeitliche Eingrenzung - jedenfalls aus arbeitsrechtlicher Sicht - ist letztlich auf die zivilrechtsdogmatische Einordnung der Entgeltumwandlung Rückgriff zu nehmen.[476] Wie dargelegt, handelt es sich bei der Entgeltumwandlung um eine Schuldänderungsvereinbarung, die die in dem Arbeitsverhältnis

472 BMF v. 24. Juli 2013, IV C 3 - S 2015/11/10002, Tz. 294.

473 Hanau/Arteaga/Rieble/Veit, Entgeltumwandlung, 2. Aufl. (2006), Rn. 92.

474 Blomeyer/Rolfs/Otto, BetrAVG, 5. Aufl. (2010), § 1 Rn. 116; Hanau/Arteaga/Rieble/Veit, Entgeltumwandlung, 2. Aufl. (2006), Rn. 97.

475 Siehe Seite 107.

476 Vgl. Hanau/Arteaga/Rieble/Veit, Entgeltumwandlung, 2. Aufl. (2006), Rn. 92.

als solchem enthaltene Entgeltvereinbarung, nicht aber den davon zu unterscheidenden einzelnen Entgeltanspruch betrifft. In dem Augenblick, in dem der jeweilige Entgeltanspruch dadurch, dass der Arbeitnehmer ihn durch Erbringung der vereinbarten Arbeitsleistung erdient, entsteht, trennt sich aber der Anspruch von dem Arbeitsverhältnis als solchem. Aus zivilrechtlicher Sicht ist deshalb die engste Auffassung zutreffend, wonach ausschließlich noch nicht erdiente Ansprüche Gegenstand der Entgeltumwandlung sein können.

d) Exkurs: Steuerliche Eingrenzung

Aus steuerlicher Sicht kann es für die zeitliche Eingrenzung der Entgeltumwandlung allein auf den Zufluss des Arbeitslohns ankommen. Demnach muss eine (steuer- und beitragsfreie) Entgeltumwandlung so lange möglich sein, wie das Entgelt dem Arbeitnehmer noch nicht zugeflossen ist. Ist der Zufluss bereits eingetreten, bleibt dagegen für eine Entgeltumwandlung kein Raum. In Betracht kommt allenfalls eine Eigenbeitragszusage im Sinne von § 1 Abs. 2 Nr. 4 BetrAVG, die der Arbeitnehmer aus versteuertem und verbeitragtem Entgelt finanziert.[477]

Wie dargelegt, führt allein die Entstehung eines Arbeitslohnanspruchs (bei Vorliegen aller Tatbestandsvoraussetzungen) noch nicht zu einem Lohnzufluss. Ebenso ist auch die Fälligkeit einer Entgeltforderung, die lediglich die Leistungszeit im Sinne von § 271 BGB kennzeichnet und damit eine Modalität der Erfüllung darstellt,[478] für den Zufluss von untergeordneter Bedeutung. Zu einem Arbeitslohnzufluss kommt es regelmäßig erst dann, wenn der Entgeltanspruch erfüllt, d. h. der Lohnbestandteil an den Berechtigten ausgezahlt wird. Einen Zufluss können aber auch bestimmte Rechtshandlungen (Erfüllungssurrogate) bewirken.

Hat der Arbeitnehmer den Arbeitslohnanspruch bereits erdient und ist dieser bereits entstanden, ist dieser Anspruch bereits der Vermögenssphäre des Arbeitnehmers (und nicht mehr dem Arbeitsverhältnis als solchem) zuzurechnen. Vereinbaren Arbeitnehmer und Arbeitgeber nach diesem Zeitpunkt, dass der entsprechende Entgeltbestandteil Altersversorgungszwecken dienen soll, handelt es deshalb in aller Regel um nichts anderes als um eine Lohnverwendungsabrede. Da mit einer solchen Lohnverwendungsabrede aber ein gleichzeitiger Zufluss verbunden ist, sind entsprechende Vereinbarungen nicht mehr als Entgeltumwandlung, sondern als Eigenbeitragszusagen zu qualifizieren. Auch aus

---

477 Siehe Seite 106 f.

478 Vgl. Hanau/Arteaga/Rieble/Veit, Entgeltumwandlung, 2. Aufl. (2006), Rn. 92.

steuersystematischer Sicht sollte eine Entgeltumwandlung deshalb nur in Bezug auf noch nicht erdiente Ansprüche zulässig sein.

Wenn die Finanzverwaltung eine Entgeltumwandlung auch noch für bereits erdiente, aber noch nicht fällig gewordene Entgeltbestandteile steuerlich anerkennt, ist dies aus Praktikabilitätsgründen gleichwohl nicht zu beanstanden. Insbesondere bei Einmal- oder Sonderzahlungen (z. B. Weihnachtsgeld), die ratierlich erdient, aber erst zu einem späteren Zeitpunkt fällig werden, würde ein starres Festhalten an der systematisch korrekten zeitlichen Eingrenzung teils zu erheblichen praktischen Schwierigkeiten führen.

V. Sicherheit der Versorgung

1. Unverfallbarkeit

Ist eine Anwartschaft auf betriebliche Altersversorgung unverfallbar, bleibt sie dem Arbeitnehmer - unabhängig von einer etwaigen vertraglichen Verfallsklausel[479] - selbst dann erhalten, wenn er vor Eintritt des Versorgungsfalls aus dem Unternehmen ausscheidet.

Unverfallbarkeit setzt nach § 1b Abs. 1 Satz 1 BetrAVG voraus, dass die Versorgungszusage zum Zeitpunkt der Beendigung des Arbeitsverhältnisses zumindest fünf Jahre bestanden hat; außerdem muss der Arbeitnehmer ein Mindestalter von 25 Jahren besitzen (für Zusagen ab dem 1. Januar 2009)[480]. Diese Fristen gelten unabhängig vom Durchführungsweg für alle arbeitgeberfinanzierten Versorgungszusagen, vgl. § 1b Abs. 2 bis 4 BetrAVG. Auf Entgeltumwandlung oder Eigenbeträgen des Arbeitnehmers beruhende Anwartschaften sind demgegenüber nach § 1b Abs. 5 Satz 1 BetrAVG sofort mit ihrer Entstehung unverfallbar.

Für selbständige Versorgungsträger enthält das Gesetz in den Absätzen 2 bis 4 des § 1b BetrAVG einige ergänzende Regelungen. Ist eine Versorgungsanwartschaft aus einer Direktversicherung unverfallbar, darf der Arbeitgeber das

479 Vgl. Blomeyer/Rolfs/Otto, BetrAVG, 5. Aufl. (2010), § 1b Rn. 1; Matthießen, in: Schaub/Matthießen/Polster, Altersvorsorge, 2006, S. 420 f.

480 Für alle zwischen dem 1. Januar 2001 und dem 31. Dezember 2008 erteilte Zusagen ist die Anwartschaft unverfallbar, wenn der Arbeitnehmer zum Zeitpunkt seines Ausscheidens mindestens 30 Jahre alt war und die Versorgungszusage mindestens fünf Jahre bestand, vgl. § 30f Abs. 2 BetrAVG. Allerdings erfolgt ein Übergang auf die Neuregelung, wenn die Zusage ab dem 1. Januar 2009 fünf Jahre bestanden hat. Für Ausscheidetermine ab dem 1. Januar 2014 muss deshalb nur noch geprüft werden, ob der Arbeitnehmer bei seinem Ausscheiden die Altersgrenze von 25 Jahren erreicht hat; vgl. Buttler, Einführung in die betriebliche Altersversorgung, 6. Aufl. (2012), Rn. 69 ff.

zugunsten des Arbeitnehmers bestehende Bezugsrecht wegen der Beendigung des Arbeitsverhältnisses nicht mehr widerrufen, § 1b Abs. 2 Satz 1 BetrAVG. Dieses Widerrufsverbot betrifft lediglich das arbeitsrechtliche Grundverhältnis zwischen Arbeitgeber und Arbeitnehmer, wirkt jedoch nicht im Versicherungsverhältnis zwischen Arbeitgeber und Versicherer. Ein entgegen § 1b Abs. 2 Satz 1 BetrAVG ausgesprochener Widerruf des Arbeitgebers ist deshalb versicherungsrechtlich wirksam und bindend.[481] Aufgrund seiner arbeitsrechtlichen Verpflichtung macht sich der Arbeitnehmer allerdings schadensersatzpflichtig;[482] außerdem haftet er nach § 1 Abs. 1 Satz 3 BetrAVG verschuldensunabhängig für die von ihm zugesagten Versorgungsleistungen. Gemäß § 1b Abs. 2 Satz 2 BetrAVG ist eine Vereinbarung, nach der das Bezugsrecht durch die Beendigung des Arbeitsverhältnisses auflösend bedingt ist, nach Eintritt der Unverfallbarkeit unwirksam.[483] Hat der Arbeitgeber die Ansprüche aus dem Versicherungsvertrag abgetreten, beliehen oder verpfändet, muss er den mit einer unverfallbaren Anwartschaft ausgeschiedenen Arbeitnehmer so stellen, als wenn die Abtretung, Beleihung oder Verpfändung nicht erfolgt wäre[484], § 1b Abs. 2 Satz 3 BetrAVG. § 1b Abs. 2 Satz 4 BetrAVG bestimmt für die Direktversicherung den Versicherungsbeginn, frühestens jedoch den Beginn der Betriebszugehörigkeit, als den für die Berechnung der Frist für die Unverfallbarkeit nach Absatz 1 maßgeblichen Zeitpunkt der Erteilung der Versorgungszusage.

Eine mit § 1b Abs. 2 Satz 4 BetrAVG identische Vorschrift enthält § 1b Abs. 3 Satz 2 BetrAVG in Bezug auf Pensionskassen und Pensionsfonds und stellt so klar, dass es auch hier für den Fristbeginn nicht auf das Versorgungsversprechen des Arbeitgebers, sondern auf das Versicherungsverhältnis mit der Versorgungseinrichtung ankommt.[485]

Bei der Unterstützungskasse erfolgt die Regelung der Unverfallbarkeit über eine Gleichstellung ausgeschiedener Arbeitnehmer mit den bis zum Eintritt des Versorgungsfalls im Unternehmen verbliebenen Arbeitnehmern bzw. deren

---

481 Vgl. BAG v. 26. Februar 1991, 3 AZR 213/90, NZA 1991, 845 (846); v. 8. Juni 1999, 3 AZR 136/98, NZA 1999, 1103 (1105); BGH v. 22. März 1984, IX ZR 69/83, NJW 1984, 1611 (1611).

482 BAG v. 28. Juli 1987, 3 AZR 694/85, NZA 1988, 159 (159 ff.); v. 8. Juni 1999, 3 AZR 136/98, NZA 1999, 1103 (1104); BVerwG v. 28. Juni 1994, 1 C 20.92, BVerwGE 96, 160 (171).

483 Vgl. dazu Blomeyer/Rolfs/Otto, BetrAVG, 5. Aufl. (2010), § 1b Rn. 232 ff.

484 Vgl. Ahrend/Förster/Rößler, Steuerrecht der betrieblichen Altersversorgung, 4. Teil, Rn. 127; Blomeyer/Rolfs/Otto, BetrAVG, 5. Aufl. (2010), § 1b Rn. 237.

485 Blomeyer/Rolfs/Otto, BetrAVG, 5. Aufl. (2010), § 1b Rn. 306.

Hinterbliebenen, § 1b Abs. 4 Satz 1 BetrAVG. Dieses Kunstgriffes hat sich der Gesetzgeber bedient, um den Begriff der „Anwartschaft" wegen des formell nicht bestehenden Rechtsanspruchs zu vermeiden, den Begünstigten nach Erfüllung der Voraussetzungen der Unverfallbarkeit nach Absatz 1 aber dennoch einen gleichwertigen Schutz einzuräumen.[486] Die Frist für die Unverfallbarkeit beginnt nach § 1b Abs. 4 Satz 2 BetrAVG von dem Zeitpunkt an zu laufen, ab dem der Arbeitnehmer zum Kreis der Begünstigten der Unterstützungskasse gehört.[487]

Wie sich aus § 17 Abs. 3 Satz 2 BetrAVG ergibt, enthält § 1b BetrAVG Mindestnormen, von denen nicht zum Nachteil des Arbeitnehmers abgewichen werden darf.[488] Den Arbeitsvertragsparteien steht es aber frei, für den Arbeitnehmer günstige Vereinbarungen zu treffen (z. B. vertraglich kürzere Unverfallbarkeitsfristen zu vereinbaren oder die Verfallsklausel auf den Fall der Kündigung durch den Arbeitnehmer zu beschränken). Sofern allerdings das Betriebsrentengesetz, namentlich die Bestimmungen zur Abfindung in § 3 BetrAVG, zur Übertragung in § 4 BetrAVG und zum Insolvenzschutz nach §§ 7 ff. BetrAVG, an die „Unverfallbarkeit" anknüpfen, bleiben weiterhin die gesetzlichen Voraussetzungen des § 1b BetrAVG maßgebend.[489]

2. Gesetzliche Insolvenzsicherung, §§ 7 ff. BetrAVG

Versorgungsansprüche und gesetzlich unverfallbare Versorgungsanwartschaften sind nach Maßgabe der §§ 7 ff. BetrAVG gesetzlich[490] insolvenzgeschützt. Träger der gesetzlichen Insolvenzsicherung ist nach § 14 Abs. 1 Satz 1 BetrAVG der Pensions-Sicherungs-Verein, Versicherungsverein auf Gegenseitigkeit (PSV). Der auf Initiative der Bundesvereinigung der Deutschen Arbeitgeberverbände gegründete[491] Pensions-Sicherungs-Verein mit Sitz in Köln ist „beliehenes Unternehmen" und - ähnlich einem Selbstverwaltungsträger - per Gesetz mit

486 Vgl. BT-Drucks. 7/1281, S. 24.

487 Vgl. dazu Blomeyer/Rolfs/Otto, BetrAVG, 5. Aufl. (2010), § 1b Rn. 310 ff.; Matthießen, in: Schaub/Matthießen/Polster, Altersvorsorge, 2006, S. 435 f.

488 Vgl. BAG v. 28. Oktober 2008, 3 AZR 317/07, NZA 2009, 844 (847).

489 Vgl. Ahrend/Förster/Rößler, Steuerrecht der betrieblichen Altersversorgung, 1. Teil, Rn. 930; Blomeyer/Rolfs/Otto, BetrAVG, 5. Aufl. (2010), § 1b Rn. 6

490 Zu Gestaltungsmöglichkeiten der (zusätzlichen) privatrechtlichen Insolvenzsicherung vgl. Niermann, DB 2006, 2595 ff.; Bode/Obenberger, Die betriebliche Altersversorgung nach dem Betriebsrentengesetz 2005, 2005, Rn. 623 ff.

491 Blomeyer/Rolfs/Otto, BetrAVG, 5. Aufl. (2010), § 14 Rn. 4; Matthießen, in: Schaub/Matthießen/Polster, Altersvorsorge, 2006, S. 330 f.

bestimmten hoheitlichen Befugnissen eines Verwaltungsträgers ausgestattet.[492] Als Versicherungsunternehmen unterliegt der Pensions-Sicherungs-Verein der Aufsicht der Bundesanstalt für Finanzdienstleitungen (BaFin), vgl. § 1 Abs. 1 VAG, § 14 Abs. 1 Satz 3 BetrAVG.

Zwischen dem Pensions-Sicherungs-Verein und jedem Arbeitgeber, der sicherungspflichtige Zusagen auf betriebliche Altersversorgung erteilt, entsteht kraft Gesetzes ein Versicherungsverhältnis. Versicherungsnehmer und gegenüber dem Pensions-Sicherungs-Verein beitragspflichtig ist der Arbeitgeber. Der Arbeitnehmer bzw. Versorgungsempfänger wird als versicherte Person behandelt. Im Sicherungsfall tritt an die Stelle des Versorgungsanspruchs ein Anspruch auf die Versicherungsleistungen gegen den Pensions-Sicherungs-Verein; der Versorgungsanwärter erlangt eine Versicherungsanwartschaft in Form eines auf den Eintritt des Versicherungsfalls aufschiebend bedingten Anspruchs.[493] Der Versorgungsanspruch bzw. die Versorgungsanwartschaft bleibt erhalten, geht aber im Wege des gesetzlichen Forderungsübergangs auf den Pensions-Sicherungs-Verein über, § 9 Abs. 2 BetrAVG.

a) Sicherungsfälle

Die vier Sicherungsfälle sind in § 7 Abs. 1 Satz 1 und Satz 4 Nr. 1 bis 3 BetrAVG abschließend aufgeführt. Dies sind die Insolvenz des Arbeitgebers, die Abweisung des Antrags auf Eröffnung des Insolvenzverfahrens mangels Masse, der außergerichtliche Vergleich mit Zustimmung des Pensions-Sicherungs-Vereins sowie die vollständige Beendigung der Betriebstätigkeit, wenn kein Insolvenzantrag gestellt worden ist und ein Insolvenzverfahren offensichtlich mangels Masse nicht in Betracht kommt. Abzustellen ist allein auf die Insolvenz des Arbeitgebers; auf die Vermögenssituation des externen Versorgungsträgers kommt es nicht an.[494]

b) Gesicherte Personen und Zusageformen

Zu den nach § 7 Abs. 1 Sätze 1 und 2 BetrAVG anspruchsberechtigten Versorgungsempfängern zählen alle Arbeitnehmer und Hinterbliebenen, bei denen zum Zeitpunkt des Sicherungsfalls sämtliche vorgesehenen Versorgungsvoraussetzungen

---

492 Vgl. BGH v. 25. Oktober 2004, II ZR 413/02, NZA 2005, 782 (782).

493 Blomeyer/Rolfs/Otto, BetrAVG, 5. Aufl. (2010), § 7 Rn. 187, 192; Reichel/Heger, Betriebliche Altersversorgung, 2003, Rn. 451.

494 Vgl. Ahrend/Förster/Rößler, Steuerrecht der betrieblichen Altersversorgung, 1. Teil, Rn. 1805 ff.; Blomeyer/Rolfs/Otto, BetrAVG, 5. Aufl. (2010), § 7 Rn. 75 ff.

eingetreten sind. Unerheblich ist, ob sie bereits Versorgungsleistungen bezogen haben[495] und ob das Arbeitsverhältnis bei Eintritt des Versorgungsfalls noch bestand[496].

Versorgungsanwartschaften sind nur dann insolvenzgesichert, wenn sie gesetzlich unverfallbar sind, § 7 Abs. 2 BetrAVG. Der Schutz ist allerdings nicht auf Arbeitnehmer beschränkt, die mit einer unverfallbaren Anwartschaft ausgeschieden sind; er erstreckt sich auch auf weiterhin beschäftigte Arbeitnehmer, die die in § 1b Abs. 1 Satz 1 BetrAVG genannten Unverfallbarkeitsfristen erfüllt haben.[497]

Wie der Arbeitnehmer abgesichert sind diesem nach § 17 Abs. 1 Satz 2 BetrAVG gleichgestellte Personen, nicht aber Unternehmer, die vom persönlichen Geltungsbereich des Betriebsrentengesetzes ausgeschlossen sind.[498]

Um die vom Arbeitgeber zu tragende Beitragslast nicht unnötig auszudehnen, hat der Gesetzgeber die Insolvenzsicherung auf diejenigen Versorgungszusagen beschränkt, deren Erfüllung er durch eine Insolvenz des Arbeitgebers als gefährdet erachtet. Ausgeklammert sind dagegen Zusageformen, bei denen eine insolvenzbedingte Beeinträchtigung der Versorgungszahlungen ausgeschlossen erscheint.[499]

Sicherungspflichtig sind Direktzusagen, Unterstützungskassenzusagen und Pensionsfondszusagen[500]. Ein begrenzter Insolvenzschutz ist für Direktversicherungszusagen vorgesehen. Er besteht nur, wenn der Arbeitgeber die Ansprüche aus dem Versicherungsvertrag abgetreten oder beliehen hat und außerdem bei Anwartschaften, wenn der Arbeitnehmer hinsichtlich der Leistungen widerruflich bezugsberechtigt ist, vgl. § 7 Abs. 1 Satz 2 Nr. 1, Abs. 2 Satz 1 Nr. 2 BetrAVG. Pensionskassenzusagen unterliegen keiner Insolvenzsicherungspflicht. Einsei-

495 BGH v. 16 Juni 1980, II ZR 195/79, NJW 1980, 2471 (2471); vgl. auch BGH v. 9. Juni 1980, II ZR 255/78, NJW 1980, 2257 (225).

496 BAG v. 8. Juni 1999, 3 AZR 39/98, NZA 1999, 711 (712); Steinmeyer, in: Müller-Glöge/Preis/Schmidt (Hrsg.), Erfurter Kommentar zum Arbeitsrecht, 13. Aufl. (2013), § 7 Rn. 12.

497 Höfer, BetrAVG, Band I, Rn. 4333; Matthießen, in: Schaub/Matthießen/Polster, Altersvorsorge, 2006, S. 265.

498 Zu den bei einem „Statuswechsel“ auftretenden Problemen vgl. Ahrend/Förster/Rößler, Steuerrecht der betrieblichen Altersversorgung, 1. Teil, Rn. 1757; Blomeyer/Rolfs/Otto, BetrAVG, 5. Aufl. (2010), § 7 Rn. 37 ff.

499 Blomeyer/Rolfs/Otto, BetrAVG, 5. Aufl. (2010), § 7 Rn. 48; Matthießen, in: Schaub/Matthießen/Polster, Altersvorsorge, 2006, S. 266 f.

500 Zur Kritik an der Einbeziehung von Pensionsfonds in die Insolvenzsicherung vgl. Höfer, BetrAVG, Band I, 4443 ff.

tige Beeinträchtigungen des Versorgungsanspruchs durch den Arbeitgeber sind hier ebenso wenig möglich wie bei Direktversicherungen mit unwiderruflichem Bezugsrecht.[501]

c) Anspruchsumfang

Kommt ein Arbeitgeber wegen des Eintritts eines Sicherungsfalls seinen Versorgungsverpflichtungen nicht nach, hat der Pensions-Sicherungs-Verein die Leistungen grundsätzlich in der Art und in dem Umfang zu erbringen, wie auch der Arbeitgeber hierzu verpflichtet gewesen wäre. Allerdings sind die vom Pensions-Sicherungs-Verein zu tragenden Leistungen durch die Höchstgrenze des § 7 Abs. 3 BetrAVG beschränkt. Der Anspruch auf laufende Leistungen gegen den Pensions-Sicherungs-Verein beträgt im Monat höchstens das Dreifache der im Zeitpunkt der ersten Fälligkeit maßgeblichen monatlichen Bezugsgröße nach § 18 SGB IV (z. B. 2013: monatlich 2 695 Euro * 3 = 8 085 Euro). Bei Ansprüchen auf einmalige Kapitalleistungen ist eine Umrechnung vorzunehmen, die auf der Annahme eines zehnjährigen Leistungsbezuges beruht.[502] Die Höchstgrenze der insolvenzgesicherten Kapitelleistung ergibt sich deshalb aus dem Zehnfachen der auf das Jahr umgerechneten dreifachen monatlichen Bezugsgröße nach § 18 SGB IV (z. B. 2013: monatlich 2 695 Euro * 3 * 12 * 10 = 970 200 Euro). Eine Pflicht zur Anpassungsprüfung nach § 16 BetrAVG besteht für den Pensions-Sicherungs-Verein nicht[503]; vertraglich vorgesehene Anpassungen muss er jedoch übernehmen[504].

Ausgeschlossen ist der Anspruch im Falle eines Versicherungsmissbrauchs. Ein solcher liegt gemäß § 7 Abs. 5 Satz 1 BetrAVG vor, wenn konkrete Umstände die Annahme rechtfertigen, dass der alleinige oder überwiegende Zweck der

---

501 Vgl. Ahrend/Förster/Rößler, Steuerrecht der betrieblichen Altersversorgung, 1. Teil, Rn. 1750 f.; Matthießen, in: Schaub/Matthießen/Polster, Altersvorsorge, 2006, S. 267.

502 Blomeyer/Rolfs/Otto, BetrAVG, 5. Aufl. (2010), § 7 Rn. 266; Matthießen, in: Schaub/Matthießen/Polster, Altersvorsorge, 2006, S. 271.

503 BAG v. 3 Februar 1987, 3 AZR 330/85, NZA 1987, 666 (667); v. 5. Oktober 1993, 3 AZR 698/92, NZA 1994, 459 (459 f.); v. 9. November 1999, 3 AZR 361/98, NZA 2000, 1290 (1294).

504 Vgl. BGH v. 21. März 1983, II ZR 174/82, NJW 1984, 980 (981); BAG v. 22. November 1994, 3 AZR 767/93, NZA 1995, 887 (888); v. 26. Januar 1999, 3 AZR 464/97, NZA 1999, 711 (712 f.); v. 8. Juni 1999, 3 AZR 39/98, NZA 1999, 1215 (1216); kritisch Steinmeyer, in: Müller-Glöge/Preis/Schmidt (Hrsg.), Erfurter Kommentar zum Arbeitsrecht, 13. Aufl. (2013), § 7 Rn. 56.

Erteilung oder Verbesserung der Versorgungszusage in der Inanspruchnahme des Pensions-Sicherungs-Vereins bestand. War in Anbetracht der wirtschaftlichen Lage des Arbeitgebers bei Erteilung oder Verbesserung der Zusage mit deren Erfüllung nicht zu rechnen, wird ein Missbrauch widerleglich[505] vermutet, § 7 Abs. 5 Satz 2 BetrAVG. Eine unwiderlegbare Missbrauchsvermutung gilt nach § 7 Abs. 5 Satz 3 Halbsatz 1 BetrAVG für Zusagen und Zusageverbesserungen innerhalb der letzten zwei Jahre vor Eintritt des Sicherungsfalls.[506] Ausnahmen sieht § 7 Abs. 5 Satz 3 Halbsatz 2 BetrAVG lediglich für Entgeltumwandlungszusagen und im Rahmen von Übertragungen nach § 4 BetrAVG gegebene Zusagen vor.

3. Unverfallbarkeit und gesetzliche Insolvenzsicherung bei Entgeltumwandlung

Im Grundsatz sind Entgeltumwandlungszusagen arbeitsrechtlich nicht anders zu behandeln als andere betriebliche Versorgungszusagen. Gleichwohl berücksichtigt das Betriebsrentengesetz die besondere Interessenlage durch einige Sonderregelungen, die insbesondere die Unverfallbarkeit und den Insolvenzschutz arbeitnehmerfinanzierter betrieblicher Altersvorsorge betreffen.

So behält der Arbeitnehmer stets seine durch Entgeltumwandlung erlangte Anwartschaft, wenn das Arbeitsverhältnis vor Eintritt des Versorgungsfalls endet, § 1b Abs. 5 Satz 1 Halbsatz 1 BetrAVG. Anders als arbeitnehmerfinanzierte Zusagen werden damit Entgeltumwandlungszusagen kraft Gesetzes sofort unverfallbar.[507] § 1b Abs. 5 Satz 1 BetrAVG bestimmt außerdem in Halbsatz 2 Nr. 1, dass Überschussanteile aus Direktversicherungs-, Pensionskassen- und Pensionsfondszusagen nur zur Verbesserung der Leistungen verwendet werden dürfen. Dem Arbeitnehmer ist gemäß § 1b Abs. 5 Satz 1 Halbsatz 2 Nr. 2 BetrAVG das Recht einzuräumen, die Versicherung oder Versorgung nach seinem Ausscheiden mit eigenen Mitteln fortzusetzen. Das Recht zur Verpfändung, Abtretung oder Beleihung durch den Arbeitnehmer muss ausgeschlossen sein, § 1b Abs. 5 Satz 1 Halbsatz 2 Nr. 3 BetrAVG. Wird das Entgelt in eine Direktversicherungszusage umgewandelt, ist dem Arbeitnehmer von Beginn an - und nicht erst

---

505 BAG v. 29. November 1988, 3 AZR 184/87, NZA 1989, 426 (428); v. 19. Februar 2002, 3 AZR 137/01, NZA 2003, 282 (284 f.).

506 Vgl. dazu BAG v. 24. November 1998, 3 AZR 423/97, NZA 1999, 650 (650 ff.)

507 Die sofortige gesetzliche Unverfallbarkeit von Entgeltumwandlungszusagen gilt nur für Zusagen ab dem 1. Januar 2001. Für vorher erteilte Zusagen gilt wie für arbeitgeberfinanzierte Zusagen die Übergangsregelung nach § 30 f BetrAVG; vgl. Harder-Buschner, NWB Nr. 41 vom 7.10.2002, S. 3431 (3434) = NWB Fach 3, S. 12111 (12114); Höfer, BetrAVG, Band I, Rn. 3038 f.

bei seinem Ausscheiden - ein unwiderrufliches Bezugsrecht einzuräumen, § 1b Abs. 5 Satz 2 BetrAVG.

Die sofortige Unverfallbarkeit von Anwartschaften aus Entgeltumwandlung führt wegen § 7 Abs. 2 BetrAVG grundsätzlich auch zu einem sofortigen gesetzlichen Insolvenzschutz.[508] Die Missbrauchsvermutung des § 7 Abs. 5 Satz 3 BetrAVG für Zusagen oder Verbesserungen innerhalb von zwei Jahren vor Eintritt des Sicherungsfalls gilt für ab dem 1. Januar 2002 gegebene Entgeltumwandlungszusagen nicht. Nach § 7 Abs. 5 Satz 3 Nr. 1 BetrAVG ist die Eintrittspflicht des Pensions-Sicherungs-Vereins allerdings auf Leistungen begrenzt, die auf Beiträgen von bis zu 4 % der Beitragsbemessungsgrenze in der allgemeinen Rentenversicherung beruhen.

VI. Zusammenfassung Teil E

Für die betriebliche Altersversorgung stehen heute mit der Direktzusage, der Unterstützungskasse, der Direktversicherung, der Pensionskasse und dem Pensionsfonds fünf verschiedene Durchführungswege zur Verfügung.

Hinsichtlich der Zusagearten unterscheidet das Betriebsrentengesetz zwischen Leistungszusage, beitragsorientierten Leistungszusagen und Beitragszusagen mit Mindestleistung. Bei reinen Leistungszusagen richtet sich das Versorgungsversprechen des Arbeitgebers auf bestimmte oder zumindest bestimmbare Leistungen der betrieblichen Altersversorgung. Mit der beitragsorientierten Leistungszusage verpflichtet sich der Arbeitgeber zu Versorgungsleistungen, die anhand versicherungsmathematischer Faktoren aus bestimmten Beiträgen errechnet werden. Bei der Beitragszusage mit Mindestleistung verpflichtet sich der Arbeitgeber zu Beitragszahlungen an den Versorgungsträger (Pensionsfonds, Pensionskasse oder Direktversicherung), wobei die Versorgung des Arbeitnehmers aus den eingezahlten Beiträgen zuzüglich der daraus erwirtschafteten Erträge resultiert. Zusätzlich muss der Arbeitgeber garantieren, dass für die Altersversorgung des Arbeitnehmers mindestens die Summe der zugesagten Beiträge zur Verfügung steht. Reine Beitragszusagen, bei der sich die Verpflichtung des Arbeitgebers allein auf die Zahlung bestimmter Beiträge an einen externen Versorgungsträger beschränkt, das Anlagerisiko aber allein der Arbeitnehmer trägt, sieht das Betriebsrentengesetz nicht vor.

Die betriebliche Altersversorgung kann nicht nur vom Arbeitgeber, sondern auch vom Arbeitnehmer im Wege der Entgeltumwandlung oder durch

508 Ahrend/Förster/Rößler, Steuerrecht der betrieblichen Altersversorgung, 1. Teil, Rn. 1005; Matthießen, in: Schaub/Matthießen/Polster, Altersvorsorge, 2006, S. 267.

Eigenbeiträge aus versteuertem und verbeitragtem Einkommen finanziert werden. Bei der Entgeltumwandlung handelt es sich zivilrechtsdogmatisch um eine Schuldänderungsvereinbarung, durch die das Arbeitsvertragsverhältnis als solches (und nicht nur der davon losgelöste einzelne Entgeltanspruch) modifiziert wird. Zeitlich gesehen ist eine Entgeltumwandlung so lange möglich, bis der einzelne Entgeltanspruch entstanden ist, d. h. der Arbeitnehmer den Anspruch erdient hat und ggf. alle sonstigen Tatbestandsvoraussetzungen erfüllt sind. Für das Zivilrecht folgt dies aus der zivilrechtsdogmatischen Einordnung der Entgeltumwandlung als Schuldänderungsvereinbarung, für das Steuerrecht aus der Anwendung des Zuflussprinzips. Wenn die Finanzverwaltung die Entgeltumwandlung vereinfachend auch noch auf bereits erdiente, aber noch nicht fällig gewordene Entgeltbestandteile ausdehnt, ist dies aus Praktikabilitätsgründen nicht zu beanstanden.

Arbeitgeberfinanzierte Versorgungszusagen sind unter der Voraussetzung gesetzlich unverfallbar, dass der Arbeitnehmer ein Mindestalter besitzt und die Versorgungszusage eine Mindestzeit bestand, wobei sich die genauen Fristen nach dem Zeitpunkt der Erteilung der Zusage richten und Übergansregelungen gelten. Für durch Entgeltumwandlung finanzierte, ab 2001 erteilte Versorgungszusagen tritt die gesetzliche Unverfallbarkeit sofort ein. Wird die betriebliche Altersversorgung über eine Direktzusage, eine Unterstützungskassen, eine Direktversicherung oder einen Pensionsfonds durchgeführt, ist sie gesetzlich (unter den im Betriebsrentengesetz geregelten Voraussetzungen) für den Fall der Insolvenz des Arbeitgebers abgesichert.

F. Derzeitige Besteuerung der betrieblichen Altersversorgung

I. Kein einheitliches Besteuerungskonzept

Der Besteuerung der verschiedenen Gestaltungsformen betrieblicher Altersversorgung liegt auch nach der Reform durch das Alterseinkünftegesetz kein einheitliches Konzept zugrunde. Zwar hat sich der Gesetzgeber am Prinzip der nachgelagerten Besteuerung orientiert, dies aber nicht für alle fünf Durchführungswege mit gleicher Konsequenz umgesetzt.

Entsprechend der derzeitigen Besteuerungspraxis lassen sich die Durchführungswege der betrieblichen Altersversorgung in zwei „interne" und drei „externe" Durchführungswege unterteilen. Die „interne" betriebliche Altersversorgung soll dadurch gekennzeichnet sein, dass sich der Versorgungsanspruch des Arbeitnehmers allein gegen den Arbeitgeber richtet, während der Arbeitgeber bei der „externen" Versorgung Beiträge an eine selbständige Versorgungseinrichtung zahlt, die dem Arbeitnehmer einen Rechtsanspruch auf die Leistungen einräumt. Diese steuerrechtliche Differenzierung ist nicht kongruent mit der arbeitsrechtlichen Unterteilung in unmittelbare und mittelbare Versorgungszusagen. Den „internen" Durchführungswegen ordnet man neben der unmittelbaren Versorgungszusage auch die zu den mittelbaren Durchführungswegen zählende Unterstützungskasse zu, gegen die der Arbeitnehmer - zumindest bei formaler Betrachtung - keinen Rechtsanspruch erhält. Die „externe" betriebliche Altersversorgung umfasst mit der Direktversicherung, der Pensionskasse und dem Pensionsfonds die drei versicherungsförmigen Durchführungswege.[509]

Allein die Durchführungswege der Direktzusage und der Unterstützungskasse („interne" betriebliche Altersversorgung) werden - wie schon vor Erlass des Alterseinkünftegesetzes - vollständig nachgelagert besteuert. Bei allen übrigen Durchführungswegen („externe" betriebliche Altersversorgung) folgt das Einkommensteuerrecht nur eingeschränkt dem Leitbild der nachgelagerten Besteuerung. Überschreiten die Vorsorgebeiträge, die der Arbeitgeber

509 Birk/Wernsmann, in: Ruland/Rürup, Alterssicherung und Besteuerung, 2008, § 9, Rn. 27; Breinersdorfer, in: Kirchhof/Söhn/Mellinghoff, EStG, § 19 Rn. B 727 ff. („interne" betriebliche Altersversorgung) und B 744 ff. („externe" betriebliche Altersversorgung).

zugunsten des Arbeitnehmers aufwendet, bestimmte Höchstgrenzen, gelten die darüber hinausgehenden Beträge nach wie vor als sofort steuerpflichtiger Arbeitslohn.

II. Zentrale Vorschriften zur Besteuerung der Zukunftsvorsorge beim Arbeitnehmer

Arbeitnehmer erzielen ganz allgemein Einkünfte aus nichtselbständiger Arbeit gemäß §§ 2 Abs. 1 Nr. 4, 19 EStG. Die Steuererhebung erfolgt im Wege des Quellenabzugs vom Arbeitslohn (Lohnsteuerabzugsverfahren) nach den §§ 38 ff. EStG. Für den Bereich der Zukunftsvorsorge von Arbeitnehmern enthält das Einkommensteuergesetz zahlreiche Einzelnormen. An dieser Stelle soll lediglich auf die zentralen Vorschriften in diesem Bereich, § 19 Abs. 1 EStG und § 2 Abs. 2 Nr. 3 LStDV, näher eingegangen werden.

1. § 19 Abs. 1 EStG

a) Herkömmliche Rechtslage, § 19 Abs. 1 Nr. 1 und 2 EStG

Was zu den Einkünften aus nichtselbständiger Arbeit gehört, also Arbeitslohn ist, wird in § 19 Abs. 1 EStG eher beispielhaft aufgeführt als abschließend definiert. Zu der Frage, ob und gegebenenfalls unter welchen Bedingungen Aufwendungen zur Zukunftssicherung des Arbeitnehmers oder Versorgungsleistungen steuerbaren Arbeitslohns begründen, traf § 19 EStG lange Zeit keine Aussage. Zwar zählen nach § 19 Abs. 1 Nr. 2 EStG auch Bezüge und Vorteile aus einem früheren Dienstverhältnis, wie z. B. Ruhegelder sowie Witwen- und Waisengelder, zum Arbeitslohn. Dies verdeutlicht aber lediglich, dass der Begriff des Arbeitslohns nicht auf Einnahmen aus einem gegenwärtigen Dienstverhältnis begrenzt ist, sondern auch solche aus früheren Dienstleistungen mit einbezieht.[510] Die Vorschrift schließt (als lex specialis zu § 24 Nr. 2 EStG) den Einwand aus, die nachträglichen Einkünfte seien nicht mehr dem Arbeitslohn zuzuordnen, weil das Dienstverhältnis als Einkunftsquelle nicht fortbestehe, bzw. die Witwe oder Waise nicht selbst als Arbeitnehmer Vertragspartei des Dienstverhältnisses gewesen sei.[511] Rechtsnachfolger (Hinterbliebene) von Arbeitnehmern gelten vielmehr selbst als Arbeitnehmer im steuerlichen Sinn, soweit sie Arbeitslohn aus

510 Breinersdorfer, in: Kirchhof/Söhn/Mellinghoff, EStG, § 19 Rn. B 700.

511 Herrmann, in: Frotscher, EStG, § 19 Rn. 105; vgl. Birk/Wernsmann, DB 1999, 166 (166); Blomeyer/Rolfs/Otto, BetrAVG, 5. Aufl. (2010), StR B Rn. 2.

dem Dienstverhältnis beziehen,[512] vgl. § 1 Abs. 1 Satz 2 und § 2 Abs. 2 Nr. 2 Satz 1 LStDV.

Der Bundesfinanzhof sieht es als entscheidendes Merkmal des Arbeitslohns an, dass dieser „für eine Beschäftigung" gewährt wird, also durch das Dienstverhältnis veranlasst ist.[513] Zuwendungen des Arbeitgebers an den Arbeitnehmer, die im ganz überwiegend eigenbetrieblichen Interesse des Arbeitgebers liegen (z. B. für betriebsnotwendige Fortbildungen), sind deshalb kein Arbeitslohn.[514] Versorgungszusagen beruhen, wie § 1b Abs. 1 BetrAVG verdeutlicht, stets auf arbeitsrechtlichen Vereinbarungen zwischen Arbeitgeber und Arbeitnehmer. Der erforderliche Veranlassungszusammenhang liegt deshalb im Fall von Zusagen bzw. Leistungen der betrieblichen Altersversorgung in aller Regel vor.[515]

Damit ist aber noch nicht geklärt, zu welchem Zeitpunkt es überhaupt zu Einnahmen des durch die Zusage Begünstigten kommt. Anerkannt ist, dass dem Arbeitnehmer unter bestimmten Umständen auch Leistungen des Arbeitgebers an Dritte (wie z. B. ein Versicherungsunternehmen) als Arbeitslohn zuzurechnen sein können.[516] Zudem lässt der Wortlaut des § 19 Abs. 1 Nr. 1 und 2 EStG offen, wer die Bezüge auszuzahlen hat. Angesichts dessen könnten - jedenfalls unter Zugrundelegung dieser hergebrachten Regelungen - bereits die Vorsorgemaßnahmen, die der Arbeitgeber zugunsten des Arbeitnehmers trifft (wie z. B. Beitragszahlungen an einen selbständigen Versorgungsträger) einen Zufluss von Arbeitslohn begründen. Es erscheint aber auch denkbar, erst die Leistungen, die der Arbeitgeber oder der externe Versorgungsträger an den Versorgungsberechtigten erbringt, als (nachträglichen) Arbeitslohn zu erfassen.

b) § 19 Abs. 1 Nr. 3 EStG

Durch das Jahressteuergesetzes 2007[517] ist § 19 Abs. 1 EStG um eine Nr. 3 erweitert worden. Dabei ist der Wortlaut des § 19 Abs. 1 EStG im Übrigen unverändert

512 Vgl. Breinersdorfer, in: Kirchhof/Söhn/Mellinghoff, EStG, § 19 Rn. B 149; Thürmer, in: Blümich, EStG, § 19 Rn. 110.

513 Ständige Rechtsprechung, z. B. BFH v. 20. Dezember 2000, XI R 32/00, BStBl. II 2001, 496 (497); v. 6. März 1995, VI R 63/94, BStBl. II 1995, 471 (472); v. 20. September 1982, VI R 75/79, BStBl. II 1983, 39 (41).

514 Breinersdorfer, in: Kirchhof/Söhn/Mellinghoff, EStG, § 19 Rn. B 350; Eisgruber, in: Kirchhof, EStG, 12. Aufl. (2013), § 19 Rn. 36; Claßen, in: Lademann, EStG, § 19 Rn. 129; Thürmer, in: Blümich, EStG, § 19 Rn. 200.

515 Breinersdorfer, in: Kirchhof/Söhn/Mellinghoff, EStG, § 19 Rn. B 711.

516 Vgl. BFH v. 5. Juli 1996, VI R 10/96, BStBl. II 1996, 545 (545 f.); v. 26. Mai 1998, VII R 9/96, BStBl. II 1998, 581 (583).

517 Gesetz v. 13. Dezember 2006, BGBl. I 2006, 2878.

geblieben. In der Gesetzesbegründung[518] zu § 19 Abs. 1 Satz 1 Nr. 3 EStG wird ausgeführt, dass in dieser Vorschrift nunmehr klarstellend geregelt werde, dass alle Beiträge und Zuwendungen des Arbeitgebers in Form von laufenden Leistungen an einen Pensionsfonds, eine Pensionskasse oder eine Direktversicherung für die betriebliche Altersversorgung seiner Arbeitnehmer bei diesem zu den Einnahmen aus nichtselbständiger Tätigkeit gehörten. Dies umfasse vor allem diejenigen Arbeitgeberzahlungen, durch die die Arbeitnehmer eigene Rechtsansprüche auf Leistungen gegen die genannten Versorgungseirichtungen erwerben würden.

Durch die Sätze 2 bis 4 der Vorschrift ist der Arbeitslohnbegriff außerdem um bestimmte Sonderzahlungen erweitert worden, die der Arbeitgeber zur Schließung von Versorgungslücken an eine der genannten Versorgungseinrichtungen entrichtet. Der Arbeitgeber hat auf diese Zahlungen Lohnsteuer mit einem Pauschalsteuersatz von 15 % zu erheben, vgl. § 40b Abs. 4 EStG.

c) Gesetzliche Festschreibung einer steuersystematisch fragwürdigen Rechtspraxis

Der Gesetzgeber hat der Erweiterung in § 19 Abs. 1 Nr. 3 Satz 1 EStG lediglich eine Klarstellungsfunktion beigemessen.[519] Er verkennt damit allerdings den wahren Charakter der Regelung, bei der es sich um nichts anderes als eine gesetzliche Arbeitslohnfiktion[520] handelt.

Dem Gesetzgeber ist zuzugeben, dass Versorgungsbeiträge an Pensionsfonds, Pensionskassen und Direktversicherungen in der Praxis seit langem[521] als Arbeitslohn behandelt werden.[522] Man rechnete sie herkömmlich zu den „anderen

518 BT-Drucks. 16/2712, S. 45.

519 Gleiche Ansicht Breinersdorfer, in: Kirchhof/Söhn/Mellinghoff, EStG, § 19 Rn. B 746; Eisgruber, in: Kirchhof, EStG, 12. Aufl. (2013), § 19 Rn. 77; Thürmer, in: Blümich, EStG, § 19 Rn. 295.

520 Vgl. Bergkemper, FR 2011, 1043 (1049); Birk/Specker, DB 2008, 488 (490); Krüger, in: Schmidt, EStG, 32. Aufl. (2013), § 19 Rn. 86; Pflüger, in: Herrmann/Heuer/Raupach, EStG, § 19 Rn. 331.

521 So schon RFH v. 24. Januar 1934, VI A 1402/33, RStBl. 1934, 521 (521 f.); v. 4. September 1935, VI A 798/33, RStBl. 1935, 1515 (1515); v. 10. Februar 1939, VI 135/37, RStBl. 1939, 741 (741 f.)

522 BFH v. 16. Mai 1975, VI R 165/72, BStBl. II 1975, 642 (643); v. 27. Mai 1993, VI R 19/92, BStBl. 1994 II, 246 (247); v. 16. April 1999, VI R 60/96, BStBl. II 2000, 406 (407); v. 12. September 2001, VI R 154/99, BStBl. II 2002, 22 (24); v. 26. Juli 2005, VI R 115/01, BFH/NV 2005, 1804 (1805).

Bezügen und Vorteilen“ im Sinne des § 19 Abs. 1 Satz 1 Nr. 1 EStG. Insofern trifft es zu, dass § 19 Abs. 1 Nr. 3 Satz 1 EStG diejenigen Durchführungswege betrieblicher Altersversorgung betrifft, bei denen die Beitragszahlungen ohnehin seit langem als gegenwärtiger Arbeitslohn besteuert werden. Dass der Gesetzgeber hier eine „Klarstellung“ für nötig befunden hat, ist jedoch bedauerlich, da damit eine - wie noch zu zeigen sein wird - steuersystematisch fragwürdige Rechtspraxis in Gesetzesform gegossen wurde.

Aus steuersystematischer Sicht bedenklich ist zudem, dass der Gesetzgeber - entgegen der Rechtsprechung des Bundesfinanzhofs - auch Sonderzahlungen nach § 19 Abs. 1 Nr. 3 Sätze 2 bis 4 EStG in die gesetzliche Arbeitslohnfiktion mit einbezogen hat.[523] Hierauf wird nachfolgend noch näher einzugehen sein.[524]

2. § 2 Abs. 2 Nr. 3 LStDV

a) Regelungsinhalt

Die - jedenfalls herkömmlicherweise - in § 19 Abs. 1 EStG nur unzureichend beschriebene Rechtslage im Bereich der Zukunftsvorsorge soll durch die untergesetzlichen Regelungen des § 2 Abs. 2 Nr. 3 LStDV konkretisiert werden. § 2 Abs. 2 Nr. 3 Satz 1 LStDV bestimmt, dass zum Arbeitslohn auch Ausgaben des Arbeitgebers gehören, die der Absicherung des Arbeitsnehmers oder einer ihm nahestehenden Person für die Zukunft dienen. Einzeln benannt werden dabei Ausgaben zum Zwecke der Absicherung für den Fall der Krankheit, des Unfalls, der Invalidität, des Alters oder des Todes. Der Arbeitnehmer muss der Zukunftssicherung gemäß § 2 Abs. 2 Nr. 3 Satz 2 LStDV ausdrücklich oder stillschweigend zustimmen.[525]

Eine Ausgabe im Sinne des § 2 Abs. 2 Nr. 3 Satz 1 LStDV erfordert einen Vermögensabfluss beim Arbeitgeber mit der Folge, dass wegen der betrieblichen Veranlassung der Zukunftssicherung die Voraussetzungen für einen Betriebsausgabenabzug nach § 4 Abs. 4 EStG erfüllt sind.[526] Dies ist bei allen mittelbaren Durchführungswegen der betrieblichen Altersversorgung (Direktversicherung, Pensionskasse, Unterstützungskasse und Pensionsfonds) in den Grenzen der

---

523 Siehe dazu auch Seite 168 ff.

524 BFH v. 14. September 2005, VI R 32/04, BStBl. II 2006, 500 (502 ff.); v. 14. September 2005, VI R 148/98, BStBl. II 2006, 532 (533); v. 15. Februar 2006, VI R 92/04, VI R 92/04, BStBl. II 2006, 528 (529 f.)

525 So auch BFH v. 15. Juli 1977, VI R 109/74, BStBl. II 1977, 761 (763).

526 Breinersdorfer, in: Kirchhof/Söhn/Mellinghoff, EStG, § 19 Rn. B 704; vgl. Pflüger, in: Herrmann/Heuer/Raupach, EStG, § 19 Rn. 361.

§§ 4b bis 4e EStG der Fall. An einem Mittelabfluss fehlt es dagegen bei einer (nicht rückgedeckten) Direktzusage: Hier tritt an die Stelle des Betriebsausgabenabzugs die Bildung bzw. Erhöhung einer Pensionsrückstellung nach § 6a EStG.[527]

Ebenfalls nicht zum Arbeitslohn gehören gemäß § 2 Abs. 2 Nr. 3 Satz 3 LStDV Ausgaben, die nur dazu dienen, dem Arbeitgeber die Mittel zur Leistung einer dem Arbeitnehmer zugesagten Versorgung zu verschaffen. Angesprochen werden sollen damit Zahlungen zum Zwecke der Rückdeckung der Versorgungsverpflichtung.[528]

§ 2 Abs. 2 Nr. 3 Satz 1 Halbsatz 2 LStDV a. F. zählte die dort genannten Ausgaben des Arbeitgebers ausdrücklich auch dann zum Arbeitslohn, „wenn auf die Leistungen aus der Zukunftssicherung kein Rechtsanspruch besteht“[529]. Nach Ansicht des Bundesfinanzhofs[530] führen Ausgaben des Arbeitgebers zur Zukunftssicherung aber nur dann zu sofortigem Arbeitslohn, wenn hierdurch ein unentziehbarer Rechtsanspruch des Arbeitnehmers gegen die Versorgungseinrichtung begründet wird. Räumt die Versorgungseinrichtung - wie etwa eine Unterstützungskasse - dem Arbeitnehmer keinen unmittelbaren Rechtsanspruch ein, werden erst die Versorgungsbezüge, die der Arbeitnehmer ausgezahlt erhält, als Arbeitslohn behandelt. Soweit § 2 Abs. 3 Nr. 2 Satz 1 LStDV a. F. Zukunftssicherungsleistungen des Arbeitgebers auch bei fehlendem Rechtanspruch als Arbeitslohn ansah, beinhaltete die Vorschrift nach Ansicht des Gerichts keine zutreffende Auslegung der §§ 11, 19 EStG. Die Vorschrift beruhe nicht auf einer hinreichenden Ermächtigungsgrundlage und binde das Gericht deshalb nicht.[531] § 2 Abs. 2 Nr. 3 Satz 1 Halbsatz 2 LStDV a. F. ist daraufhin durch das Steuerbereinigungsgesetz 1999[532] aufgehoben worden. Da sich die Änderung lediglich in

527 Barein, in: Littmann/Bitz/Pust, EStG, § 19 Rn. 179; Pflüger, in: Herrmann/Heuer/Raupach, EStG, § 19 Rn. 361.

528 Vgl. BFH v. 16. April 1999, VI R 60/96, BStBl. II 2000, 406 (407); v. 19. Mai 1993, I R 34/92, BStBl. II 1993, 804 (806).

529 Vgl. Lohnsteuer-Durchführungsverordnung (LStDV 1990) i. d. F. vom 19. Oktober 1989, BGBl. I 1989, 1849.

530 Ständige Rechtsprechung, z.B. BFH v. 27. Mai 1999, VI R 19/92, 246 (247 f.); v. 16. April 1999, VI R 60/96, BStBl. II 2000, 406 (407); v. 14. September 2005, VI R 32/04, BStBl. II 2006, 500 (502).

531 BFH v. 16. April 1999, VI R 60/96, BStBl. II 2000, 406 (407); v. 27. Mai 1993, VI R 19/92, BStBl. II 1994, 246 (248); anders noch BFH v. 13. April 1976, VI R 216/72, BStBl. II 1976, 694 (695 f.).

532 Gesetz zur Bereinigung von steuerrechtlichen Vorschriften (Steuerbereinigungsgesetz 1999 - StBereinG 1999) vom 22.12.1999, BGBl. I 1999, 2601 (2609).

einer Streichung des Halbsatzes 2 erschöpft, lässt der Wortlaut des § 2 Abs. 2 Nr. 3 Satz 1 heute letztlich offen, ob für die Qualifikation der Zukunftssicherungsausgaben als Arbeitslohn ein Rechtsanspruch erforderlich sein soll oder nicht. Hierfür spricht allerdings die dargestellte Entwicklung der Norm.

b) Methodische Mängel der Vorschrift

§ 2 Abs. 2 Nr. 3 Satz 1 LStDV ist nicht nur ungenau, sondern auch methodisch verfehlt. So wird zu Recht darauf hingewiesen, dass der Begriff des Arbeitslohns dogmatisch nicht an eine Ausgabe, einen Mittelabfluss beim Arbeitnehmer anknüpft.[533] Entscheidend ist vielmehr, dass es beim Arbeitnehmer zu einer Vermögensmehrung im Sinne von §§ 8 Abs. 1, 11 Abs. 1 EStG kommt.

Überdies ist fragwürdig, dass nach § 2 Abs. 2 Nr. 3 LStDV auch eine stillschweigende Zustimmung des Arbeitnehmers zu der Zukunftssicherung ausreichend sein soll. Teils wird vertreten, dass schon das Stillschweigen des Arbeitnehmers als Zustimmung zu werten sei, sofern er über die (geplante) Vorsorgemaßnahme des Arbeitgebers unterrichtet sei oder diese den Umständen nach kennen müsse.[534] Schweigen hat im Rechtsverkehr aber grundsätzlich keinen Erklärungswert. Zudem ist die Zukunftssicherung für den Arbeitnehmer zumindest dann nicht nur rechtlich vorteilhaft, wenn eine Zahlung an eine Versorgungseinrichtung als sofort zufließender Arbeitslohn gewertet wird. Selbst wenn man mit der Rechtspraxis bereits bestimmten Zukunftsvorsorgemaßnahmen des Arbeitgebers Arbeitslohncharakter zusprechen will, ist deshalb zu fordern, dass der Arbeitnehmer seine Zustimmung zumindest konkludent zum Ausdruck bringt.[535]

III. Besteuerung der „internen" betrieblichen Altersversorgung

1. Keine Besteuerung in der Vorsorgephase

Die steuerliche Behandlung der sog. „internen" betrieblichen Altersversorgung, d. h. der Durchführungswege der Direktzusage und der Unterstützungskassenzusage, beim Arbeitnehmer ist im Einkommensteuergesetz nicht ausdrücklich

533 Birk/Wernsmann, in: Ruland/Rürup, Alterssicherung und Besteuerung, 2008, § 9, Rn. 27; Breinersdorfer, in: Kirchhof/Söhn/Mellinghoff, EStG, § 19 Rn. B 704.

534 Pflüger, in: Herrmann/Heuer/Raupach, EStG, § 19 Rn. 362; Thürmer, in: Blümich, EStG, Loselbl., § 19 Rn. 294.

535 Breinersdorfer, in: Kirchhof/Söhn/Mellinghoff, EStG, § 19 Rn. B 705.

geregelt. In der Praxis wird der Begünstigte einer solchen Zusage während der Vorsorgephase steuerlich nicht belastet. Die Rechtsprechung[536] und die Finanzverwaltung[537] gehen in Übereinstimmung mit dem steuerlichen Schrifttum[538] davon aus, dass dem Arbeitnehmer in diesem Zeitraum keine steuerpflichtigen Einnahmen zufließen. Dies gilt unabhängig davon, ob die Zusage allein vom Arbeitgeber oder ganz oder teilweise durch eine (steuerlich anzuerkennende) Entgeltumwandlung finanziert wird.[539]

Unerheblich soll im Prinzip sein, ob der Arbeitgeber seine Versorgungsverpflichtungen durch den Abschluss einer Rückdeckungsversicherung abgesichert hat,[540] denn etwaige Beitragszahlungen des Arbeitsgebers an eine Rückdeckungsversicherung sollen keinen Zufluss von Arbeitslohn bewirken.[541] Wird indes der Anspruch aus der Rückdeckungsversicherung im Wege der unbedingten Abtretung auf den Arbeitnehmer übertragen, soll dies dazu führen, dass an die Stelle der Rückdeckungsversicherung eine Direktversicherung tritt. In diesem Fall nimmt man im Zeitpunkt der Abtretung einen Arbeitslohnzufluss in Höhe

536 BFH v. 28. März 1958, VI 233/56 S, BStBl. III, 268 (268 ff.); v. 29. Januar 1960, VI 202/59 U, BStBl. 1960, 105 (106); v. 3. Juli 1964, VI 262/63 U, BStBl. III 1965, 83 (83 ff.); v. 7. Februar 1990, X R 36/86, BStBl. II 1990, 1062 (1063 f.); v. 5. November 1992, I R 61/89, BStBl. II 1993, 185 (186 f.); v. 27. Mai 1993, VI R 19/92, BStBl. II 1994, 246 (247 f.); v. 16. September 1998, VI B 155/98, BFH/NV 1999, 457 (458); v. 16. April 1999, VI R 60/96, BStBl. II 2000, 406 (407); v. 22. November 2006, X R 29/05, BStBl. II 2007, 402 (405).

537 BMF v. 24. Juli 2013, IV C 3 - S 2015/11/10002, Tz. 370.

538 Ahrend/Förster/Rößler, Steuerrecht, 3. Teil, Rn. 248; Barein, in: Littmann/Bitz/Pust, EStG, § 19 Rn. 179 ff.; Bick/Strohner, DStR 2005, 1033 (1035 f.); Breinersdorfer, in: Kirchhof/Söhn/Mellinghoff, EStG, § 19 Rn. B 713 und 727; Eisgruber, in: Kirchhof, EStG, 12. Aufl. (2013), § 19 Rn. 75; Herrmann, in: Frotscher, EStG, § 19 Rn. 102; Höfer/Veit/Verhuven, BetrAVG, Band II, Rn. Rn. 819 (Direktzusage) und Rn. 1436 (Unterstützungskassenzusage); Krüger, in: Schmidt, EStG, 32. Aufl. (2013), § 19 Rn. 60; Lippross/Hillmoth, EStG, § 19 Rn. 120 „Zukunftssicherungsleistungen“; Mody, in: Korn, EStG, § 19 Rn. 47; Pflüger, in: Herrmann/Heuer/Raupach, EStG, § 19 Rn. 377; Thürmer, in: Blümich, EStG, § 19 Rn. 323.

539 Hanau/Arteaga/Rieble/Veit, Entgeltumwandlung, 2. Aufl. (2006), Rn. 793 ff.; Mitlacher/ Scholz, StuB 2002, 1099 (1102).

540 BFH v. 9. Oktober 2002, VI R 112/99, BStBl. II 2002, 884 (885); v. 19. Mai 1993, I R 34/92, BStBl. II 1993, 804 (806); Barein, in: Littmann/Bitz/Pust, EStG, § 19 Rn. 179; Breinersdorfer, in: Kirchhof/Söhn/Mellinghoff, EStG, § 19 Rn. B 727.

541 BFH v. 19. Mai 1993, I R 34/92, BStBl. II 1993, 804 (806); v. 16. April 1999, VI R 60/96, BStBl. II 2000, 406 (407 f.)

des gesamten bisher gebildeten Deckungskapitals an, der als Vergütung für eine mehrjährige Tätigkeit nach § 34 Abs. 2 Nr. 4 EStG privilegiert ist.[542]

Entsprechendes gilt, wenn der Arbeitgeber innerhalb seines Betriebsvermögens einen Versorgungsfonds oder ähnliches bildet: Sofern der Arbeitgeber über diese Rücklage allein verfügen kann, fließen dem Versorgungsberechtigten dadurch keine (lohnsteuerpflichtigen) Einnahmen zu. Zu einem Zufluss von Arbeitslohn soll es aber ausnahmsweise kommen, wenn der Fonds aus dem Betriebsvermögen des Arbeitgebers ausscheidet und, etwa als Stiftung, rechtlich verselbständigt wird, nicht der alleinigen Verfügung des Arbeitgebers unterliegt, sondern z. B. auch der des Betriebsrats, oder anders gewährleistet wird, dass der Fonds ausschließlich Versorgungszwecken dient. Die Zuweisungen an solche Versorgungsfonds sollen steuerlich ähnlich zu behandeln sein wie Beiträge an eine Direktversicherung.[543]

2. Besteuerung der Versorgungsleistungen nach § 19 Abs. 1 Nr. 2 EStG

Bei der betrieblichen Altersversorgung über eine Direktzusage oder eine Unterstützungskasse hat der Versorgungsempfänger erst die Leistungen, die der Arbeitgeber oder die Unterstützungskasse nach Eintritt des Versorgungsfalls ausbezahlt, als nachträgliche Einkünfte aus nichtselbständiger Arbeit gemäß § 19 Abs. 1 Nr. 2 EStG zu versteuern.[544] Unerheblich ist, ob die Versorgung in Form einer regelmäßigen Rente oder als einmalige Kapitalleistung erfolgt, vgl. § 19 Abs. 1 Satz 2 EStG. Für einmalige Kapitalzahlungen aus Direktzusagen und Unterstützungskassen gilt die Tarifermäßigung gemäß § 34 Abs. 1, Abs. 2 Nr. 4 EStG (sog. „Fünftelungsregelung“).[545] Der Arbeitgeber bzw. die Unterstützungskasse ist zum Lohnsteuerabzug von den Versorgungsleistungen verpflichtet.[546] Dabei ist zu beachten, dass die Leistungen der Unterstützungskasse als solche des Arbeitgebers angesehen werden. Deshalb ist nicht etwa die Unterstützungskasse, sondern vielmehr

---

542 BFH v. 20. November 1987, VI R 91/84, BFH/NV 1988, 564 (566); Breinersdorfer, in: Kirchhof/Söhn/Mellinghoff, EStG, § 19 Rn. B 732.

543 Vgl. Pflüger, in: Herrmann/Heuer/Raupach, EStG, § 19 Rn. 387.

544 BFH v. 27. Mai 1993, VI R 19/92, BStBl. II 1994, 246 (248); Heubeck/Seybold, DB 2007, 592 (595).

545 Vgl. BMF v. 24. Juli 2013, IV C 3 - S 2015/11/10002, Tz. 371; Buttler, Einführung in die betriebliche Altersversorgung, 6. Aufl. (2012), Rn. 155; vgl. BFH v. 12. April 2007, VI R 6/02, BStBl. II 2007, 581 (583).

546 Breinersdorfer, in: Kirchhof/Söhn/Mellinghoff, EStG, § 19 Rn. B 728; Buttler, Einführung in die betriebliche Altersversorgung, 6. Aufl. (2012), Rn. 254 (Direktzusage), 315 (Unterstützungskasse).

der Arbeitgeber verpflichtet, den Lohnsteuerabzug vorzunehmen.[547] Der Arbeitgeber kann sich aber der Unterstützungskasse als Erfüllungsgehilfe bedienen.[548]

Für Versorgungsbezüge, zu denen neben Beamtenpensionen auch Bezüge aus betrieblichen Versorgungszusagen gehören,[549] gewährt § 9a Nr. 1b EStG ab 2005 anstelle des regulären Arbeitnehmerpauschbetrags nur noch einen Werbungskostenpauschbetrag von 102 Euro. Im Übergang zur (vollständigen) nachgelagerten Besteuerung werden bis zum Jahr 2040 außerdem der Versorgungsfreibetrag (von 40 % der Versorgungsbezüge bei Versorgungsbeginn bis 2005) sowie der zum Ausgleich für den herabgesetzten Werbungskostenpauschbetrag eingeführte Zuschlag zum Versorgungsfreibetrag (von 900 Euro bei Versorgungsbeginn bis 2005) schrittweise zurückgeführt. Die jeweiligen Freibeträge sind abhängig vom Versorgungsbeginn anhand der Tabelle in § 19 Abs. 2 EStG zu ermitteln und gelten für alle künftigen Veranlagungszeiträume fort[550] (z. B. bei Versorgungsbeginn in 2013: Versorgungsfreibetrag 27,2 % der Versorgungsbezüge, max. 2 040 Euro; Zuschlag 619 Euro).

IV. Besteuerung der „externen" betrieblichen Altersversorgung

1. Vorsorgephase

a) Steuerbarkeit der Vorsorgebeiträge nach § 19 Abs. 1 Nr. 3 Satz 1 EStG

Nach geltendem Einkommensteuerrecht sind bereits die (laufenden) Beiträge und Zuwendungen, die der Arbeitgeber an einen Pensionsfonds, an eine Pensionskasse oder für eine Direktversicherung zum Zwecke einer betrieblichen Altersversorgung zahlt, beim Arbeitnehmer als Arbeitslohn zu erfassen. Dies ist seit Inkrafttreten des Jahressteuergesetzes 2007 ausdrücklich in § 19 Abs. 1 Nr. 3 EStG niedergelegt, wurde aber auch zuvor schon von der Rechtsprechung[551]

547 BFH v. 28. März 1958, VI 233/56 S, BStBl. III 1958, 268 (270); Stache, in: Bordewin/Brandt, EStG, § 19, Rn. 1131.

548 Ahrend/Förster/Rößler, Steuerrecht der betrieblichen Altersversorgung, 3. Teil, Rn. 526.

549 Breinersdorfer, in: Kirchhof/Söhn/Mellinghoff, EStG, § 19 Rn. C 17.

550 Vgl. auch Buttler, Einführung in die betriebliche Altersversorgung, 6. Aufl. (2012), Rn. 255; Harder-Buschner, NWB Nr. 52/53 vom 20.12.2004, S. 4251 (4252) = NWB Fach 3, S. 13131 (13132); Hartmann, INF 2005, 102 (104); Schneider, StW 2004, 151 (152).

551 BFH v. 16. Mai 1975, VI R 165/72, BStBl. II 1975, 642 (643); v. 27. Mai 1993, VI R 19/92, BStBl. 1994 II, 246 (247); v. 16. April 1999, VI R 60/96, BStBl. II 2000, 406

sowie der Finanzverwaltung[552] vertreten und entspricht der ganz überwiegenden Auffassung im Schrifttum[553]. Dabei soll es nicht darauf ankommen, ob arbeitsrechtlich schon ein Anspruch oder erst eine Anwartschaft besteht und ob diese bereits unverfallbar ist.[554]

b) Begrenzte Steuerfreistellung der Vorsorgebeiträge

(1) § 3 Nr. 63 EStG

Um auch die „externe“ betriebliche Altersversorgung zumindest teilweise in die nachgelagerte Besteuerung einzubeziehen, stellt § 3 Nr. 63 EStG die Beiträge des Arbeitgebers[555] aus dem ersten Dienstverhältnis zum Aufbau einer kapitalgedeckten betrieblichen Altersversorgung in bestimmten Grenzen steuerfrei. Die auf das Altersvermögensgesetz zurückgehende Regelung galt zunächst nur für Pensionskassen und Pensionsfonds. Durch das Alterseinkünftegesetz ist auch

---

(407); v. 12. September 2001, VI R 154/99, BStBl. II 2002, 22 (24); v. 26. Juli 2005, VI R 115/01, BFH/NV 2005, 1804 (1805); v. 5. Juli 2007, VI 58/05, BFH/NV 2007, 1772 (1772); vgl. auch schon RFH v. 24. Januar 1934, VI A 1402/33, RStBl. 1934, 521 (521 f.); v. 4. September 1935, VI A 798/33, RStBl. 1935, 1515 (1515); v. 10. Februar 1939, VI 135/37, RStBl. 1939, 741 (741 f.)

552 BMF v. 17. November 2004, IV C 4-S 2222-177/04, BStBl. I 2004, 1065, Tz. 160; v. 5. August 2002, IV C4-S 2222-295/02, BStBl. I 2002, S. 767, Tz. 149.

553 Vgl. Barein, in: Littmann/Bitz/Pust, EStG, § 19 Rn. 199; Breinersdorfer, in: Kirchhof/Söhn/Mellinghoff, EStG, § 19 Rn. B 744, B 746; Krüger, in: Schmidt, EStG, 32. Aufl. (2013), § 19 Rn. 60; Harder-Buschner, NWB 2004, Fach 3, 13131 (13133); Herrmann, in: Frotscher, EStG, § 19, Rn. 98; Höreth/Schiegl, BB 2004, S. 2101 (2102 ff.); Lippross/Hillmoth, EStG, § 19 Rn. 160; Mody, in: Korn, EStG, § 19 Rn. 47.1 ff.; Thürmer, in: Blümich, EStG, Loselbl., § 19 Rn. 294 f.; kritisch Birk/Wernsmann, DB 1999, 166 (169).

554 BFH v. 5. Juli 2007, VI R 47/02, BFH/NV 2007, 1876 (1877); Breinersdorfer, in: Kirchhof/Söhn/Mellinghoff, EStG, § 19 Rn. B 714.

555 Steuerfrei sind sowohl rein arbeitgeberfinan Beiträge sowie alle im Gesamtversicherungsbeitrag des Arbeitgebers enthaltenen Finanzierungsanteile des Arbeitnehmers (mittels Entgeltumwandlung finanzierten Beiträge sowie eine sog. Eigenbeteiligung des Arbeitnehmers). Beiträge des Arbeitnehmers, zu deren Leistung er aufgrund einer eigenen vertraglichen Vereinbarung mit der Versorgungseinrichtung originär selbst verpflichtet ist (sog. eigene Beiträge des Arbeitnehmers), sind dagegen auch dann vom Anwendungsbereich des § 3 Nr. 63 EStG ausgeschlossen, wenn sie vom Arbeitgeber an die Versorgungseinrichtung abgeführt werden; vgl. BMF v. 24. Juli 2013, IV C 3 - S 2015/11/10002, Tz. 304 unter Verweis auf BFH v. 9. Dezember 2010, VI R 57/08, BStBl. II 2011, 978 und BMF v. 25. November 2011, BStBl. I 2011, 1250.

die vormals nach § 40b EStG pauschalsteuerbegünstigte Direktversicherung in die Steuerfreistellung einbezogen worden.[556] Zudem wurde festgelegt, dass die Versorgungszusage eine Auszahlung in Form einer lebenslangen monatlichen Rente oder eines Auszahlungsplans mit Restverrentung vorsehen muss.[557] Ausweislich der Gesetzesbegründung soll aber die bloße Möglichkeit, anstelle lebenslanger Altersversorgungsleistungen eine Kapitalauszahlung zu wählen, der Steuerfreiheit noch nicht entgegenstehen.[558] Die Steuerfreiheit ist auf einen Betrag von jährlich 4 % der Beitragsbemessungsgrenze[559] in der gesetzlichen Rentenversicherung beschränkt (z. B. für 2013: Beitragsbemessungsgrenze monatlich 5.800 Euro, jährlich 69 600 Euro; Freibetrag: 2 784 Euro). Für Zusagen ab dem 1. Januar 2005 kommt noch ein fester Betrag von 1 800 Euro hinzu.

Sofern der Arbeitnehmer eine Entgeltumwandlung nach § 1a Abs. 3 BetrAVG geltend macht, ermöglicht ihm § 3 Nr. 63 Satz 2 EStG, zugunsten einer „Riester-Förderung" nach §§ 10a, 79 ff. EStG auf die Steuerbefreiung zu verzichten.[560] Die Förderung kann auch in Anspruch genommen werden, soweit die Beiträge die Höchstbeträge nach § 3 Nr. 63 EStG übersteigen und deshalb individuell zu besteuern sind.[561] Die praktische Bedeutung der „Riester-Rente" ist im Bereich der betrieblichen Altersversorgung allerdings äußerst gering.[562]

(2) § 3 Nr. 56 EStG

Für die zunächst nicht begünstigten umlagefinanzierten Pensionskassen ermöglicht § 3 Nr. 56 EStG seit Inkrafttreten des Jahressteuergesetzes 2007 ebenfalls eine Steuerfreistellung. Die Norm ist nach dem Vorbild des § 3 Nr. 63 EStG gestaltet, sieht aber, um Steuerausfälle zu vermeiden, zunächst nur eine Befreiung von bis zu 1 % der Beitragsbemessungsgrenze vor. Der Höchstbetrag wird

---

556 Bick/Strohner, DStR 2005, 1033 (1038); Harder-Buschner, NWB 2004, Fach 3, 13131 (13133); v. Beckerath, in: Kirchhof/Söhn/Mellinghoff, EStG, § 3 Nr. 63 Rn. B 63/63.

557 Vgl. § 1 Abs. 1 Satz 1 Nr. 4 AltZertG.

558 BT-Drucks. 15/2150, S. 32.

559 Maßgeblich ist auch bei einer Beschäftigung in den neuen Ländern oder Berlin Ost die Beitragsbemessungsgrenze West, vgl. BMF v. 24. Juli 2013, IV C 3 - S 2015/11/10002, Tz. 307.

560 Zu den Einzelheiten vgl. v. Beckerath, in: Kirchhof/Söhn/Mellinghoff, EStG, § 3 Nr. 63 Rn. B 63/115; Breinersdorfer, in: Kirchhof/Söhn/Mellinghoff, EStG, § 19 Rn. B 759, B 762.

561 BMF v. 24. Juli 2013, IV C 3 - S 2015/11/10002, Tz. 308, 330 ff.; Birk/Wernsmann, in: Ruland/Rürup, Alterssicherung und Besteuerung, 2008, § 9, Rn. 35.

562 Buttler, Einführung in die betriebliche Altersversorgung, 6. Aufl. (2012), Rn. 223.

schrittweise angehoben und erreicht erst im Jahr 2025 den Wert von 4 % der Beitragsbemessungsgrenze, wie er heute schon für die kapitalgedeckte Versorgung gilt. Auf eine zusätzliche Erhöhung des Freibetrags um 1 800 Euro wurde verzichtet, da für die umlagefinanzierte Versorgung nach § 40b EStG n. F. weiterhin eine Pauschalbesteuerung der übersteigenden Zuwendungen offen steht.[563]

c) Besonderheiten bei Altzusagen

Vor allem Beiträge an eine Direktversicherung wurden vor der Reform durch das Alterseinkünftegesetz zumeist nach § 40b EStG a. F. pauschal lohnversteuert. Diese Möglichkeit ist gleichzeitig mit der Ausweitung der Steuerfreiheit nach § 3 Nr. 63 EStG für kapitalgedeckte Versorgungszusagen grundsätzlich entfallen. § 40b EStG in der am 31. Dezember 2004 gültigen Fassung bleibt jedoch für bis dahin erteilte Direktversicherung- und Pensionskassenzusagen (Altzusagen) anwendbar, wenn diese die Voraussetzungen des § 3 Nr. 63 EStG n. F. nicht erfüllen (z. B. weil Kapitalauszahlung vereinbart ist), oder der Arbeitnehmer bis spätestens 30. Juni 2005 oder bei einem späteren Arbeitgeberwechsel bis zur ersten Beitragsleistung auf die Anwendung von § 3 Nr. 63 EStG verzichtet hat,[564] vgl. §§ 52 Abs. 6, 52a EStG. In diesen Fällen kann der Arbeitgeber von den Beitragsleistungen bis zu 1 750 Euro jährlich eine pauschale Lohnsteuer von 20 % erheben.[565]

2. Versorgungsphase

Die Besteuerung der Versorgungsbezüge aus dem Pensionsfonds, der Pensionskasse oder der Direktversicherung richtet sich danach, ob und wie die Beiträge in der Vorsorgephase besteuert worden sind.

a) Leistungen, die auf geförderten Beiträgen beruhen

Sofern die Leistungen auf Beiträgen beruhen, die nach § 3 Nr. 63 EStG, § 3 Nr. 56 EStG oder als „Riester-Rente“ begünstigt waren, sind sie gemäß § 22 Nr. 5 Satz 1 EStG voll steuerpflichtig. In die insoweit verwirklichte nachgelagerte Besteuerung sind gegebenenfalls auch dem Steuerpflichtigen zugutekommende Kapitalerträge und Wertsteigerungen einbezogen.

---

563 Wagner-Jung, BetrAV 2007, 12 (13).

564 Buttler, Einführung in die betriebliche Altersversorgung, 6. Aufl. (2012), Rn. 175, 226.

565 Harder-Buschner, NWB 2004, Fach 3, 13131 (13133 f.)

Unterlagen die korrespondierenden Beiträge der individuellen oder pauschalen Besteuerung, ist bei Auszahlung der Bezüge nur noch der nach Maßgabe des § 22 Nr. 5 Satz 2 EStG zu ermittelnde Ertragsanteil zu versteuern.[566]

(1) Rentenzahlungen

Werden die Bezüge als lebenslange Rente, Berufsunfähigkeits-, Erwerbsminderungs- oder Hinterbliebenenrente ausbezahlt, sind die allgemeinen für die Rentenbesteuerung geltenden Regeln anzuwenden, § 22 Nr. 5 Satz 2 Buchst. a EStG. Erfüllt eine ab dem 1. Januar 2005 erteilte Zusage (Neuzusage) die Kriterien der sog. Basisvorsorge nach § 10 Abs. 1 Nr. 2 Buchst. b EStG, ergibt sich der Ertragsanteil aus § 22 Nr. 1 Satz 3 Buchst. a, aa EStG. In allen anderen Fällen (also auch bei Altzusagen) werden die Leistungen nach § 22 Nr. 1 Satz 3 Buchst. a, bb EStG mit dem verringerten Ertragsanteil besteuert, der nur die Verzinsung in der Versorgungsphase abbildet, die in der Ansparphase angesammelten Kapitalerträge aber unberücksichtigt lässt.[567]

(2) Kapitalzahlungen

Gemäß § 22 Nr. 5 Satz 2 Buchst. b EStG ist auf nicht geförderte Kapitalauszahlungen von Versicherungen (einschließlich Pensionsfonds, Pensionskassen und Direktversicherungen) die Vorschrift des § 20 Abs. 1 Nr. 6 EStG, die Kapitaleinkünfte aus Versicherungsverträgen betrifft, entsprechend anzuwenden. Der zu versteuernde Ertrag entspricht hier dem Unterschiedsbetrag zwischen der Versicherungsleistung und der Summe der auf sie entrichteten Beiträge. Er reduziert sich bei Auszahlung nach Vollendung des 60. Lebensjahres und mindestens zwölfjähriger Laufzeit auf die Hälfte des Unterschiedsbetrages, § 20 Abs. 1 Nr. 6 Satz 2 EStG. Da § 20 Abs. 1 Nr. 6 EStG „in der jeweils für den Vertrag geltenden Fassung" anzuwenden ist, bleibt für Altzusagen das frühere Lebensversicherungsprivileg nach § 20 Abs. 1 Nr. 6 Satz 2 EStG in der am 31. Dezember 2004 geltenden Fassung bestehen. Leistungen aus Altverträgen bleiben deshalb nach einer Laufzeit von mindestens zwölf Jahren steuerfrei.[568]

---

566 Zur Neugestaltung der Vorschrift durch das Jahressteuergesetz 2007 vgl. Wagner-Jung, BetrAV 2007, 12.

567 Birk/Wernsmann, in: Ruland/Rürup, Alterssicherung und Besteuerung, 2008, § 9, Rn. 35; Harder-Buschner, NWB 2005, Fach 3, 13217 (1313272 f.)

568 Wagner-Jung, BetrAV 2007, 12 (14).

Für nicht geförderte Leistungen, die weder Leibrenten sind noch aus Versicherungsverträgen stammen (d. h. zertifizierte Fonds-, Bank- und Investmentsparpläne) ist ebenfalls der Unterschiedsbetrag zwischen der Leistung und der Summe der auf sie entrichteten Beiträge steuerpflichtig, vgl. § 22 Nr. 5 Satz 2 Buchst. c EStG. Die Ertragsermittlung für die Bankprodukte ist damit dem für Versicherungsverträge geltenden § 20 Abs. 1 Nr. 6 Satz 1 EStG nachgebildet. Obwohl es sich nicht um Versicherungsleistungen handelt, gilt für sie ebenfalls das sog. „kleine Lebensversicherungsprivileg" des § 20 Abs. 1 Nr. 6 Satz 2 EStG (d. h. hälftiger Ansatz bei Vollendung des 60. Lebensjahres und mindestens zwölfjähriger Laufzeit).[569]

V. Exkurs: Besteuerung der betrieblichen Altersversorgung beim Arbeitgeber

1. Direktzusage, § 6a EStG

Durch eine Direktzusage verpflichtet sich der Arbeitgeber zur Zahlung von Versorgungsleistungen unmittelbar aus seinem Betriebsvermögen. Mit der Zusage geht er Verpflichtungen ein, deren Eintritt und Höhe während der Vorsorgephase noch nicht sicher feststehen. Der Arbeitgeber ist deshalb regelmäßig[570] verpflichtet, in seiner Handelsbilanz für die Versorgungsverpflichtungen Rückstellungen für ungewisse Verbindlichkeiten gemäß § 249 Abs. 1 Satz 1 HGB auszuweisen.

Ermittelt der Arbeitgeber seinen Gewinn durch Betriebsvermögensvergleich gemäß §§ 4 Abs. 1, 5 Abs. 1 EStG, hat er nach Maßgabe des § 6a EStG auch in der Steuerbilanz Pensionsrückstellungen zu bilden.[571]

Obwohl nach dem Wortlaut des § 6a Abs. 1 EStG eine Pensionsrückstellung gebildet werden „darf", besteht für ab dem 1. Januar 1987 begründete

---

569 Wagner-Jung, BetrAV 2007, 12 (14).

570 Für vor dem 1. Januar 1987 erworbene begründete Pensionszusagen und deren Erhöhungen besteht ein Passivierungswahlrecht, vgl. Art. 28 Abs. 1 Satz 1 EGHGB. Nach Art. 28 Abs. 2 HGB müssen Kapitalgesellschaften jedoch die in der Bilanz nicht ausgewiesenen Rückstellungen für laufende Pensionen, Anwartschaften auf Pensionen und ähnliche Verpflichtungen im Anhang und im Konzernanhang in einem Betrag angeben. Seit dem 1. Januar 2000 besteht gemäß Art. 48 Abs. 6 EGHGB diese Verpflichtung auch für die GmbH & Co. KG und andere Personengesellschaften ohne persönlich haftende natürliche Person.

571 Zur Erfassung des Versorgungsaufwands bei Gewinnermittlung durch Einnahme-Überschussrechnung gemäß § 4 Abs. 3 EStG, bei der eine Rückstellungsbildung nicht in Betracht kommt, vgl. Höfer/Veit/Verhuven, BetrAVG, Band II, Rn. 13 f.; vgl. auch Blomeyer/Rolfs/Otto, BetrAVG, 5. Aufl. (2010), StR A Rn. 382.

Versorgungsverpflichtungen[572] nach h. M. kein Passivierungswahlrecht.[573] Handelsrechtlich ergibt sich aus § 249 Abs. 1 Satz 1 HGB eine Passivierungspflicht. Aufgrund des herkömmlich in § 5 Abs. 1 EStG niedergelegten Maßgeblichkeitsgrundsatzes folgte deshalb nach Auffassung des Bundesfinanzhofs unter den weiteren Voraussetzungen des § 6a Abs. 1 EStG auch eine Passivierungspflicht für die Steuerbilanz.[574] Allerdings ist die Maßgeblichkeit im Zuge der Reform der handelsrechtlichen Rechnungslegung durch das Bilanzrechtsmodernisierungsgesetz (BilMoG) vom 25. Mai 2009[575] eingeschränkt worden, so dass infrage gestellt werden könnte, ob die Passivierungspflicht in der Steuerbilanz weiterhin gilt.[576] Das Bundesfinanzministerium geht jedenfalls weiterhin von einer (durch § 6a EStG eingeschränkten) Passivierungspflicht in der Steuerbilanz aus.[577]

§ 6a Abs. 1 EStG verlangt in Nrn. 1 und 2, dass dem Pensionsberechtigten ein von zukünftigen gewinnabhängigen Bezügen unabhängiger Rechtsanspruch eingeräumt wird, der ihm nur unter erschwerten Voraussetzungen wieder entzogen werden kann.[578] Das Pensionsversprechen muss außerdem schriftlich erteilt sein und eindeutige Angaben zu Art, Form, Voraussetzungen und Höhe der in Aussicht gestellten künftigen Leistungen enthalten, § 6a Abs. 1 Nr. 3 EStG.

Erstmals gebildet werden darf eine Pensionsrückstellung vor Eintritt des Versorgungsfalls in dem Wirtschaftsjahr, in dem die Pensionszusage erteilt wird, frühestens jedoch in dem Wirtschaftsjahr, bis zu dessen Mitte der

---

572 Für bis zum 31. Dezember 1986 erteilte Zusagen („Altzusagen") besteht sowohl handelsrechtlich als auch steuerlich ein Passivierungswahlrecht, vgl. BFH v. 19. August 1998, I R 92/95, BStBl. II 1999, 387 (388); Doetsch/Hagemann/Oecking/Reichenbach, Betriebliche Altersversorgung, 4. Aufl. (2013), S. 111.

573 BFH v. 7. Februar 2002, IV R 62/00, BFH/NV 2002, 976 (977 ff.); v. 13. Februar 2008, I R 44/07, BFH v. 13. Februar 2008, I R 44/07, BB 2008, 1388 (1389); Adler/Düring/Schmaltz, § 249 HGB Rn. 98; Förschle/Klein, DB 1987, 341 (346); Kauffmann, in: Frotscher, EStG, § 6a Rn. 16; Schneeloch, WPg 1985, 565 (567); Stuhrmann, BB 1986, 2239 (2241); Weber-Grellet, in: Schmidt, EStG, 32. Aufl. (2013), § 6a Rn. 3; a. A. Blomeyer/Rolfs/Otto, BetrAVG, 5. Aufl. (2010), StR A Rn. 391; Mann, DB 1986, 2199 (2200).

574 Vgl. BFH v. 13. Februar 2008, I R 44/07, BB 2008, 1388 (1389).

575 BGBl. I 2009, 1102.

576 Vgl. Doetsch/Hagemann/Oecking/Reichenbach, Betriebliche Altersversorgung, 4. Aufl. (2013), S. 111.

577 BMF v. 12. März 2010, IV C 6 - S 2133/09/10001, BStBl. I 2010, 239, Tz. 9.

578 Vgl. dazu Kauffmann, in: Frotscher, EStG, § 6a Rn. 49 ff.; Weber-Grellet, in: Schmidt, EStG, 32. Aufl. (2013), § 6a Rn. 7 ff.

Pensionsberechtigte das 27. Lebensjahr[579] erreicht hat, § 6a Abs. 2 Nr. 1 Var. 1 EStG. Unabhängig vom Lebensalter des Pensionsberechtigten ist die Bildung von Pensionsrückstellungen ab dem Wirtschaftsjahr zulässig, in dessen Verlauf die Pensionsanwartschaft nach dem Betriebsrentengesetz unverfallbar wird, § 6a Abs. 2 Nr. 1 Var. 2 EStG. Von Bedeutung ist dies insbesondere für Entgeltumwandlungszusagen, bei denen die Anwartschaft gemäß § 1a Abs. 2 BetrAVG sofort unverfallbar wird.[580]

Auch nach Eintritt des Versorgungsfalls kann noch eine Pensionsrückstellung neu gebildet werden, und zwar gemäß § 6a Abs. 2 Nr. 2 EStG erstmals für das Wirtschaftsjahr, in dem der Versorgungsfall eintritt. Wegen der Passivierungspflicht für Pensionsrückstellungen hat § 6a Abs. 2 Nr. 2 EStG nur wenige Anwendungsfälle. So kommt diese Regelung zum Tragen, wenn die Pensionszusage erst mit Eintritt des Versorgungsfalles erteilt wird, oder bis zum Eintritt des Versorgungsfalls zwar eine Versorgungszusage vorlag, aber keine Passivierungspflicht bestand, weil Voraussetzungen hierfür (Rechtsanspruch, schriftliche Zusage, Erreichen der Altersgrenze usw.) fehlten.[581]

In den Absätzen 3 und 4 enthält § 6a EStG Vorschriften zur Höhe der Pensionsrückstellungen. Eine Besonderheit der Pensionsrückstellungen besteht darin, dass sie grundsätzlich nicht durch Einmalrückstellung eines Betrages in die Bilanz aufgenommen werden dürfen. Vielmehr ist der Rückstellungsbetrag nach dem Anwartschaftsdeckungsverfahren durch regelmäßige, über die gesamte Anwartschaftszeit verteilte Zuführungen so zu erhöhen, dass er bei Rentenbeginn dem Barwert der künftig zu zahlenden Pensionsleistungen entspricht.[582]

---

579 Diese Mindestaltersgrenze gilt für ab dem 1. Januar 2009 erteilte Pensionszusagen. Für ab dem 1. Januar 2001 erteilte Zusagen gilt eine Mindestaltersgrenze von 28 Jahren. Für Zusagen bis zum 31. Dezember 2000 beträgt die Lebensaltersgrenze 30 Jahre. Vgl. § 52 Abs. 16b und Abs. 17 EStG.

580 Vgl. Höfer/Veit/Verhuven, BetrAVG, Band II, Rn. 1146.5; Weber-Grellet, in: Schmidt, EStG, 32. Aufl. (2013), § 6a Rn. 44.

581 Wegen der Passivierungspflichtigkeit der Pensionsrückstellungen hat § 6a Abs. 2 Nr. 2 EStG nur wenige Anwendungsfälle. So kommt diese Regelung zum Tragen, wenn die Pensionszusage erst mit Eintritt des Versorgungsfalles erteilt wird, oder bis zum Eintritt des Versorgungsfalls zwar eine Versorgungszusage vorlag, aber keine Passivierungspflicht bestand, weil Voraussetzungen hierfür (Rechtsanspruch, schriftliche Zusage, Erreichen der Altersgrenze usw.) fehlten, vgl. Kauffmann, in: Frotscher, EStG, § 6a Rz 69.

582 Kaufmann, in: Frotscher, EStG, § 6a Rn. 71 ff.

2. Unterstützungskasse, § 4d EStG

Die Abzugsfähigkeit von Zuwendungen des Trägerunternehmens an eine Unterstützungskasse als Betriebsausgaben richtet sich nach § 4d EStG.

Gemäß § 4d Abs. 1 EStG ist das Trägerunternehmen nur berechtigt, Zuwendungen an eine Unterstützungskasse als Betriebsausgaben abzuziehen, soweit die Leistungen der Kasse, wenn sie vom Trägerunternehmen unmittelbar erbracht würden, bei diesem betrieblich veranlasst wären. Durch diese Voraussetzung, die auch für alle anderen Durchführungsformen gilt, sollen vor allem Zusagen an Unternehmer oder an Gesellschafter-Geschäftsführer ausgeschlossen werden, die nicht auf einem Arbeitsverhältnis, sondern einem Gesellschaftsverhältnis beruhen oder einen familiären, schenkungsrelevanten Hintergrund haben.[583] Außerdem dürfen die Zuwendungen bestimmte, nach § 4d Abs. 1 EStG zu ermittelnde Höchstbeträge nicht überschreiten. Dabei unterscheidet das Gesetz zwischen den Finanzierungsmodellen der regeldotierten Unterstützungskasse und der rückgedeckten Unterstützungskasse. Eine besondere Regelung gilt außerdem für Unterstützungskassen, die auch oder ausschließlich nicht lebenslänglich laufende Leistungen gewähren.

Die Berechnung der zulässigen Zuwendungen erfolgt in zwei Schritten: In einem ersten Schritt wird für jeden Bezugsberechtigten ein in der jeweiligen Periode zuwendungsfähiger Betrag ermittelt. In einem zweiten Schritt wird das bereits vorhandene Vermögen der Unterstützungskasse mit dem zulässigen Kassenvermögen verglichen. Überschreitet das tatsächliche Vermögen der Kasse diesen Betrag, können weitere Zuwendungen nicht als Betriebsausgaben abgezogen werden.[584]

3. Direktversicherung, § 4b EStG

Die Abzugsfähigkeit der Beiträge, die der Arbeitgeber zugunsten des aus der Lebensversicherung begünstigten Arbeitnehmers zahlt, richtet sich nach §§ 4 Abs. 4, 4b Satz 1 EStG. Der Arbeitgeber kann die Versicherungsbeiträge demnach als Betriebsausgaben abziehen, wenn sie betrieblich veranlasst sind. Dies

583 Reichel/Heger, Betriebliche Altersversorgung, 2003, Rn. 634.

584 Zuwendungen, die in einem Wirtschaftsjahr die abzugsfähigen Beträge übersteigen, können gemäß § 4d Abs. 2 Satz 3 EStG als aktive Rechnungsabgrenzungsposten für die folgenden drei Wirtschaftsjahre vorgetragen und im Rahmen der für diese Wirtschaftsjahre abzugsfähigen Höchstbeträge als Betriebsausgaben behandelt werden.

wird, da die Direktversicherung der Altersversorgung der Arbeitnehmer oder einer ihm gleichgestellten Person dient, in der Regel der Fall sein.[585]

Da das Versicherungsunternehmen das Versorgungsrisiko trägt, hat der Arbeitgeber die Versorgungsverpflichtung grundsätzlich nicht in seiner Bilanz auszuweisen.[586] Gemäß § 4b Satz 1 EStG ist der Anspruch aus der Direktversicherung dem Arbeitgeber nicht zuzurechnen, soweit am Schluss des Wirtschaftsjahres der Arbeitnehmer oder seine Hinterbliebenen bezugsberechtigt sind. Im Gegenschluss bedeutet dies, dass der bilanzierende Arbeitgeber[587] insoweit aktivieren muss, als er bezugsberechtigt ist.[588] Ein Versicherungsanspruch, den der Arbeitgeber am Bilanzstichtag abgetreten oder beliehen hat, ist nach § 4b Satz 2 EStG ebenfalls nicht zu aktivieren, sofern er gegenüber dem Bezugsberechtigten eine Einstandserklärung abgegeben hat. Eine solche liegt vor, wenn sich der Arbeitgeber dem Bezugsberechtigten gegenüber schriftlich verpflichtet, sie bei Eintritt des Versicherungsfalls so zu stellen, als ob die Abtretung oder Beleihung nicht erfolgt wäre.

Wegen der an den Versicherer zu entrichtenden Beiträge kommt es bei der arbeitgeberfinanzierten Direktversicherungszusage bereits während der Vorsorgephase zu einem stetigen Abfluss von Liquidität. Da die Beiträge zu der Direktversicherung in vollem Umfang als Betriebsausgaben abziehbar sind, wird der Arbeitgeber jedoch nur in Höhe der um die ertragsteuerliche Entlastung verringerten Beiträge belastet. Die Liquiditätseinbuße kann zumindest teilweise auch dadurch wieder ausgeglichen werden, dass der Arbeitgeber das Deckungskapital der Direktversicherung beleiht.[589]

---

585 Kauffmann, in: Frotscher, EStG, § 4b Rn. 36 f.; Gosch, in: Kirchhof/Söhn/Mellinghoff, EStG, § 4b Rn. B 53 ff.; vgl. BFH v. 14. März 1996, IV R 14/95, BStBl. II 1997, 343 (343 f.)

586 Kauffmann, in: Frotscher, EStG, § 4b Rn. 2; Mauch, in: Ernst & Young/VDR (Hrsg.), Altersvorsorge, 2. Aufl., 2004, D., Rn. 224.

587 Ermittelt der Arbeitgeber seinen Gewinn nach § 4 Abs. 3 EStG, scheidet eine Bilanzierung auch dann aus, wenn er Bezugsberechtigter ist. Zur Behandlung bei der Gewinnermittlung nach § 4 Abs. 3 EStG vgl. Buttler, Einführung in die betriebliche Altersversorgung, 6. Aufl. (2012), Rn. 221 f.; Kauffmann, in: Frotscher, EStG, § 4b Rn. 64 ff; Speidel, BB 1996, 2278 (2280).

588 Höfer/Veit/Verhuven, BetrAVG, Band II, Rn. 1456.

589 Ahrend/Förster/Rößler, Steuerrecht der betrieblichen Altersversorgung, 4. Teil, Rn. 15; Mauch, in: Ernst & Young/VDR (Hrsg.), Altersvorsorge, 2. Aufl. (2004), D. Rn. 229.

4. Pensionskasse, § 4c EStG

Zuwendungen an die Pensionskasse kann der Arbeitgeber unter den in § 4c EStG genannten Voraussetzungen als Betriebsausgaben abziehen.

Gemäß § 4c Abs. 1 Satz 1 EStG darf das Trägerunternehmen Zuwendungen an eine Pensionskasse nur als Betriebsausgaben abziehen, soweit sie entweder auf einer in der Satzung oder im Geschäftsplan der Kasse festgelegten Verpflichtung oder auf einer Anordnung der Versicherungsaufsichtsbehörde beruhen oder der Abdeckung von Fehlbeträgen der Kasse dienen.[590] Die Pensionskasse soll nur die Zuwendungen erhalten, die sie tatsächlich benötigt, um ihre Versorgungsverpflichtungen zu finanzieren.[591]

Ebenso wie bei der Unterstützungskasse und der Direktversicherung dürfen auch bei der Pensionskasse die Zuwendungen nicht als Betriebsausgaben abgezogen werden, wenn die Leistungen der Kasse, wenn sie vom Trägerunternehmen unmittelbar erbracht würden, bei diesem nicht betrieblich veranlasst wären, vgl. § 4c Abs. 2 EStG.

Auf die Liquidität des Arbeitgebers in der Vorsorgephase wirkt es sich nachteilig aus, dass er bereits in diesem Zeitraum Beiträge an die Pensionskasse zu zahlen hat. Refinanzierungsmöglichkeiten des Arbeitgebers bestehen wegen der strengen Anlagevorschriften, an die die Pensionskasse gebunden ist, nur in sehr geringem Maße.[592]

5. Pensionsfonds, § 4e EStG

Gemäß § 4e Abs. 1 und 2 EStG sind die Beiträge des Arbeitgebers an den Pensionsfonds Betriebsausgaben, soweit sie auf einer festgelegten Verpflichtung beruhen oder der Abdeckung von Fehlbeträgen bei dem Fonds dienen und betrieblich veranlasst sind.

Die Beiträge des Trägerunternehmens dürfen im Übrigen nur als Betriebsausgaben abgezogen werden, sofern es sich um einen Pensionsfonds i. S. des § 112 VAG handelt und soweit die Leistungen des Fonds, wenn sie vom Trägerunternehmen unmittelbar erbracht würden, bei diesem betrieblich veranlasst wären.[593]

---

590 Vgl. Reichel/Heger, Betriebliche Altersversorgung, 2003, Rn. 629 ff.

591 Buttler, Einführung in die betriebliche Altersversorgung, 6. Aufl. (2012), Rn. 331.

592 Vgl. Buttler, Einführung in die betriebliche Altersversorgung, 6. Aufl. (2012), Rn. 342.

593 Mauch, in: Ernst & Young/VDR (Hrsg.), Altersvorsorge, 2. Aufl. (2004), D. Rn. 256.

Die steuerfreien Übertragung von Verpflichtungen aus Direkt- und Unterstützungskassenzusagen auf Pensionsfonds (vgl. § 3 Nr. 66 EStG) ermöglicht den Unternehmen zudem eine Verbesserung ihrer Eigenkapitalquote, wodurch sie im internationalen Vergleich Rating-Vorteile erzielen können.[594]

Die Refinanzierungsmöglichkeiten des Arbeitgebers, der durch die Beiträge an den Pensionsfonds bereits in der Vorsorgephase belastet wird, sind aufgrund der Anlagevorschriften äußerst begrenzt. Innerbetriebliche Finanzierungseffekte wie bei der Direktzusage oder der Unterstützungskassenzusage treten nicht ein.[595]

---

594 Reichel/Heger, Betriebliche Altersversorgung, 2003, Rn. 735; vgl. auch Bericht des Ausschusses für Arbeit und Sozialordnung, BT-Drucks. 14/5150.

595 Mauch, in: Ernst & Young/VDR (Hrsg.), Altersvorsorge, 2. Aufl. (2004), D. Rn. 272 f.

G. Beurteilung der derzeitigen Besteuerung der betrieblichen Altersversorgung unter Zuflussgesichtspunkten

Im Folgenden soll die derzeitige Besteuerung der verschiedenen Gestaltungsformen der betrieblichen Altersversorgung beim Arbeitnehmer unter Zuflussgesichtspunkten beurteilt werden. Dazu werden zunächst der Zufluss bei Entgeltumwandlung und anschließend der Zufluss bei einer direkten Versorgung durch den Arbeitgeber (Direktzusage) sowie der Zufluss bei der Versorgung unter Beteiligung Dritter (Unterstützungskasse, Direktversicherung, Pensionskasse, Pensionsfonds) behandelt.

I. Zufluss bei Entgeltumwandlung

1. Kein Zufluss durch die Entgeltumwandlungsabrede

Wird die betriebliche Altersversorgung nicht allein vom Arbeitgeber, sondern ganz oder teilweise auch durch Entgeltumwandlung finanziert, ist zu fragen, ob bereits der mit der Umwandlungsabrede verbundene „Verzicht" des Arbeitnehmers auf den ursprünglich vereinbarten Entgeltanspruch zu einem Einnahmezufluss von Einnahmen im Sinne von §§ 8 Abs. 1, 11 Abs. 1 EStG führen kann.

Wie § 1 Abs. 2 Nr. 3 BetrAVG herausstellt, sind Gegenstand der Entgeltumwandlung nur „künftige Entgeltansprüche" des Arbeitnehmers. Bei der Entgeltumwandlung handelt es sich - wie bereits erörtert - aus zivilrechtlicher Sicht um eine Schuldänderungsvereinbarung, die direkt auf das Arbeitsverhältnis als solches zugreift. Sie modifiziert die ursprüngliche Vergütungsabrede dahingehend, dass der bisherige (regelmäßig in Geld bestehende) Lohnanspruch des Arbeitgebers teilweise durch einen Versorgungsanspruch (bei der Direktzusage den Anspruch auf unmittelbare Versorgung durch den Arbeitgeber) ersetzt wird. Die Entgeltumwandlung wird also bereits wirksam, bevor der fragliche Entgeltanspruch überhaupt erst entstehen kann. Der Arbeitnehmer erlangt im Zuge der Entgeltumwandlung zu keinem Zeitpunkt wirtschaftliche Verfügungsmacht über ein in Geld oder Geldeswert bestehendes Gut. Die Entgeltumwandlungsabrede bewirkt deshalb als solche auch noch keinen gegenwärtigen Zufluss von Einnahmen. Vielmehr steht dem Arbeitnehmer aufgrund der Entgeltumwandlung als Vergütung für seine Arbeitsleistung von vornherein nur der Anspruch auf die betrieblichen Versorgungsleistungen zu.

Wird die Entgeltumwandlung erst vereinbart, nachdem der Arbeitnehmer die vereinbarte Arbeitsleistung schon erbracht hat und der umzuwandelnde konkrete Arbeitslohnanspruch entstanden ist, wäre dieser Vorgang streng genommen als Lohnverwendung einzuordnen, die einen sofortigen Arbeitslohnzufluss bewirkt. Infolgedessen wäre eine Entgeltumwandlung nicht mehr zulässig; es bliebe lediglich Raum für eine Eigenbeitragsfinanzierung (aus versteuertem und verbeitragtem Einkommen). Wenn die Finanzverwaltung die Entgeltumwandlung vereinfachend auch noch auf bereits erdiente, aber noch nicht fällig gewordene Entgeltbestandteile ausdehnt,[596] ist dies gleichwohl nicht zu beanstanden, da dies vor allem im Fall von Einmal- und Sonderzahlungen die praktische Handhabung deutlich vereinfachen dürfte.

2. Zufluss richtet sich nach gewähltem Durchführungsweg

Zu welchem Zeitpunkt es bei einer durch Entgeltumwandlung finanzierten Versorgungszusage zu einem Zufluss kommt, ist letztlich nicht anders zu beurteilen als bei einer arbeitgeberfinanzierten Versorgungszusage. Hier wie dort kommt es also letztlich auf den von den Beteiligten gewählten Durchführungsweg an. Die gegenwärtige Praxis[597] geht demnach zutreffend davon aus, dass sich der Zeitpunkt des Zuflusses von Arbeitslohn bei einer Entgeltumwandlung ebenso wie bei einer arbeitgeberfinanzierten betrieblichen Altersversorgung nach dem Durchführungsweg richtet.

II. Zufluss bei direkter Versorgung durch den Arbeitgeber

Die Direktzusage wird - wie bereits dargestellt - als Form der „internen“ betrieblichen Altersversorgung beim Arbeitnehmer seit jeher nachgelagert besteuert.[598] So gehen die Rechtsprechung[599], die Finanzverwaltung[600] und auch

---

596 BMF v. 24. Juli 2013, IV C 3 - S 2015/11/10002, Tz. 294.

597 Vgl. BMF v. 24. Juli 2013, IV C 3 - S 2015/11/10002, Tz. 291.

598 Vgl. Ahrend Förster/Rößler, Steuerrecht, 2. Teil, Rn. 1636 ff.; Barein, in: Littmann/Bitz/Pust, EStG, § 19 Rn. 179 ff.; Bick/Strohner, DStR 2005, 1033 (1035 f.); Breinersdorfer, in: Kirchhof/Söhn/Mellinghoff, EStG, § 19 Rn. B 713 und 727; Herrmann, in: Frotscher, EStG, § 19 Rn. 102; Höfer/Veit/Verhuven, BetrAVG, Band II, Rn. 820 f.; Pflüger, in: Herrmann/Heuer/Raupach, EStG, § 19 Rn. 377; Thürmer, in: Blümich, EStG, Loselbl., § 19 Rn. 305.

599 BFH v. 31. Oktober 1957, VI 1/54 U, BStBl. III 1958, 4 (5 f.); v. 29. Januar 1960, VI 202/59 U, BStBl. III 1960, 105 (106); v. 3. Juli 1964, VI 262/63 U, BStBl. III 1965, 83 (84 f.); v. 25. Oktober 1968, VI R 33/66, BStBl. II 1969, 187 (188).

600 BMF v. 24. Juli 2013, IV C 3 - S 2015/11/10002, Tz. 291.

das steuerliche Schrifttum[601] einvernehmlich davon aus, dass die Erteilung der Versorgungszusage durch den Arbeitgeber in der Vorsorgephase keine Steuerpflicht auslöst. Der Versorgungsberechtigte (d. h. der Arbeitnehmer selbst oder der Hinterbliebene) hat nach allgemeiner Auffassung erst die Leistungen, die er nach Eintritt des Versorgungsfalls ausbezahlt erhält, nach §§ 19 Abs. 1 Nr. 2, 38 ff. EStG als Arbeitslohn zu versteuern.

Fragt man, ob diese Besteuerungspraxis aus dem Blickwinkel des Zuflusses zutreffend ist, sind die verschiedenen Phasen bzw. Zeitpunkte zu betrachten, die für den rechtlichen Status der Direktzusage von Bedeutung sind. Dies sind in der Vorsorgephase zunächst die Erteilung der Direktzusage und der Eintritt der Unverfallbarkeit. Zudem bildet und erhöht der Arbeitgeber in seiner Bilanz Pensionsrückstellungen und sichert die Zusage ggf. durch eine Rückdeckungsversicherung ab. Mit Eintritt des Versorgungsfalls (z. B. Erreichen der Altersgrenze) beginnt die Versorgungsphase und schließlich werden die Leistungen an den Berechtigten ausgezahlt.

1. Vorsorgephase

a) Kein Zufluss durch Erteilung der Direktzusage

Voraussetzung für den Zufluss ist, dass der Steuerpflichtige wirtschaftliche Verfügungsmacht über Geld oder ein geldwertes Gut erlangt. Der Arbeitgeber erteilt die Zusage auf betriebliche Altersversorgung aufgrund des Arbeitsverhältnisses. Bei der Versorgungszusage handelt es sich also letztlich um nichts anderes als um eine spezielle Form einer Zusage auf Arbeitslohn.

Nach den für den Arbeitslohn geltenden Grundsätzen begründet allein der gegenüber dem Arbeitgeber bestehende Lohnanspruch - als Teil der Erwerbsgrundlage - noch keine wirtschaftliche Verfügungsmacht über ein geldwertes Gut. Ein bloßer Arbeitslohnanspruch führt damit selbst dann, wenn er durchsetzbar und fällig ist, noch nicht zu einem einkommensteuerlichen Zufluss. Der Zufluss erfordert vielmehr eine Nutzung der Erwerbsgrundlage durch die Erfüllung dieses Anspruchs, d. h. die Auszahlung der zugesagten Leistungen oder ein entsprechendes Erfüllungssurrogat.[602]

Mit der Erteilung der Versorgungszusage durch den Arbeitgeber erhält der Arbeitnehmer zunächst lediglich eine Versorgungsanwartschaft, d. h. einen unter

601 Ahrend/Förster/Rößler, 2. Teil, Rn. 1631 ff.; Breinersdorfer, in: Kirchhof/Söhn/Mellinghoff, EStG, § 19 Rn. B 713 und B 727; Thürmer, in: Blümich, EStG, Loselbl., § 19 Rn. 305.

602 Siehe Seite 55 ff.

einer aufschiebenden Bedingung (Eintritt des Versorgungsfalls) stehenden Anspruch.[603] Damit steht dem Arbeitnehmer in der Vorsorgephase noch weniger zu als ein vollwertiger (unbedingter) Lohnzahlungsanspruch.[604] Wenn aber selbst ein fälliger und durchsetzbarer Anspruch gegen den Arbeitgeber noch keinen Lohnzufluss begründet, kann dies für eine bloße Anwartschaft - als minus- erst recht nicht gelten. Die bloße Erteilung einer (unmittelbaren) Versorgungszusage durch den Arbeitgeber begründet damit noch keinen Arbeitslohnzufluss.

b) Kein Zufluss durch Eintritt der Unverfallbarkeit

Die Unverfallbarkeit bewirkt zunächst, dass die Versorgungsanwartschaft dem Berechtigten auch bei einem Arbeitgeberwechsel nicht mehr entzogen werden kann.[605] Ferner beginnt mit dem Eintritt der Unverfallbarkeit die gesetzliche Insolvenzsicherung nach §§ 7 ff. BetrAVG zu greifen.[606] Mithin erreicht die Anwartschaft bei Eintritt der Unverfallbarkeit eine höhere Stufe der Sicherheit.

Aus steuerlicher Sicht stellt indes auch eine unentziehbare und gesetzlich insolvenzgeschützte Versorgungsanwartschaft nicht mehr dar als ein Anspruch gegen den Arbeitgeber, der als solcher für den einen Arbeitslohnzufluss noch nicht ausreicht. Es kommt dadurch weder zur Erfüllung, noch handelt es sich um einen vergleichbaren Vorgang. Der Eintritt der Unverfallbarkeit ist deshalb für den Zuflusszeitpunkt nicht von Bedeutung.

c) Kein Zufluss durch Bildung einer Pensionsrückstellung

Auch die Bildung oder Erhöhung von Pensionsrückstellungen durch den Arbeitgeber hat keinerlei Einfluss auf den Zufluss beim Arbeitnehmer. Es handelt sich dabei um rein bilanztechnische Vorgänge, deren steuerliche Auswirkungen sich auf die einkommensteuerliche bzw. körperschaftsteuerliche Behandlung des Arbeitgebers beschränken.

Missverständlich ist in diesem Zusammenhang der Hinweis, dass „die Zuführungen zu einer Pensionsrückstellung (…) für den Arbeitgeber zwar Aufwand, aber noch keine Ausgabe und dementsprechend für den Arbeitnehmer noch keine Einnahme" darstellten.[607] Denn auf eine Korrespondenz im Sinne

603 Siehe Seite 78.
604 Vgl. BFH v. 2. März 1993, VIII R 13/91, BStBl. II 1993, 602 (603 f.)
605 Siehe Seite 118 ff.
606 Siehe Seite 120 ff.
607 Ahrend/Förster/Rößler, Steuerrecht der betrieblichen Altersversorgung, 2. Teil, Rn. 1637.

einer spiegelbildlichen Verknüpfung zwischen einer Ausgabe des einen und einer Einnahme des anderen Steuerpflichtigen kommt es nach deutschem Einkommensteuerrecht nicht an. Eine Ausgabe des Arbeitgebers, die seinem Arbeitnehmer in irgendeiner Weise zugutekommt, führt deshalb keinesfalls zwingend zu einem Arbeitslohnzufluss. Andererseits setzt der Zufluss von Arbeitslohn auch keine Ausgabe des Arbeitgebers voraus. Zwar kann unter bestimmten Voraussetzungen bereits eine bloße Gutschrift in den Büchern des Arbeitgebers einen Zufluss von Arbeitslohn bewirken. Dafür wäre allerdings eine Disposition des Arbeitnehmers nötig, die bei der betrieblichen Altersversorgung über eine Direktzusage typischerweise nicht vorliegt.

Finanziert der Arbeitgeber die Zusage selbst, gewährt er sie (zumindest gedanklich) zusätzlich zum regulären Arbeitslohn. Aber auch die durch Entgeltumwandlung finanzierte Zusage ist von vornherein allein auf die Erbringung von Altersversorgungsleistungen gerichtet. Dem Arbeitnehmer steht hier also kein (zukünftiger) Arbeitslohnanspruch zu, über den er in einer einen Arbeitslohnzufluss begründender Weise verfügen könnte.

Die - gesetzlich vorgesehene - bilanzielle Erfassung der Direktzusage durch den Arbeitgeber (in Form einer Rückstellung) führt deshalb beim Arbeitnehmer nicht zu einem Zufluss von Arbeitslohn.

d) Kein Zufluss durch Abschluss einer Rückdeckungsversicherung

Auch den Abschluss einer Rückdeckungsversicherung, bei der der Arbeitgeber eine Versicherung auf das Leben bzw. die Gesundheit des Arbeitnehmers abschießt, sich aber das Bezugsrecht vorbehält, wird zu Recht keine Bedeutung für den Zuflusszeitpunkt beigemessen. Ziel des Arbeitgebers ist es hier, mithilfe der Versicherung seine eigenen, durch die Versorgungszusage begründeten Leistungspflichten rückzudecken. Die Zahlung der Versicherungsbeiträge erfolgt mithin im ganz überwiegenden eigenbetrieblichen Interesse des Arbeitgebers,[608] weshalb die Versicherungsbeiträge von vornherein nicht als Arbeitslohn qualifiziert werden können.[609] Ähnlich wie die Pensionsrückstellung dient die Rückdeckungsversicherung letztlich der Finanzierung der Direktzusage. Die damit verbundene Absicherung des Versorgungsanspruchs kommt zwar mittelbar auch dem Arbeitnehmer zugute; dies ist für den Zufluss aber nicht von Belang. Mithilfe der Rückdeckungsversicherung wird zwar die Erfüllbarkeit des Anspruchs

608 So zutreffend auch Breinersdorfer, in: Kirchhof/Söhn/Mellinghoff, EStG, § 19 Rn. B 731.

609 Siehe Seite 130.

abgesichert, der Abschluss der Versicherung bewirkt als solcher aber noch keine Erfüllung der zugesagten Leistung. Auch bei Abschluss einer Rückdeckungsversicherung kommt es deshalb bei der Direktzusage in der Vorsorgephase nicht zu einem Zufluss von Arbeitslohn.

2. Versorgungsphase

a) Kein Zufluss durch Eintritt des Versorgungsfalls

Wenn die Anwartschaft mit Eintritt des Versorgungsfalls (z. B. bei Erreichen der Altersgrenze) zum Vollrecht erstarkt, steht dem Berechtigten zunächst nur ein Anspruch auf die Versorgungsleistungen zu. Dieser allein gegen den (früheren) Arbeitgeber gerichtete Versorgungsanspruch unterscheidet sich von einem Anspruch auf regulären, d. h. in zeitlicher Nähe zu der erbrachten Arbeitsleistung auszuzahlendem Arbeitslohn im Wesentlichen durch den vereinbarten Auszahlungszeitpunkt. Der Versorgungsanspruch ist im Hinblick auf den Zufluss nicht anders zu beurteilen als andere Ansprüche des Arbeitnehmers auf Arbeitslohn. Ebenso wie der reguläre Arbeitslohn fließt deshalb auch der in Form von Versorgungsleistungen zu leistende Arbeitslohn erst in dem Zeitpunkt zu, in dem der Arbeitgeber den Anspruch tatsächlich erfüllt, d. h. in der Regel die Versorgungsleistungen an den Berechtigten auszahlt. Auch der Bedingungseintritt führt deshalb noch nicht zu einem Lohnzufluss.

b) Zufluss mit Auszahlung der Versorgungsleistungen

Wirtschaftliche Verfügungsmacht über die zugesagte Vermögensmehrung (Versorgung) erhält der Berechtigte bei der Direktzusage regelmäßig erst, wenn der Arbeitgeber die Leistungen tatsächlich an ihn auszahlt. Erst zu diesem Zeitpunkt ist ein Zufluss von Einnahmen zu verzeichnen und wird die Leistungsfähigkeit des Steuerpflichtigen erhöht. Als Gegenleistungen für die erbrachte Arbeitsleistung und - jedenfalls bei arbeitgeberfinanzierten Zusagen auch die Betriebstreue - sind die Zahlungen den Einkünften aus nichtselbständiger Tätigkeit zuzuordnen.

3. Besteuerungszeitpunkt bei Direktzusagen ist zutreffend

Die derzeit - wie auch schon vor Inkrafttreten des Alterseinkünftegesetzes - praktizierte nachgelagerte Besteuerung der Direktzusage ist aus steuersystematischer Sicht zutreffend. Die nachgelagerte Besteuerung zum Zeitpunkt der Auszahlung der Versorgungsleistungen folgt zwingend aus der konsequenten Anwendung des Zuflussprinzips. Bei der Direktzusage fließen dem Arbeitnehmer erst zu diesem Zeitpunkt Einnahmen i. S. d. §§ 8 Abs. 1, 11 Abs. 1 EStG zu. Die Leistungen aus einer Direktzusage werden deshalb richtigerweise den nachträglichen Einkünften aus nichtselbständiger Tätigkeit nach § 19 Abs. 1 Nr. 2 EStG zugeordnet.

III. Zufluss bei Versorgung unter Beteiligung Dritter - derzeitige Rechtspraxis

Die verschiedenen Formen der betrieblichen Altersversorgung unter Beteiligung Dritter (mittelbare Durchführungswege) werden derzeit in der Praxis unterschiedlich besteuert. Die Unterstützungskassenzusage zählt steuerlich ebenso wie die Direktzusage zur vollständig nachgelagert besteuerten „internen" betrieblichen Altersversorgung. Die Direktversicherung, die Pensionskasse sowie der Pensionsfonds werden dagegen als „externe" Durchführungswege nur eingeschränkt nachgelagert besteuert.

Diese Unterscheidung beruht darauf, dass insoweit von unterschiedlichen Zuflusszeitpunkten ausgegangen wird: So sollen bereits die (laufenden) Beiträge und Zuwendungen, die der Arbeitgeber an einen Pensionsfonds, an eine Pensionskasse oder für eine Direktversicherung zum Zwecke einer betrieblichen Altersversorgung zahlt, beim Arbeitnehmer zu einem Zufluss von Arbeitslohn führen. Erfolgt die betriebliche Altersversorgung dagegen über eine Unterstützungskasse, sollen nicht bereits die Zuwendungen des Arbeitgebers an die Kasse, sondern erst die Auszahlung der Versorgungsbezüge einen Arbeitslohnzufluss bewirken.

1. Auffassung der Rechtsprechung

Nach ständiger Rechtsprechung des Bundesfinanzhofs ist von einem gegenwärtigen Zufluss von Einnahmen in Form der Erlangung wirtschaftlicher Verfügungsmacht über Güter in Geld oder Geldeswert immer dann auszugehen, wenn der Arbeitgeber die Altersversorgungsbeiträge an eine Versorgungseinrichtung zahlt, die dem Arbeitnehmer einen eigenen Rechtsanspruch auf die künftige Versorgung gewährt.[610] Ein solcher Vorgang stelle sich - wirtschaftlich betrachtet - so dar, als ob der Arbeitgeber dem Arbeitnehmer Mittel zur Verfügung stelle und dieser sie zum Erwerb der Zukunftssicherung verwende.[611]

610 BFH v. 5. Juli 2007, VI R 47/02, BFH/NV 2007, 1876 (1877); v. 20. Juli 2005, VI R 165/01, BStBl. II 2005, 890 (891 f.); v. 27. Mai 1993, VI R 19/92, BStBl. II 1994, 246 (248); v. 13. April 1976, VI R 216/72, BStBl. II 1976, 694 (696).

611 BFH v. 16. April 1999, VI R 60/96, BStBl. II 2000, 406 (407); v. 7. Februar 1990, X R 36/86, BStBl. II 1990, 1062 (1064).

a) *Direktversicherung, Pensionskasse und Pensionsfonds*

Entrichtet der Arbeitgeber Beiträge für die Altersversorgung seines Arbeitnehmers an eine Direktversicherung, soll dies nach Rechtsprechungsansicht bereits im Zeitpunkt der Verausgabung zu grundsätzlich steuerpflichtigem Arbeitslohn führen.[612] Der Arbeitgeber habe hier nach dem Innenverhältnis mit dem Arbeitnehmer lediglich die Pflicht, die Beiträge für die Versorgung des Arbeitnehmers einzubehalten. Zum laufend zufließenden Arbeitslohn zählt der Bundesfinanzhof außerdem auch Beiträge des Arbeitgebers an eine Pensionskasse[613] oder einen Pensionsfonds[614], durch die der Arbeitnehmer ebenfalls einen unmittelbaren Rechtsanspruch gegen die Versorgungseinrichtung erlangt.

Darauf, ob die Ansprüche rechtlich und wirtschaftlich als sicher anzusehen sind, soll es nach der Rechtsprechung nicht ankommen.[615] Auch ob der Anspruch aufschiebende oder auflösend bedingt ist (z. B. bei Verfallbarkeit bei vorzeitiger Beendigung des Dienstverhältnisses) soll nicht von Bedeutung sein.[616] Entscheidend sei allein, dass eine Versorgung des Arbeitnehmers bei einem regelgerechten Verlauf gewährleistet werden könne.[617] Gehen die Beiträge gleichwohl verloren, wird davon ausgegangen, dass sie als negative Einnahmen bzw. Werbungskosten anzusetzen sind.[618]

b) *Unterstützungskasse*

Leistet der Arbeitgeber dagegen Zuwendungen an eine Unterstützungseinrichtung, die dem Arbeitnehmer keinen Rechtsanspruch einräumt, sind nach Rechtsprechungsansicht erst die (laufenden) Bezüge als Arbeitslohn zu qualifizieren,

---

612 BFH v. 12. April 2007, VI R 55/05, BStBl. II 2007, BStBl. II 2007, 619 (621); v. 22. November 2006, X R 29/05, X R 29/05, BStBl. II 2007, 402 (406); v. 16. April 1999, VI R 60/96, BStBl. II 2000, 406 (407); v. 20. November 1987, VI R 91/84, BFH/NV 1988, 564 (565).

613 BFH v. 12. September 2001, VI R 154/99, BStBl. II 2002, 22 (24); v. 30. Mai 2001, VI R 159/99, BStBl. II 2001, 815 (817 f.); BFH v. 15. Juli 1977, VI R 109(74, BStBl. II 1977, 761 (763).

614 BFH v. 5. Juli 2007, VI R 47/02, BFH/NV 2007, 1876 (1877).

615 BFH v. 27. Mai 1993, VI R 19/92, BStBl. II 1994, 246 (248); v. 14. Mai 1982, VI R 124/77, BStBl. II 1982, 469 (472); v. 11. Oktober 1974, VI R 173/71, BStBl. II 1975, 275 (277).

616 Vgl. BFH v. 5. Juli 2007, VI R 47/02, BFH/NV 2007, 1876 (1877).

617 BFH v. 16. Mai 1975, VI R 165/72, BStBl. II 1975, 642 (644 f.)

618 Vgl. BFH v. 5. Juli 2007, VI R 47/02, BFH/NV 2007, 1876 (1877); Paetsch, HFR 2007, 984 (984).

die der Arbeitnehmer über die Versorgungseinrichtung ausgezahlt erhält.[619] In diesem Fall werde das sich aus der Versorgungszusage ergebende Versprechen des Arbeitgebers erst mit der Zahlung der Versorgungsbezüge erfüllt.[620] Folglich sollen bei der Versorgung über eine Unterstützungskasse, bei der die Zuwendungen des Arbeitgebers - zumindest formal gesehen (vgl. § 1b Abs. 4 BetrAVG) - nicht zum Erwerb eines Rechtsanspruch des Arbeitnehmers gegen die Kasse führen, erst die an den Begünstigten ausgezahlten Versorgungsbezüge als Arbeitslohn zu erfassen sein.[621] Darauf, ob die Leistungen gleichwohl als wirtschaftlich und rechtlich sicher angesehen werden können, weil der Begünstigte gegenüber dem Arbeitgeber einen entsprechenden arbeitsrechtlichen Anspruch durchsetzten kann, soll es nicht ankommen. Auch der dem Begünstigten durch das Bundesarbeitsgericht zugestandene „Quasi-Rechtsanspruch" gegenüber der Unterstützungskasse wird für den steuerlichen Zufluss als nicht ausreichend erachtet.[622] Die Zuwendungen an die Unterstützungskasse dienten lediglich dazu, die Erfüllbarkeit der Arbeitgeberverpflichtung aus der Pensionszusage rückzudecken. Ebenfalls für den Zufluss nicht von Belang soll sein, ob die Unterstützungskasse ihrerseits zur Absicherung ihrer Leistungen eine Rückdeckungsversicherung abgeschlossen habe.[623]

2. Umsetzung durch den Gesetzgeber

Der Gesetzgeber ordnet durch § 19 Abs. 1 Nr. 3 Satz 1 EStG alle Beiträge und Zuwendungen des Arbeitgebers an einen Pensionsfonds, eine Pensionskasse und eine Direktversicherung für die betriebliche Altersversorgung seines Arbeitnehmers bei diesem den Einnahmen aus nichtselbständiger Tätigkeit zu. Wie sich

---

619 BFH v. 28. März 1958, VI 233/56 S, BStBl. III, 268 (268 ff.); v. 5. November 1992, I R 61/89, BStBl. II 1993, 185 (187); v. 27. Mai 1993, VI R 19/92, BStBl. II 1994, 246 (248); v. 16. September 1998, VI B 155/98, BFH/NV 1999, 457 (458); vgl. auch Ahrend Förster/Rößler, Steuerrecht, 3. Teil, Rn. 248; Breinersdorfer, in: Kirchhof/Söhn/Mellinghoff, EStG, § 19 Rn. B 736; Höfer/Veit/Verhuven, BetrAVG, Band II, Rn. 1436.

620 BFH v. 27. Mai 1993, VI R 19/92, BStBl. II 1994, 246 (248).

621 BFH v. 16. September 1998, VI B 155/98, BFH/NV 1999, 457 (458); v. 5. November 1992, I R 61/89, BStBl. II 1993, 185 (187); v. 27. Mai 1993, VI R 19/92, BStBl. II 1994, 246 (248); v. 28. März 1958, VI 233/56 S, BStBl. III 1958, 268 (268 ff.).

622 Vgl. BFH v. 28. März 1958, VI 233/56 S, BStBl. III 1958, 268 (269 f.); FG Köln v. 17. Dezemer 1997, 12 k 824/92, 875 (876).

623 BFH v. 27. Mai 1993, VI R 19/92, BStBl. II 1994, 246 (248).

aus der Gesetzesbegründung[624] zum Jahressteuergesetz 2007 ergibt, wollte der Gesetzgeber damit vor allem diejenigen Arbeitgeberzahlungen erfassen, durch die die Arbeitnehmer eigene Rechtsansprüche auf Leistungen gegen die genannten Versorgungseinrichtungen erwerben.

Demgegenüber hat der Gesetzgeber Unterstützungskassen weder in § 19 Abs. 1 Nr. 3 EStG einbezogen, noch eine entsprechende Regelung für diesen Durchführungsweg getroffen. Damit hat sich der Gesetzgeber einerseits das Abgrenzungskriterium der Rechtsprechung zu Eigen gemacht, wonach Arbeitgeberbeiträge an eine betriebliche Versorgungseinrichtung immer dann zu einem sofortigen Arbeitslohnzufluss führen sollen, wenn der Arbeitnehmer hierdurch einen sofortigen Rechtsanspruch erwirbt. Ebenso wie die Rechtsprechung geht der Gesetzgeber offenbar davon aus, dass dieses Kriterium lediglich bei einer betrieblichen Altersversorgung über die Durchführungswege Direktversicherung, Pensionskasse und Pensionsfonds erfüllt wird. Gleichzeitig hat er implizit die herkömmliche Praxis gebilligt, wonach bei der Unterstützungskassenversorgung erst die Kassenleistungen beim Versorgungsempfänger als nachträgliche Einkünfte aus nichtselbständiger Arbeit gemäß § 19 Abs. 1 Nr. 2 EStG zu erfassen sind.

3. Auffassung der Finanzverwaltung

Das Bundesfinanzministerium führt in dem BMF-Schreiben vom 24. Juli 2013[625] aus, dass bei der Versorgung über eine Direktversicherung, eine Pensionskasse oder einen Pensionsfonds Zufluss von Arbeitslohn im Zeitpunkt der Zahlung der Beiträge durch den Arbeitgeber an die entsprechende Versorgungseinrichtung vorliege. Erfolge die Beitragszahlung durch den Arbeitgeber vor „Versicherungsbeginn“, liege ein Zufluss von Arbeitslohn jedoch erst im Zeitpunkt des „Versicherungsbeginns“ vor. Erfolgt die Versorgung über eine Unterstützungskasse (sowie über eine Direktzusage), soll dagegen nach Auffassung des Bundesfinanzministeriums der Arbeitslohn erst im Zeitpunkt der Zahlung der Altersversorgungsleistungen an den Arbeitnehmer zufließen. Ohne dies ausdrücklich zu erwähnen, stellt also auch das Bundesfinanzministerium hinsichtlich des Zuflusszeitpunkts darauf ab, ob der Arbeitnehmer durch die Beitragszahlung einen unmittelbaren Rechtsanspruch gegen die Versorgungseinrichtung erlangt.

---

624 BT-Drucks. 16/2712, S. 45.

625 BMF v. 24. Juli 2013, IV C 3 - S 2015/11/10002, Tz. 291.

IV. Wertungswidersprüche und Inkonsequenzen bei der Anwendung des Kriteriums des Rechtsanspruchs

Akzeptiert man mit der ganz überwiegenden Ansicht den Erwerb eines eigenen Rechtsanspruchs als ausschlaggebendes Zuflusskriterium, ist die derzeitige Umsetzung nicht immer schlüssig. Dies gilt namentlich in Bezug auf die Besteuerung des Durchführungswegs der Unterstützungskasse, teils aber auch in Bezug auf die betriebliche Altersversorgung über eine Direktversicherung, aber auch für die gesetzlichen Regelungen in § 19 Abs. 1 Nr. 3 EStG, soweit sie sich auf laufende Beiträge und Sonderzahlungen zur umlagefinanzierten betrieblichen Altersversorgung erstreckt.

1. Unterstützungskasse

Bei der Unterstützungskasse ist die arbeits- und versicherungsrechtliche Situation in Bezug auf die Einräumung eines unmittelbaren Rechtsanspruchs, der auch für die steuerliche Beurteilung entscheidend sein soll, nicht ganz eindeutig.

Einerseits ist der Ausschluss des Rechtsanspruchs auf die Kassenleistungen nach § 1b Abs. 4 BetrAVG zwingendes Begriffsmerkmal der Unterstützungskasse; gerade hierdurch unterscheidet sie sich insbesondere von der Pensionskasse, vgl. § 1b Abs. 3 Var. 1 BetrAVG. So ist der Ausschluss des Rechtsanspruchs zwingend in der Satzung oder im Leistungsplan der Unterstützungskasse festzulegen.[626] Zudem steht der Ausschluss des Rechtsanspruchs in einem sachlichen und systematischen Zusammenhang mit der Freistellung der Unterstützungskasse von der Versicherungsaufsicht, vgl. § 1 Abs. 3 VAG, und der Begrenzung der als Betriebsausgaben abzugsfähigen Zuführungen des Trägerunternehmens nach Maßgabe des Kapitaldeckungsverfahrens.[627]

Andererseits können auch Unterstützungskassenzusagen - ebenso wie andere betriebliche Versorgungszusagen - nach der arbeitsgerichtlichen Rechtsprechung nur aus besonderem sachlichen Grund widerrufen werden, namentlich bei wirtschaftlicher Gefährdung bzw. Notlage des Trägerunternehmens.[628] Infolgedessen hat das Bundesarbeitsgericht - wie bereits dargestellt - dem einzelnen Arbeitnehmer ungeachtet der Satzungsbestimmungen und der aufsichtsrechtlichen

---

626 Vgl. Gosch, in: Kirchhof/Söhn/Mellinghoff, EStG, § 4d Rn. B 4.

627 BFH v. 5. November 1992, I R 61/89, BStBl. II 1993, 185 (187); Weber-Grellet, in: Schmidt, EStG, 32. Aufl. (2013), § 4d Rn. 4.

628 Vgl. dazu Ahrend/Förster/Rößler, Steuerrecht der betrieblichen Altersversorgung, 3. Teil, Rn. 65 f.

Beurteilung in gesetzesändernder Rechtsfortbildung[629] letztlich doch einen Rechtsanspruch auf die Leistungen der Unterstützungskasse eingeräumt. Der Anspruch kann zwar unter gewissen Umständen (vor allem, wenn die Kasse die Leistung verweigert) auch unmittelbar das Trägerunternehmen betreffen; primär richtet sich der Anspruch jedoch gegen die Unterstützungskasse. Anders als bei einer Rückdeckungsversicherung erschöpfen sich die wirtschaftlichen Folgen damit nicht in einer bloßen Absicherung der Arbeitgeberverpflichtung.[630] Vielmehr sind die Versorgungsansprüche gegen Unterstützungskassen aufgrund der arbeitsrechtlichen Rechtsprechung im Ergebnis ähnlich verfestigt wie Ansprüche gegen Pensionskassen, so dass sie diesen im Ergebnis wirtschaftlich gleichstehen.[631]

Die Praxis hat für das Steuerrecht die dargestellte arbeitsrechtliche Beurteilung nicht nachvollzogen, sondern hält nach wie vor an der formalrechtlichen Unterscheidung fest. Dies gilt zunächst auf Seiten des Arbeitgebers in Bezug auf die Anwendung von § 4d EStG, der den Unterstützungskassen gegenüber dem für Pensionskassen geltenden § 4c EStG nur einen eingeschränkten Abzug der Zuwendungen ermöglicht.[632] Darüber hinaus betrifft es vor allem die Beurteilung des lohnsteuerlichen Zuflusses beim Arbeitgeber.[633] Denn wie bereits dargestellt, sollen ungeachtet des aus materieller Sicht sehr wohl bestehenden Rechtsanspruchs gegen die Unterstützungskasse anders als beispielsweise bei der Pensionskasse nicht schon die Arbeitgeberbeiträge in der Vorsorgephase, sondern erst die Versorgungsleistungen einen Arbeitslohnzufluss bewirken. Der Bundesfinanzhof sieht insoweit das Außenverhältnis zwischen der Unterstützungskasse und dem Begünstigten als ausschlaggebend an, das allein durch die Satzung der Versorgungskasse bzw. einen rechtsgeschäftlichen Ausschluss des Rechtsanspruchs geprägt wird.[634] Die arbeitsrechtliche Lage bleibt dagegen völlig unberücksichtigt.

Für den Zufluss, d. h. die Erlangung der wirtschaftlichen Verfügungsmacht über Geld oder ein geldwertes Gut, kommt es jedoch nicht nur auf die zwischen den Beteiligten bestehenden Vereinbarungen (Kassensatzung) an, sondern es

629 Weber-Grellet, in: Schmidt, EStG, 32. Aufl. (2013), § 4d Rn. 5.

630 So aber wohl Breinersdorfer, in: Kirchhof/Söhn/Mellinghoff, EStG, § 19 Rn. B 736.

631 Vgl. Gosch, in: Kirchhof/Söhn/Mellinghoff, EStG, § 4d Rn. B 6.

632 Vgl. BFH v. 5. November 1992, I R 61/89, BStBl. II 1993, 185 (185 ff.); BFH v 18. Mai 1984, III R 38/79, BStBl. II 1984, 741 (742 ff.); kritisch dazu Gosch, in Kirchhof/Söhn/Mellinghoff, EStG, § 4d Rn. B 7 f.

633 BFH v. 27. Mai 1993, VI R 19/92, BStBl. II 1994, 246 (247 f.)

634 Vgl. dazu Gosch, in: Kirchhof/Söhn/Mellinghoff, EStG, § 4d Rn. A 36.

ist die rechtliche und wirtschaftliche Lage des Steuerpflichtigen insgesamt zu berücksichtigen.[635] Aus Sicht des begünstigten Arbeitnehmers macht es aber keinen Unterschied mehr, ob er „nur" eine Zusage auf Leistungen einer Unterstützungskasse erhält, oder ob ihm die Versorgungseinrichtung auch formal einen Rechtsanspruch einräumt. Wirtschaftlich gesehen steht der Arbeitnehmer bei einer Unterstützungskassenzusage nicht anders da, als wenn ihm der Arbeitgeber eine Versorgung durch eine Pensionskasse (bzw. eine Direktversicherung oder einen Pensionsfonds) verspricht.[636] Eine unterschiedliche steuerliche Behandlung der Unterstützungskasse (volle nachgelagerte Besteuerung) und der übrigen Formen mittelbarer Versorgung (begrenzte nachgelagerte Besteuerung) erscheint deshalb unter Zufluss- und damit auch unter Leistungsfähigkeitsgesichtspunkten verfehlt.

2. Direktversicherung mit widerruflichem Bezugsrecht

Soll der Erwerb des Rechtsanspruchs das entscheidende Zuflusskriterium sein, stellt sich weiter die Frage, warum die Beitragszahlungen für eine Direktversicherung unabhängig davon einen Arbeitslohnzufluss bewirken sollen, ob dem Arbeitnehmer versicherungsrechtlich ein widerrufliches oder ein unwiderrufliches Bezugsrecht zusteht. Denn ist das Bezugsrecht widerruflich, bleibt der Arbeitgeber bis zum Eintritt des Versorgungsfalls Inhaber des Versicherungsanspruchs.[637] Dem Arbeitnehmer steht dagegen in der Vorsorgephase noch nicht der von der h. M. für den Zufluss vorausgesetzte Rechtsanspruch gegen einen Dritten zu, sondern lediglich eine schwache Anwartschaft. Ein Unterschied zu einer reinen Rückdeckungsversicherung, durch die sich der allein bezugsberechtigte Arbeitgeber die Mittel verschafft, um seine Versorgungszusage gegenüber dem Arbeitnehmer erfüllen zu können, ist hier kaum auszumachen.[638]

Indessen wird die Position des Arbeitnehmers auch bei der Direktversicherung mit widerruflichem Bezugsrecht durch das Arbeitsrecht, namentlich das Betriebsrentengesetz, gestärkt. So verpflichtet § 1b Abs. 2 BetrAVG den Arbeitgeber, das Bezugsrecht nach Eintritt der Unverfallbarkeit nicht mehr zu widerrufen und, falls er den Anspruch aus dem Versicherungsvertrag abgetreten oder beliehen hat, den Arbeitnehmer so zu stellen, als ob die Abtretung oder Beleihung nicht erfolgt wäre. Bei Entgeltumwandlungszusagen (die gemäß § 1b

---

635 Vgl. dazu Gosch, in: Kirchhof/Söhn/Mellinghoff, EStG, § 4d Rn. B 7 f.

636 Birk, StuW 1999, 321 (323); Birk/Wernsmann, DB 1999, 166 (168).

637 Siehe Seite 85 f.

638 Vgl. Birk, DB 1999, 166 (168).

Abs. 5 Satz 1 BetrAVG stets sofort unverfallbar sind) ist der Arbeitgeber nach § 1b Abs. 5 Satz 2 BetrAVG gehalten, dem Arbeitnehmer sofort ein unwiderrufliches Bezugsrecht einzuräumen. Dass der Arbeitgeber dem Arbeitnehmer gleichwohl pflichtwidrig nur ein widerrufliches Bezugsrecht verschafft, dürfte in der Praxis äußerst selten sein. Allein die Möglichkeit einer nachteiligen versicherungsvertraglichen Gestaltung dürfte deshalb eine (bei einer Lohnverwendung zu unterstellende) Investitionsentscheidung des Arbeitnehmers im Ergebnis kaum behindern.

Warum allerdings in einem Fall (Unterstützungskasse mit „Quasi-Rechtsanspruch“) schon beim Arbeitnehmer verbleibende geringe Unsicherheiten den Zufluss hindern sollen,[639] während solche im andern Fall (Direktversicherung mit widerruflichem Bezugsrecht) für unbeachtlich gehalten werden, ist nicht nachvollziehbar. Die Leistungsfähigkeit, d. h. die Fähigkeit, Steuern zu zahlen, ist im zweiten Fall keinesfalls höher als im ersten. Eine unterschiedliche steuerliche Behandlung erscheint deshalb nicht sachgerecht.

3. Laufende Beiträge zur umlagefinanzierten betrieblichen Altersversorgung

Zu steuersystematisch fragwürdigen Ergebnissen führt das gegenwärtige Recht auch im Bereich der umlagefinanzierten betrieblichen Altersversorgung. So misst das Gesetz in § 19 Abs. 1 Nr. 3 Satz 1 EStG - in Übereinstimmung mit der Rechtsprechung des Bundesfinanzhofs[640] - laufenden Beiträgen an eine Pensionskasse bzw. eine Zusatzversorgungseinrichtung des privaten oder öffentlichen Dienstes auch dann Arbeitslohncharakter bei, wenn die Versorgung nicht durch individuelle Kapitalansammlung, sondern durch Umlagen finanziert wird.

Die grundlegenden Unterschiede zwischen dem Kapitaldeckungsverfahren und dem Umlageverfahren bleiben dabei im Ergebnis unberücksichtigt. Zwar werden auch bei der umlagefinanzierten betrieblichen Altersversorgung Anwartschaftsrechte des Arbeitnehmers gegen die Versorgungseinrichtung begründet. Die Umlagemittel werden aber nicht für die Versorgung des Arbeitnehmers

---

639 So wird argumentiert, die Rechtsposition des Arbeitnehmers gegenüber der Unterstützungskasse stehe einem Anspruch auf Versorgungsleistungen aus steuerlicher Sicht nicht gleich, weil als „ultima ratio“ eine ersatzlose Kürzung der Kassenleistungen möglich bleibe, vgl. Breinersdorfer, in: Kirchhof/Söhn/Mellinghoff, EStG, § 19 Rn. B 734.

640 BFH v. 14. September 2005, VI R 32/04, BStBl. II 2006, 500 (502); v. 15. Februar 2006, VI R 92/04, BStBl. II 2006, 528 (529); v. 7. Mai 2009, VI R 8/07, BStBl. II 2010, 194 (195).

angespart, sondern dienen der Finanzierung der Leistungen an die Versorgungsempfänger. Der Wert der Anwartschaft des Arbeitnehmers steht deshalb im Zeitpunkt der Umlagezahlung noch nicht fest; die Höhe der Versorgung richtet sich vielmehr nach dem allgemeinen Leistungsniveau bei seinem Renteneintritt.[641]

Dessen ungeachtet soll es nach Ansicht des Bundesfinanzhofs für eine Lohnzuwendung ausreichen, dass der aktive Arbeitnehmer durch die Teilnahme an dem kollektiven Finanzierungsverfahren Anwartschaftsrechte auf künftige Versorgung erwerbe. Die jeweils vom Arbeitgeber gezahlte, versicherungsmathematisch korrekt berechnete Umlage „repräsentiere" hier die Anwartschaft.[642]

Die Argumentation des Bundesfinanzhofs überzeugt jedoch nicht und wird zu Recht kritisiert.[643] Arbeitslohn setzt den gegenwärtigen Zufluss eines wirtschaftlichen Werts, d. h. eines bestimmten oder bestimmbaren Betrages voraus. An einem solchen fehlt es aber, wenn die Finanzierung im Umlageverfahren erfolgt.[644] Im Zeitpunkt der Umlagezahlung kommt es nicht zu einer objektiven Bereicherung und zu einem Arbeitslohnzufluss beim Arbeitnehmer. Die Umlagezahlung dient vielmehr dem eigenbetrieblichen Interesse des Arbeitnehmers bzw. kommt (mittelbar) den Versorgungsempfängern zugute.[645] Dass Beitragszahlungen des Arbeitgebers an eine Pensionskasse auch dann Arbeitslohncharakter beigemessen wird, wenn diese im Umlageverfahren arbeitet, ist daher unter Zuflussgesichtspunkten zweifelhaft.

4. Sonderzahlungen in Zusammenhang mit der umlagefinanzierten betrieblichen Altersversorgung

§ 19 Abs. 1 Nr. 3 EStG ordnet dem Arbeitslohn in Sätzen 2 bis 4 nunmehr auch bestimmte Sonderzahlungen zu, die der Arbeitgeber neben den laufenden Zuwendungen an einen Pensionsfonds, eine Pensionskasse oder für eine Direktversicherung leistet. Als Regelbeispiele nennt das Gesetz insbesondere Sonderzahlungen des Arbeitsgebers anlässlich seines Ausscheidens aus einer nicht im Wege der Kapitaldeckung finanzierten (also umlagefinanzierten) betrieblichen Altersversorgung oder eines Wechsels von einem umlagefinanzierten

---

641 Vgl. Bergkemper, FR 2011, 1043 (1046 ff.); Seeger, DB 2005, 1588 (1589 f.)

642 BFH v. 14. September 2005, VI R 32/04, BStBl. II 2006, 500 (502); vgl. Birk, BetrAV 2003, 194 (195).

643 FG Niedersachsen v. 11. Januar 2007, 11 K 307/06, EFG 2007, 1073 (1074 f.); Bergkemper, FR 2011, 1043 (1046 ff.); Birk/Specker, DB 2008, 488 (488); Heger, BB 2006, 1598 (1599).

644 Bergkemper, FR 2011, 1043 (1047); Seeger, DB 2005, 1588 (1590).

645 Vgl. Birk/Specker, DB 2008, 488 (488).

Versorgungswerk zu einem anderen umlagefinanzierten Versorgungswerk. Ausgenommen sind dagegen Zahlungen des Arbeitgebers zur Erfüllung von Solvabilitätsvorschriften[646] sowie Sanierungsgelder, die der Arbeitgeber aufgrund einer Systemumstellung vom Umlage- auf das Kapitaldeckungsverfahren an eine Pensionskasse entrichtet.

Mit den Regelungen hat sich der Gesetzgeber ausweislich der Begründung zum Jahressteuergesetz 2007[647] bewusst gegen die Rechtsprechung des VI. Senats des Bundesfinanzhofs gestellt, wonach derartige Zahlungen nicht zu steuerpflichtigem Arbeitslohn führen sollten.[648] Ziel war es, zu verhindern, dass Finanzierungsbeiträge des Arbeitgebers zur Sicherung der Altersversorgung seiner Arbeitnehmer in größerem Umfang unversteuert bleiben, und die vorgelagerte Besteuerung auch insoweit grundsätzlich aufrechtzuerhalten. Der Begriff des Arbeitslohns wurde deshalb „um diese Arbeitgeberzahlungen per Legaldefinition erweitert“[649]. Der Gesetzgeber hat damit die Auffassung der Finanzverwaltung gestützt, die die Steuerpflicht damit begründete, dass es sich bei den Sonderzahlungen um eine Art kumulierte Schlusszahlung in das Umlageverfahren handele.[650]

Der Bundesfinanzhof hatte demgegenüber argumentiert, dass die Sonderzahlungen nicht der Finanzierung neuer Versorgungszusagen dienten, sondern lediglich der Sicherung bereits bestehender Rentenansprüche und -anwartschaften. Der Arbeitgeber wende dem Arbeitnehmer nichts zu, was über die bereits erworbenen Versorgungsanwartschaften hinausgehe. Die Zuführung führe hier deshalb nicht zu einem geldwerten Vorteil beim aktiven Arbeitnehmer und damit auch nicht zu einem Arbeitslohnzufluss. Überdies würden die Zahlungen nicht „für“ die Arbeitsleistung des Arbeitnehmers gewährt und hätten damit keinen Entlohnungscharakter. Es handle sich lediglich um eine notwendige Begleiterscheinung betriebsfunktionaler Zielsetzungen, also um eine Zahlung zur Erfüllung einer eigenen Verpflichtung des Arbeitgebers, nicht aber um Arbeitslohn.[651]

Die Argumentation des Bundesfinanzhofs ist überzeugend. Dies bestätigt letztlich auch der Gesetzgeber durch die Neuregelung. Bei § 19 Abs. 1 Nr. 3 Satz 2 EStG handelt es sich letztlich um einen rein zielorientierten gesetzgeberischen

---

646 Vgl. Krüger, in: Schmidt, EStG, 32. Aufl. (2013), § 19 Rn. 86.

647 BT-Drucks. 16/2712, S. 45 f.

648 BFH v. 14. September 2005, VI R 32/04, BStBl. II 2006, 500 (502 ff.); v. 14. September 2005, VI R 148/98, BStBl. II 2006, 532 (533); v. 15. Februar 2006, VI R 92/04, VI R 92/04, BStBl. II 2006, 528 (529 f.)

649 BT-Drucks. 16/2712, S. 46.

650 Bergkemper, FR 2011, 1043 (1050); vgl. BT-Drucks. 16/2712, S. 45.

651 BFH v. 14. September 2005, VI R 32/04, BStBl. II 2006, 500 (503).

„Kunstgriff", um bei umlagefinanzierten Versorgungssystemen eine umfassende Besteuerung aller Finanzierungsleistungen in der Ansparphase zu erreichen.[652] Anders als § 19 Abs. 1 Nr. 1 EStG knüpft die Zahlungspflicht dabei nicht an den Vermögenszuwachs beim Arbeitnehmer an, sondern allein an die Zahlung des Arbeitgebers.[653] Arbeitseinkünfte setzen indes eine Bereicherung beim Arbeitnehmer und damit eine Erhöhung seiner individuellen Leistungsfähigkeit voraus. Hiervon kann aber - wie die Rechtsprechung unlängst dargelegt hat - bei den Sonderzahlungen nicht die Rede sein, denn beim Arbeitnehmer kommt davon nichts an.

Wohl auch deshalb wurde zeitgleich mit § 19 Abs. 1 Nr. 3 Satz 2 EStG in § 40b Abs. 4 EStG ein neuer Pauschalierungstatbestand eingeführt. Danach ist der Arbeitgeber verpflichtet, Lohnsteuer mit einem Pauschalsteuersatz von 15 % auf die Sonderzahlungen zu erheben. Anders als bei allen anderen Pauschalierungstatbeständen des Einkommensteuerrechts kann der Arbeitgeber dabei nicht frei entscheiden, ob er die Zahlungen pauschal versteuert oder sie vom Lohn des Arbeitnehmers einbehält. Vielmehr „hat" er gemäß § 40b Abs. 5 Satz 1 i. V. m. § 40 Abs. 3 Satz 1 die pauschale Lohnsteuer zu übernehmen und er wird originärer Steuerschuldner; ein Wahlrecht steht ihm insoweit nicht zu.[654] Der Verdacht liegt nahe, dass die durch § 19 Abs. 1 Nr. 3 Satz 2 EStG geschaffene systemwidrige Regelung durch die gleichzeitige Einführung des Pauschalsteuertatbestands des § 40b Abs. 4 EStG verschleiert werden sollte.[655] Im Ergebnis wird hier zunächst Arbeitslohn fingiert, der dann aber nicht beim Arbeitnehmer, sondern beim Arbeitgeber besteuert wird. Für den Arbeitgeber sind aber bereits die Sonderzahlungen lediglich eine Belastung; zusätzlich wird er mit der Pauschalsteuer in Anspruch genommen.[656] Die dargestellten Regelungen sind deshalb steuersystematisch mehr als fragwürdig.

V. Verfassungsrechtliche Bedenken gegen die steuerliche Behandlung von Sonderzahlungen – Vorlagebeschlüsse des Bundesfinanzhofs vom 14. November 2013

Über die steuersystematischen Bedenken hinaus werden aber auch in verfassungsrechtlicher Hinsicht Bedenken gegen die steuerliche Behandlung von

---

652 Bergkemper, FR 2011, 1043 (1050); Glaser, BB 2006, 2217 (2219).

653 Eisgruber, in: Kirchhof, EStG, 12. Aufl. (2013), § 19 Rn. 76.

654 BFH v. 14. November 2013, VI R 49/12, Tz. 27.

655 Bergkemper, FR 2011, 1043 (1050); Glaser, BB 2006, 2217 (2219 f.)

656 Bergkemper, FR 2011, 1043 (1050).

Sonderzahlungen geäußert.[657] Den verfassungsrechtlichen Bedenken hat sich der VI. Senat des Bundesfinanzhofs in zwei inhaltsgleichen Beschlüssen vom 14. November 2013[658] nunmehr teilweise angeschlossen. Der Senat hat dem Bundesverfassungsgericht die Frage zur Entscheidung vorgelegt, ob § 40b Abs. 4, Abs. 5 EStG i. d. F. des Jahressteuergesetzes 2007 insoweit mit Art. 3 Abs. 1 GG unvereinbar ist, als danach der Arbeitgeber auf Sonderzahlungen i. S. des § 19 Abs. 1 Satz 1 Nr. 3 Satz 2 EStG i. d. F. des Jahressteuergesetzes 2007 zwangsweise pauschale Lohnsteuer zu zahlen hat, durch die er selbst definitiv belastet wird.

Gegenstand der Rechtsstreitigkeiten sind sog. Gegenwertzahlungen, d. h. Sonderzahlungen, die der Arbeitgeber aufgrund seines Ausscheidens aus der Versorgungsanstalt des Bundes und der Länder (VBL) zu erbringen hat. Die nach versicherungsmathematischen Grundsätzen berechneten Gegenwertzahlungen werden nach der Satzung der VBL erhoben, damit diese ihren bereits entstandenen Zahlungsverpflichtungen für laufende Betriebsrenten sowie bereits unverfallbare Anwartschaften nachkommen kann, obwohl die Umlagezahlungen des Arbeitgebers mit seinem Ausscheiden aus der Versorgungseinrichtung wegfallen.

Ausweislich der Beschlüsse hält der Bundesfinanzhof § 19 Abs. 1 Satz 1 Nr. 3 Satz 2 EStG nicht für verfassungswidrig.[659] Er sei jedoch von einem Verstoß des § 40b Abs. 4 EStG gegen Art. 3 Abs. 1 GG überzeugt, weil hierdurch der Arbeitgeber – abweichen von allen anderen im Einkommensteuerrecht geregelten Fällen – verpflichtet werde, die Einkommensteuer für Einkünfte zu entrichten, die ein anderes Steuersubjekt erzielt habe.[660]

1. Verfassungsrechtliche Beurteilung von § 19 Abs. 1 Nr. 3 Satz 2 EStG

Die Begründung des Bundesfinanzhofs für seine Auffassung, dass die Erweiterung des Umfang der Einkünfte aus nichtselbständiger Arbeit durch § 19 Abs. 1

---

657 Vgl. Barein, in: Littmann/Bitz/Pust, EStG, § 19 Rn. 184c; Bergkemper, FR 2011, 1043 (1050); Birk, Objektives Nettoprinzip und Altersvorsorge, in: Becker/Kaufmann/von Maydell/Schmähl/Zacher (Hrsg.), Alterssicherung in Deutschland, Festschrift für Franz Ruland zum 65. Geburtstag, Baden-Baden 2007, S. 425 (436 f.); Birk/Specker, DB 2008, 488 (490 f.); Eisgruber, in: Kirchhof, EStG, 12. Aufl. (2013), § 19 Rn. 76; Glaser, BB 2006, 2217 (2220); Krüger, in: Schmidt, EStG, 32. Aufl. (2013), § 19 Rn. 86 und 88; Thürmer, in: Blümich, § 19 Rn. 300 f.

658 VI R 49/12, BFH/NV 2014, 418; VI R 50/12, BFH/NV 2014, 426. Beim Bundesverfassungsgericht sind die Verfahren anhängig unter den Aktenzeichen 2 BvL 7/2014 bzw. 2 BvL 8/2014.

659 So auch Breinersdorfer, in: Kirchhof/Söhn/Mellinghoff, EStG, § 19, Rn. B 788; Pflüger, in: Herrmann/Heuer/Raupach, EStG, § 19 Rn. 331.

660 BFH v. 14. November 2013, VI R 49/12, a.a.O., Tz. 12; VI R 50/12, a.a.O., Tz. 13.

Nr. 3 Satz 2 EStG verfassungsgemäß sei, fällt vergleichsweise knapp aus – sie erstreckt sich auf jeweils sieben Absätze der Beschlüsse (von insgesamt 87). Die Vorschrift, so das Gericht, genüge „insbesondere (…) dem allgemeinen Gleichheitssatz"; im Übrigen bewege sich die Erweiterung der Einkünfte aus nichtselbständiger Arbeit im Rahmen der gesetzgeberischen Gestaltungsfreiheit.[661]

a) *Verfassungsmäßigkeit der Besteuerung von Gegenwertzahlungen nach § 19 Abs. 1 Nr. 3 Satz 2 EStG*

Lediglich einen Absatz[662] widmet der Bundesfinanzhof der Erörterung der Verfassungsmäßigkeit der generellen gesetzgeberischen Entscheidung, den Arbeitslohnbegriff um die in § 19 Abs. 1 Nr. 3 Satz 2 ff. EStG definierten Sonderzahlungen zu erweitern. Das Gericht verweist auf das erhebliche Interesse, das der Arbeitnehmer in Zeiten des demographischen Wandels an der Sicherung bereits erworbener Zukunftssicherungsleistungen habe; der Gesetzgeber habe deshalb Arbeitgeberleistungen zur Absicherung einer betrieblichen Altersversorgung den Einkünften aus nichtselbständiger Arbeit zugeordnet, auch wenn damit kein Erwerb neuer Ansprüche verbunden sei. Mit der Gegenwertzahlung würden die bei der VBL verbleibenden Rentenansprüche und Anwartschaften vollständig ausfinanziert; folglich habe der Gesetzgeber als Anknüpfungspunkt für die Einkommensbesteuerung einen mit dem Arbeits- und Dienstverhältnis einhergehenden Vorteil ausgewählt. Da dies den herkömmlichen Tatbeständen des § 19 Abs. 1 Satz 1 Nrn. 1 und 2 EStG entspreche, füge sich die Erweiterung des Umfangs der Einkünfte aus nichtselbständiger Arbeit in die Systematik des § 19 Abs. 1 Satz 1 EStG ein.

Dem ist zu entgegnen, dass die allgemeine Vorteilhaftigkeit einer Maßnahme des Arbeitgebers noch nicht zu einem Arbeitslohnzufluss und einer verbesserten Leistungsfähigkeit des Arbeitnehmers führt.[663] Vielmehr unterstreichen die Ausführungen des Gerichts, dass die von § 19 Abs. 1 Nr. 3 Satz 2 EStG erfassten Sonderzahlungen allein der Finanzierbarkeit von Versorgungsansprüchen dienen. Sie gleichen damit anderen Sicherungsmaßnahmen des Arbeitgebers, durch die ebenfalls keine Versorgungsansprüche des Arbeitnehmers begründet werden und die zu Recht nicht zu einer Besteuerung beim Arbeitnehmer führen. Als Beispiele

---

661 BFH v. 14. November 2013, VI R 49/12 und VI R 50/12, a.a.O., jeweils Tz. 44-52.

662 BFH v. 14. November 2013, VI R 49/12 und VI R 50/12, a.a.O., jeweils Tz. 47.

663 Vgl. Birk/Specker, DB 2008, 488 (490); Eisgruber, in: Kirchhof, EStG, 12. Aufl. (2013), § 19 Rn. 76; Krüger, in: Schmidt, EStG, 32. Aufl. (2013), § 19 Rn. 88; Thürmer, in: Blümich, § 19 Rn. 301.

zu nennen sind die Entrichtung von Beiträgen an eine Rückdeckungsversicherung oder die Nachdotierung eines externen Versorgungsträger, weil das angesammelte Versorgungsvermögen zur Erfüllung der Ansprüche nicht ausreicht. Ebenfalls nicht zu Arbeitslohn führt der Zinsaufwand, der dann entsteht, wenn der Arbeitgeber ein Darlehen aufnimmt, um mit den entsprechenden Mitteln den Lohn für seine Arbeitnehmer auszahlen zu können.[664] Die Leistungsfähigkeit des Arbeitnehmers – auf die es für die Besteuerungswürdigkeit eines Vorgangs letztlich ankommt – wird durch die Sonderzahlungen des Arbeitgebers zur Absicherung einer umlagefinanzierten betrieblichen Altersversorgung ebenso wenig erhöht wie durch die übrigen genannten Finanzierungs- und Sicherungsmaßnahmen. Überzeugende Gründe für eine unterschiedliche steuerliche Behandlung dieser verschiedenen Maßnahmen sind nicht ersichtlich. Insbesondere das gesetzgeberische Ansinnen, im Bereich der umlagefinanzierten Alterssicherung alle Finanzierungsbeiträge des Arbeitgebers steuerlich zu erfassen, reicht für eine Rechtfertigung nicht aus. Hier zeigt sich einmal mehr, dass eine Anknüpfung an fiktive oder tatsächliche Beiträge des Arbeitgebers hinsichtlich der Einkommensbesteuerung beim Arbeitnehmer nicht zu sachgerechten Ergebnissen führt.

Indes wird der Arbeitnehmer derzeit wegen des Zusammenspiels mit § 40b Abs. 4 EStG durch § 19 Abs. 1 Nr. 3 Satz 2 EStG im Ergebnis nicht direkt belastet. Die Regelungen treffen vielmehr den Arbeitgeber. Sollte § 40b Abs. 4 EStG aufgrund einer Entscheidung des Bundesverfassungsgerichts isoliert aufgehoben werden, würde dadurch allerdings die – m. E. zu bejahende - Frage, ob die unterschiedliche Behandlung von Sicherungsmaßnahmen im Rahmen kapitalgedeckter bzw. umlagefinanzierter Versorgungssysteme zu einem Gleichheitsverstoß führt, an praktischer Relevanz gewinnen.

b) Verfassungsmäßigkeit der Bevorzugung von Sanierungsgeldern

Verfassungsrechtlich nicht zu beanstanden ist nach Auffassung des Bundesfinanzhofs auch die ungleiche Behandlung von Sanierungsgeldern und Gegenwertzahlungen durch § 19 Abs. 1 Satz 1 Nr. 3 Sätze 2 und 3 EStG.

Der Bundesfinanzhof hat sich damit nicht den Zweifeln an der Verfassungsmäßigkeit dieser Differenzierung angeschlossen, die im steuerwissenschaftlichen Schrifttum angemeldet werden.[665] Dabei wird argumentiert, dass

---

664 Vgl. Krüger, in: Schmidt, EStG, 32. Aufl. (2013), § 19 Rn. 88.

665 Vgl. Birk/Specker, DB 2008, 488 (490 f.); Breinersdorfer, in: Kirchhof/Söhn/Mellinghoff, EStG, § 19, Rn. B 791; Hölzer, FR 2010, 501 (508 f.); Krüger, in: Schmidt, EStG, 32. Aufl. (2013), § 19 Rn. 88; Thürmer, in: Blümich, § 19 Rn. 300.

Sanierungsgelder ebenso wie die anderen Sonderzahlungen (Gegenwerts- und Nachteilsausgleichszahlungen) durch strukturelle Veränderungen der Durchführung der betrieblichen Altersversorgung veranlasst seien.[666] In allen Fällen handele es sich um arbeitgeberseitige Maßnahmen, die der (Aus-)Finanzierung rechtlich bereits begründeter Rentenanwartschaften und damit dem eigenbetrieblichen Interesse des Arbeitgebers dienten.[667] In allen Fallgruppen gehe es darum, systembedingte zukünftige Unterdeckungen bei der Umlagefinanzierung durch die Implementierung von Deckungskapital zu kompensieren.[668] Die wirtschaftlichen Unterschiede zwischen Sanierungsgeldern und Gegenwerts- und Ausgleichzahlungen seien nicht so wesentlich, dass sie eine unterschiedliche Besteuerung rechtfertigten.

Der Bundesfinanzhof weist demgegenüber darauf hin, dass Sanierungsgelder zur Deckung eines erhöhten Finanzierungsbedarfs der VBL erhoben würden, der durch die Schließung des Gesamtversorgungssystems und den Wechsel zum sog. Punktemodell bedingt sei. Gegenwertzahlungen dienten demgegenüber dem Ausgleich von Finanzierungslücken, die durch das Ausscheiden des Arbeitgebers aus der VBL verursacht würden. Mit der Begünstigung von Sanierungsgeldern habe der Gesetzgeber berücksichtigt, dass bei der Einführung der Sanierungsgelder deren Nichtsteuerbarkeit im Tarifvertrag „Altersversorgung" ausdrücklich festgeschrieben worden sei; dies sei eine der entscheidenden Finanzierungsfragen bei der Umstellung des Gesamtversorgungssystems auf das jetzt geltende Versorgungspunktemodell gewesen. Diese wäre aber, so das Gericht, ohne Steuerfreistellung ebenso in Frage gestellt worden wie die risikogerechte Umverteilung der Sanierungsgelder unter den Mitgliedern. Durch die Begünstigung hätte verhindert werden sollen, dass sich der Trend zu Abwanderung von durch Umlagen und Sanierungsgelder bereits hoch belasteten Beteiligten der VBL noch verstärke. Angesichts dessen, dass das bisherige Umlagesystem auf Dauer nicht mehr finanzierbar gewesen wäre, sieht der Bundesfinanzhof in der Sicherung der Umstellung der VBL auf das Versorgungspunktemodell einen hinreichenden sachlichen Grund für eine Begünstigung von Sanierungsgeldern gegenüber Gegenwertzahlungen.[669]

Der Bundesfinanzhof stützt die Sonderbehandlung von Sanierungsgeldern mithin auf Lenkungszwecke. Ebenso wie der Gesetzgeber billigt es den

666 Vgl. Birk/Specker, DB 2008, 488 (490); Hölzer, FR 2010, 501 (508).
667 Vgl. Birk/Specker, DB 2008, 488 (490).
668 Vgl. Breinersdorfer, in: Kirchhof/Söhn/Mellinghoff, EStG, § 19, Rn. B 791.
669 BFH v. 14. November 2013, VI R 49/12 und VI R 50/12, a.a.O., jeweils Tz. 48-50.

Sanierungsgeldern dabei eine besondere Förderungswürdigkeit zu, die es bei Arbeitgebern, die aus einem Finanzierungssystem ausscheiden oder zwischen zwei umlagefinanzierten Systemen wechseln, nicht sieht. Eine solche Sichtweise erscheint allerdings nur dann akzeptabel, wenn man – wie der Bundesfinanzhof – der Besteuerung von Sonderzahlungen nicht von vornherein die Verfassungsmäßigkeit abspricht. Entscheidend muss aber letztlich sein, dass der Arbeitnehmer durch Gegenwerts- und Ausgleichszahlungen ebenso wenig bereichert wird wie durch Sanierungsgelder. In allen diesen Fällen handelt es sich lediglich um innerbetriebliche Finanzierungsmaßnahmen, durch die die Leistungsfähigkeit des Arbeitnehmers in keiner Weise gesteigert wird. Zwar mag es – wie vom Bundesfinanzhof dargelegt - gute Gründe dafür geben, die Sanierungsgelder von der Besteuerung auszunehmen. Ungeachtet dessen ist das Konstrukt des § 19 Abs. 1 Nr. 3 Satz 2 ff. EStG aus Arbeitslohnfiktion und Ausnahmen aber mangels eines materiell-rechtlichen Einkommenszuflusses beim Arbeitnehmer nicht verfassungsgemäß.[670]

2. Verfassungsrechtliche Beurteilung von § 40b Abs. 4 EStG

Einen Verstoß gegen Art. 3 Abs. 1 GG sieht der Bundesfinanzhof darin, dass § 40b Abs. 4, Abs. 5 i. V. m. § 40 Abs. 3 Satz 1 EStG den Arbeitgeber ausnahmslos verpflichtet, die pauschale Lohnsteuer nicht nur zu erheben, sondern auch zu tragen. Der Bundesfinanzhof greift damit die auch im Schrifttum geäußerte Kritik[671] an der Regelung auf.

Zu Begründung führt der Bundesfinanzhof aus, dass der Arbeitgeber, indem er eine pauschale Lohnsteuer von 15 % auf die Sonderzahlungen zu erheben und auch selbst zu tragen habe, Einkommensteuer für Einkünfte eines anderen Rechtssubjekts schulde – eine Situation, die „einzigartig im Einkommensteuerrecht" sei. Bei § 40b Abs. 4, Abs. 5 Satz 1 i. V. m. § 40 Abs. 3 Satz 1 EStG richte sich die Besteuerung nicht wie sonst nach dem eigenen verfügbaren Einkommen,

670 Vgl. Krüger, in: Schmidt, EStG, 32. Aufl. (2013), § 19 Rn. 88.

671 Apitz, in: Herrmann/Heuer/Raupach, Jahresband 2007, Rn. J 06-2; Barein, in: Littmann/Bitz/Pust, EStG, § 19 Rn. 184c; Bergkemper, FR 2011, 1043 (1050 f.); Birk, Objektives Nettoprinzip und Altersvorsorge, in: Becker/Kaufmann/von Maydell/Schmähl/Zacher (Hrsg.), Alterssicherung in Deutschland, Festschrift für Franz Ruland zum 65. Geburtstag, Baden-Baden 2007, S. 425 (436); Birk/Specker, DB 2008, 488 (491); Eisgruber, in: Kirchhof, EStG, 12. Aufl. (2013), § 40b Rn. 13; Glaser, BB 2006, 2217 (2220 f.); Hölzer, FR 2010, 501 (580 f.); Krüger, in: Schmidt, EStG, 32. Aufl. (2013), § 19 Rn. 88; Reuss, in: Herrmann/Heuer/Raupach, Jahresband 2007, Rn. J 06-5.

sondern nach den Einkünften eines Dritten. Das Gebot, die Besteuerung an der wirtschaftlichen Leistungsfähigkeit auszurichten, werde deshalb durch diese Vorschriften „in krasser Weise" verfehlt. Gründe, die eine solche Benachteiligung des Arbeitgebers rechtfertigen könnten, seien nicht ersichtlich.[672]

Diesem Ergebnis des Bundesfinanzhofs ist uneingeschränkt zuzustimmen. Auch die Überlegungen des Bundesfinanzhofs zu den denkbaren, letztlich aber abzulehnenden Rechtfertigungsgründen für die Ungleichbehandlung sind weitestgehend überzeugend und sollen deshalb nachfolgend lediglich zusammengefasst werden.

Zu Recht sieht der Bundesfinanzhof die Ungleichbehandlung nicht durch die Besonderheiten des Lohnsteuerabzugsverfahrens gerechtfertigt. Bei der Lohnsteuer handele es sich um nichts anderes als eine an der Quelle erhobene Einkommensteuer, die der Arbeitnehmer als derjenige schulde, der die Einkünfte erziele. In allen anderen im Gesetz vorgesehenen Pauschalierungsfällen (vgl. §§ 40 bis 40b EStG) könne der Arbeitgeber wählen, ob er die Lohnsteuer vom Gehalt des Arbeitnehmers auf dessen Rechnung einbehalte oder die pauschale Besteuerung wähle und damit als Schuldner der Lohnsteuer selbst definitiv belastet werde. Letzteres könne vor allem wegen der oftmals niedrigeren Steuersätze sowie des geringeren Verwaltungsaufwands für den Arbeitgeber interessant sein. Demgegenüber eröffne § 40b Abs. 4, Abs. 5 i. V. m. § 40 Abs. 3 Satz 1 EStG dem Arbeitgeber kein entsprechendes Wahlrecht. Denn diese Vorschriften sähen vor, dass der Arbeitnehmer die Lohnsteuer zu übernehmen „hat" und er selbst Steuerschuldner werde, ohne dem Arbeitgeber die Möglichkeit einzuräumen, die Einkommensteuer dem Arbeitnehmer zu belasten. Es handele sich damit nicht mehr um eine an sich vom Arbeitgeber geschuldete Steuer, die der Arbeitgeber als Gegenleistung für die Dienste des Arbeitnehmers freiwillig übernehme, sondern der Arbeitgeber werde originär und unausweichlich zum Steuerschuldner der auf die Sonderzahlungen entfallenden Einkommensteuer des Arbeitnehmers.[673]

Der Unterschied wirke sich auch im Arbeitsrecht aus. Habe der Arbeitgeber ein Wahlrecht zwischen einer Pauschalbesteuerung und einer Besteuerung nach der individuellen Leistungsfähigkeit, sei er arbeitsrechtlich unter bestimmten weiteren Voraussetzungen befugt, die Pauschalsteuer intern an den Arbeitnehmer weiter zu belasten. Diese Möglichkeit bestehe für Sonderzahlungen i. S. von § 19 Abs. 1 Satz 1 Nr. 3 Satz 2 EStG nicht, da die Lohnsteuer hier nach § 40b

672 BFH v. 14. November 2013, VI R 49/12 und VI R 50/12, a.a.O., jeweils Tz. 56.

673 BFH v. 14. November 2013, VI R 49/12 und VI R 50/12, a.a.O., jeweils Tz. 57-60.

Abs. 4 EStG zwingend pauschal zu erheben sei und der Arbeitgeber damit originärer Steuerschuldner werde.[674]

Auch eine Überwälzung der Einkommensteuer auf den Arbeitnehmer aufgrund einer mit diesem geschlossenen freiwilligen Vereinbarung schließt der Bundesfinanzhof zutreffend als Rechtfertigungsgrund für die Ungleichbehandlung aus. Abgesehen davon, dass eine solche freiwillige Vereinbarung praktisch kaum vorkommen dürfe, komme es für die verfassungsrechtliche Prüfung am Maßstab des Art. 3 GG allein auf die einkommensteuerliche Belastung an. Die Einkommensteuer sei aber anders als z. B. die Umsatzsteuer nicht auf Abwälzung angelegt, sondern solle denjenigen treffen, der die Einkünfte tatsächlich erzielt habe und deshalb wirtschaftlich zur Zahlung der Einkommensteuer aus dem Erworbenen in der Lage sei.[675]

Ebenso wenig als Rechtfertigung in Betracht kommen eine Verwaltungsvereinfachung oder eine Ersparnis von Kosten. Die wirtschaftliche Leistungsfähigkeit des Arbeitgebers, so der Bundesfinanzhof, werde durch die Gegenwertzahlungen nicht gesteigert, sondern vermindert, so dass der Sachverhalt beim Arbeitgeber nicht besteuerungswürdig sei. Eine zulässige Typisierung im Interesse der Praktikabilität und Verwaltungsvereinfachung scheide deshalb aus. Auch eine Ersparnis von Zeit und Kosten dadurch, dass der Arbeitgeber bei einer pauschalen Lohnsteuer die Beträge nicht zu den einzelnen Arbeitnehmern zuordnen müsse, berechtige nicht dazu, den Arbeitgeber entgegen dem Grundsatz der Besteuerung nach der wirtschaftlichen Leistungsfähigkeit mit der Einkommensteuer auf Einkünfte zu belegen, die ein anderes Rechtssubjekt erzielt habe.[676]

Im Ergebnis zutreffend lehnt der Bundesfinanzhof auch eine Rechtfertigung der Belastung des Arbeitgebers aufgrund dessen ab, dass die Gegenwertzahlungen keine zusätzlichen Versorgungsansprüche des Arbeitnehmers begründeten, sondern nur bestehende sicherten. Allerdings eher unbestimmt führt der Bundesfinanzhof hierzu zunächst aus, dass der Gesetzgeber mit diesem Argument von der Aufnahme der Sonderzahlungen in den Tatbestand des § 19 Abs. 1 Satz 1 Nr. 3 Satz 2 EStG hätte absehen können, „wenn damit gemeint sein sollte, derartige Zahlungen zur Sicherung einer Altersvorsorge führten zu keinen mit anderen Zahlungen an Versorgungseinrichtungen vergleichbaren steuerlich zu erfassenden Vorteilen der Arbeitnehmer.“[677] Damit trifft der Bundesfinanzhof

674 BFH v. 14. November 2013, VI R 49/12 und VI R 50/12, a.a.O., jeweils Tz. 61-62.

675 BFH v. 14. November 2013, VI R 49/12 und VI R 50/12, a.a.O., jeweils Tz. 63-66.

676 BFH v. 14. November 2013, VI R 49/12 und VI R 50/12, a.a.O., jeweils Tz. 67-72.

677 BFH v. 14. November 2013, VI R 49/12 und VI R 50/12, a.a.O., jeweils Tz. 74.

den Kern des Übels der künstlichen Erweiterung des Arbeitslohnbegriffs, ohne jedoch zum einzig konsequenten Schluss, nämlich der Verfassungswidrigkeit von § 19 Abs. 1 Satz 1 Nr. 3 Satz 2 EStG, zu gelangen. Stattdessen heißt es, der Gesetzgeber sei „in verfassungsrechtlich noch hinnehmbarer Weise“ selbst davon ausgegangen sei, dass „die Sicherung der Altersversorgung (…) die Leistungsfähigkeit des Arbeitnehmers und nicht diejenige des Arbeitgebers steigere“. Ebendies, d. h. eine Steigerung der Leistungsfähigkeit des Arbeitnehmers, bewirken die Gegenwertzahlungen und übrigen Sonderzahlungen i. S. des § 19 Abs. 1 Satz 1 Nr. 3 Satz 2 EStG aber gerade nicht. Konsequent wäre aber gewesen, wenn der VI. Senat in Anlehnung an seine eigene vorhergehende Rechtsprechung[678] zu dem Schluss gelangt wäre, dass nicht nur § 40b Abs. 4, Abs. 5 i. V. m. § 40 Abs. 3 Satz 1 EStG, sondern auch § 19 Abs. 1 Satz 1 Nr. 3 Satz 2 EStG nicht mit dem Gleichheitssatz vereinbar und daher verfassungswidrig ist.

Im weiteren[679] weist der Bundesfinanzhof dann richtig darauf hin, dass die finanzielle Leistungsfähigkeit des Arbeitsgebers durch die Gegenwertzahlungen nicht nur nicht erhöht, sondern vielmehr gemindert werde. Es bestehe daher kein Grund, ihn zu belasten, sondern er sei im Gegenteil nach dem objektiven Nettoprinzip gemäß § 2 Abs. 2 i. V. m. § 4 Abs. 4 EStG zu entlasten. Der Bundesfinanzhof greift hier die entsprechende Kritik im rechtswissenschaftlichen Schrifttum auf. Dort wird – noch deutlicher als seitens des Bundesfinanzhofs - darauf hingewiesen, dass die Anordnung der pauschalen Lohnsteuer auf Sonderzahlungen in § 40b Abs. 4 EStG wie eine Rückgängigmachung und ein partielles Verbot des Betriebsausgabenabzugs nach § 4 Abs. 4 EStG wirke.[680] Da hier die Betriebsausgaben beim Arbeitgeber (zwingend) besteuert würden, handele es sich um eine „Objektsteuer“[681] für den Arbeitgeber bzw. eine „verdeckte Verkehrsteuer“[682] auf Sonderzahlungen.

Eine Rechtfertigung erblickt der Bundesfinanzhof zu Recht auch nicht in dem Umstand, dass der Arbeitgeber die VBL aus eigenem Antrieb verlassen und damit die Sonderzahlungen ausgelöst habe. Mit dem Verlassen der Versorgungseinrichtung mache der Arbeitgeber nach wirtschaftlicher Abwägung der dafür und dagegen sprechenden Gründe nur von seinem satzungsmäßigen Recht

678 BFH v. 14. September 2005, VI R 32/04, BStBl. II 2006, 500 (502 ff.); v. 14. September 2005, VI R 148/98, BStBl. II 2006, 532 (533); v. 15. Februar 2006, VI R 92/04, VI R 92/04, BStBl. II 2006, 528 (529 f.)

679 BFH v. 14. November 2013, VI R 49/12 und VI R 50/12, a.a.O., jeweils Tz. 75-76.

680 Vgl. Birk/Specker, DB 2008, 488 (490 f.)

681 Thürmer, in: Blümich, § 19 Rn. 301.

682 Krüger, in: Schmidt, EStG, 32. Aufl. (2013), § 19 Rn. 88.

Gebrauch. Für die Bemessung der wirtschaftlichen Leistungsfähigkeit und der daraus folgenden wirtschaftlichen Belastung mit Einkommensteuer sei aber einzig entscheidend, ob und in welcher Person die wirtschaftliche Leistungsfähigkeit tatsächlich gesteigert sei.[683]

Ebenso wenig gerechtfertigt ist die Ungleichbehandlung durch Förderungs- und Lenkungszwecke. Der Bundesfinanzhof erläutert hierzu, dass Förderungs- und Lenkungszwecke nur dann geeignet seien, steuerliche Belastungen oder Entlastungen zu rechtfertigen, wenn sie von erkennbaren gesetzgeberischen Entscheidungen getragen würden. Daran fehle es aber hier, denn eine Verhaltenslenkung sei nicht der Grund für die Belastung des Arbeitgebers mit der pauschalen Lohnsteuer gewesen.[684]

3. Fazit

Seine Entscheidung schließt der Bundesfinanzhof mit Überlegungen dazu ab, wie in dem Fall, dass das Bundesverfassungsgericht die Pauschalierungspflicht ebenfalls für mit Art. 3 Abs. 1 GG unvereinbar hält, ein gleichheitsgemäßer Zustand hergestellt werden könnte. Seiner Ansicht nach könne der Gesetzgeber einen gleichheitsgemäßen Zustand entweder dadurch schaffen, dass er die streitigen Sonderzahlungen ebenso wie Sanierungsgelder steuerfrei beließe, womit auch die entsprechende Pflicht zur Zahlung von Lohnsteuer vollständig entfiele. Alternativ könne der Gesetzgeber aber auch dem Arbeitgeber wie auch für die anderen lohnsteuerlichen Pauschalierungstatbestände ein Wahlrecht einräumen, die Lohnsteuer anhand individueller Besteuerungsmerkmale den einzelnen Arbeitnehmern zu belasten.[685]

Die letztere Alternative greift jedoch zu kurz. Denn nicht nur § 40b Abs. 4, Abs. 5 i. V. m. § 40 Abs. 3 Satz 1 EStG verstößt gegen das Gleichheitsgebot nach Art. 3 Abs. 1 GG, sondern – jedenfalls bei isolierter Betrachtung - auch § 19 Abs. 1 Nr. 3 Satz 2 EStG selbst. Wie dargestellt, hatte der VI. Senat in älteren Entscheidungen, die den Gesetzgeber erst zur Aufnahme von § 19 Abs. 1 Nr. 3 Satz 2 ff. EStG bewogen haben, zutreffend dargelegt, dass entsprechende Sonderzahlungen keinen Zufluss von Arbeitslohn bewirken.[686] Umso bedauerlicher ist, dass derselbe Senat nunmehr in seiner Entscheidung vom 14. November 2013

683 BFH v. 14. November 2013, VI R 49/12 und VI R 50/12, a.a.O., jeweils Tz. 77-78.

684 BFH v. 14. November 2013, VI R 49/12 und VI R 50/12, a.a.O., jeweils Tz. 79-82.

685 BFH v. 14. November 2013, VI R 49/12, BFH/NV 2014, 418 und VI R 50/12, BFH/NV 2014, 426, jeweils Tz. 87.

686 Siehe Seite 168 1 ff.

meint, der Gesetzgeber sei „in verfassungsrechtlich noch hinnehmbarer Weise" von einer Steigerung der Leistungsfähigkeit des Arbeitnehmers durch entsprechende Sicherungsmaßnahmen ausgegangen. Dies kann aber – mit ebender Begründung, die der VI. Senat in seinen vorangegangenen Entscheidungen selbst gegeben hat – nicht richtig sein. Denn eine Regelung, die derart eklatant gegen einkommensteuerliche Systemgrundsätze verstößt, kann auch verfassungsrechtlich nicht „noch hinnehmbar" sein.

Dessen ungeachtet ist die Vorlage der Thematik an das Bundesverfassungsgericht sehr zu begrüßen. Zu hoffen bleibt, dass die Entscheidung des Bundesverfassungsgerichts letztendlich dazu führt, dass die Regelungen in § 19 Abs. 1 Nr. 3 Satz 2 EStG und § 40b Abs. 4 EStG ersatzlos abschafft werden.

VI. Rechtsanspruch gegen Versorgungseinrichtung entscheidendes Kriterium für Zufluss?

Abgesehen von den gezeigten Wertungswidersprüchen in der praktischen Umsetzung und den verfassungsrechtlichen Bedenken gegen einzelne Regelungen, bedarf es einer generellen Begründung, warum die Verschaffung eines Anspruchs gegen einen Dritten (Versorgungseinrichtung) zu einem sofortigen Lohnzufluss führen soll, ein (ggf. rückgedeckter) Anspruch gegen den Arbeitgeber aber nicht.[687]

Ein Zufluss von Arbeitslohn setzt entweder die Erfüllung des Lohnanspruchs des Arbeitnehmers durch Auszahlung oder einen ähnlichen Vorgang voraus. Der Entgeltumwandlung in betriebliche Altersversorgung liegt aber, wie gezeigt[688], weder eine Novation, noch ein Erlass/Verzicht oder eine Leistung an Erfüllungs statt zugrunde. Auch bei der arbeitgeberfinanzierten Versorgung kommen solche Erfüllungssurrogate nicht in Betracht. Ein sofortiger Arbeitslohnzufluss in der Ansparphase könnte sich deshalb allenfalls auf den Gedanken der Lohnverwendung stützen. Dass es bei der betrieblichen Altersversorgung bereits in der Ansparphase zu einer Lohnverwendung kommt, ist jedoch unabhängig vom Durchführungsweg zu bezweifeln.

1. Zufluss aufgrund der Zustimmung des Arbeitnehmers?

Eine Lohnverwendung ist nicht etwa darin zu sehen, dass der Arbeitnehmer der Zukunftssicherungsmaßnahme des Arbeitgebers, wie nach § 2 Abs. 2 Nr. 3

687 Vgl. dazu Trzaskalik, in: Kirchhof/Söhn/Mellinghoff, EStG, § 11 Rn. B 102.

688 Siehe Seite 108 ff.

Satz 2 LStDV erforderlich, ausdrücklich oder konkludent zustimmt.[689] Denn mit der bloßen Zustimmung zu der betrieblichen Versorgungsmaßnahme trifft der Arbeitnehmer keine Entscheidung über sein grundsätzlich frei verfügbares Einkommen, wie dies z. B. der Fall wäre, wenn er sich entschließt, einen bestimmten Geldbetrag in einen Banksparplan (statt in den Konsum, z. B. den Erwerb eines Pkws) zu investieren. Der Arbeitnehmer kann hier nur seine Zustimmung geben oder sie verweigern - eine Möglichkeit zur freien Verfügung über sein Gehalt erhält er dadurch nicht. Dies wäre für eine - tatsächliche, „aktive" - Lohnverwendung aber erforderlich, so dass eine solche insoweit ausscheidet.

2. Gedanke der Lohnverwendung

Dass es für den Arbeitslohnzufluss darauf ankommen soll, ob die externe Versorgungseinrichtung dem Arbeitnehmer einen eigenen Rechtsanspruch auf die Versorgung einräumt, beruht auf der folgenden Überlegung:

Zahlungen des Arbeitgebers an Dritte können allgemein beim Arbeitnehmer nur dann zu einem zeitgleichen Lohnzufluss führen, wenn es sich bei dem Vorgang um eine Lohnverwendung handelt.[690] In einem solchen Fall zahlt der Arbeitgeber einen Versicherungsbeitrag für Rechnung des Arbeitnehmers, der wiederum durch seine Zustimmung über die Einnahme verfügt.[691] Wirtschaftlich macht es dann keinen Unterschied, ob der Arbeitgeber dem Arbeitnehmer den Versicherungsschutz (über die Versorgungseinrichtung) verschafft, oder ob er dem Arbeitnehmer den Lohn erhöht und ihm dadurch ermöglicht, sich selbst zu versichern.[692] Entrichtet der Arbeitgeber die Versorgungsbeiträge an das Versorgungsunternehmen, handelt es sich dann lediglich um eine Abkürzung des Zahlungsweges, innerhalb derer sich der Lohnzufluss vollzieht.[693] Der Arbeitnehmer würde - so wird argumentiert - seinen Lohn aber nur dann zum Erwerb des Versicherungsschutzes verwenden, wenn ihm die Versorgungseinrichtung (wie z. B. der Direktversicherer) einen eigenen Rechtsanspruch einräumt. Fehlt es dagegen (wie herkömmlich bei der Unterstützungskasse) an

689 So aber wohl Trzaskalik, in: Kirchhof/Söhn/Mellinghoff, EStG, § 11 Rn. B 103.

690 Trzaskalik, in: Kirchhof/Söhn/Mellinghoff, EStG, § 11 Rn. B 102.

691 Vgl. bereits RFH v. 8. Juli 1931, VI A 772/30, RStBl. 1931, 664 (647); v. 9. Februar 1939, IV 64/37, RStBl. 1939, 777 (778); vgl. auch BFH v. 15. Juli 1977, VI R 109/74, BStBl. II 1977, 761 (762); v. 7. Februar 1990, X R 36/86, BStBl. II 1990, 1062 (1064).

692 Trzaskalik, in: Kirchhof/Söhn/Mellinghoff, EStG, § 11 Rn. B 102; Becker, StuW 1936, 514 (518).

693 Vgl. Kister, in: Herrmann/Heuer/Raupach, EStG, § 11 Rn. 69.

dieser Grundvoraussetzung, kommen eine Lohnverwendung und ein damit verbundener sofortiger Lohnzufluss jedoch nicht in Betracht.[694]

Die dargestellte Überlegung ist insofern plausibel, als man den Erwerb eines Versorgungsanspruchs, wenn noch keine Auszahlung des entsprechenden Lohnbestandteils erfolgt, wohl tatsächlich als Mindestvoraussetzung ansehen muss, ohne die ein sofortiger Lohnzufluss von vornherein ausgeschlossen erscheint. Wenn diese Mindestvoraussetzung erfüllt ist, steht damit aber noch keineswegs fest, dass es tatsächlich auch zu einem Arbeitslohnzufluss, zu einer Steigerung der Leistungsfähigkeit des Arbeitnehmers kommt. Der Erwerb eines eigenen Rechtsanspruchs des Arbeitsnehmers ist zwar eine notwendige, aber keineswegs immer hinreichende Bedingung für den Arbeitslohnzufluss.

Zu bedenken ist, dass im Zusammenhang mit der betrieblichen Altersversorgung in aller Regel keine „aktive" Lohnverwendung (auf Basis einer freien Entscheidung des Arbeitnehmers) stattfindet, sondern die Lohnverwendung von der herrschenden Ansicht lediglich fingiert wird. Allerdings ist die Qualität der Verwendung, des ggf. erworbenen Rechtsguts lediglich bei der „aktiven" Lohnverwendung unerheblich. Fingiert man dagegen die Lohnverwendung im Rahmen einer Typisierung, muss es sehr wohl auf die Qualität des Alternativguts ankommen - dies zeigt nicht zuletzt die obige Überlegung, wonach eine Lohnverwendung ohne einen Anspruchserwerb ausgeschlossen erscheint. Allein der Anspruchserwerb kann aber nicht entscheidend sein, sondern es bedarf zusätzlich einer wertenden Betrachtung des Inhalts dieses Anspruchs.

3. Zufluss aufgrund des Erwerbs des Versicherungsschutzes?

Unter Wertungsgesichtspunkten reicht die Begründung eines Anspruchs gegen die externe Versorgungseinrichtung aber keineswegs aus, um einen sofortigen Arbeitslohnzufluss zu begründen.

Anders als bei einer Versicherung, die der Arbeitnehmer selbst abschließt, ist er bei den versicherungsförmigen Durchführungen der betrieblichen Altersversorgung lediglich Bezugsberechtigter. Als solchem stehen ihm nicht die gleichen Rechte zu wie einem Versicherungsnehmer, beispielsweise die Versicherung zu kündigen oder beitragsfrei weiterführen. Diese Rechte bleiben dem Arbeitgeber als Versicherungsnehmer vorbehalten.[695] Auch die Auswahl des Durchführungsweges sowie ggf. des konkreten Versorgungsträgers

694 Trzaskalik, in: Kirchhof/Söhn/Mellinghoff, EStG, § 11 Rn. B 102 f.; vgl. Birk, StuW 1999, 321 (323).

695 Siehe Seite 87.

(Versicherungsunternehmens) erfolgt regelmäßig durch den Arbeitgeber, der sich dabei vorrangig nach seinen eigenen Interessen, insbesondere den Finanzierungseffekten, und den betrieblichen Gegebenheiten richtet. Der Arbeitnehmer kann dagegen auf die konkrete Ausgestaltung der Versorgung nur wenige Einfluss nehmen. Mit einer vom Arbeitnehmer selbst abgeschlossenen Versicherung, bei der sich die Beitragszahlung des Arbeitgebers zugunsten seines Arbeitnehmers lediglich als abgekürzter Zahlungsweg darstellt, ist die mittelbare betriebliche Altersversorgung mithin nicht gleichzusetzen.

Mit der Beitragszahlung für die betriebliche Altersversorgung erfüllt der Arbeitgeber auch nicht etwas eine Pflicht des Arbeitnehmers - insofern besteht ein wesentlicher Unterschied zu der Abführung des Arbeitnehmeranteils an die gesetzliche Sozialversicherung durch den Arbeitgeber[696]. Auch wenn die Beitragszahlung nicht zuletzt im Interesse des Arbeitnehmers liegt, handelt es sich gleichwohl vorrangig um eine eigene Verpflichtung des Arbeitgebers als Versicherungsnehmer.

4. Erwerb des Rechtsanspruchs kein geeignetes Zuflusskriterium

Festzuhalten bleibt, dass der Erwerb eines (formalen) Rechtsanspruchs für sich genommen kein geeignetes Kriterium darstellt, um über den Zufluss in Zusammenhang mit der betrieblichen Altersversorgung zu entscheiden.

Der Arbeitnehmer erwirbt bei allen fünf Durchführungsformen der betrieblichen Altersversorgung (einschließlich der Direktzusage) einen Versorgungsanspruch - allein mit dem Unterschied, dass sich der Anspruch bei der Direktzusage gegen den Arbeitgeber richtet, bei den mittelbaren Durchführungswegen dagegen primär gegen die externe Versorgungseinrichtung. Für den Arbeitnehmer macht es wirtschaftlich gesehen aber keinen spürbaren Unterschied, ob er bei einer externen Versorgungseinrichtung versichert wird, oder ob die Absicherung der entsprechenden Risiken durch den Arbeitgeber selbst erfolgt. Bei der Versorgung über einen externen Versorgungsträger erhält der Arbeitnehmer keineswegs mehr oder etwas Besseres als bei einer unmittelbaren Versorgungszusage. In allen Fällen steht ihm zunächst nur eine Versorgungsanwartschaft zu, die zu Beginn der Versorgungsphase zum Vollrecht wird und schließlich zur Auszahlung der Versorgungsleistungen führt. Ein wirklich greifbarer Vorteil, der ihm ermöglich, zu konsumieren oder Steuern zu zahlen, wird ihm immer erst im Zeitpunkt der Auszahlung zugewendet.

696 Vgl. dazu Kister, in: Herrmann/Heuer/Raupach, EStG, § 11 Rn. 69.

Auch der Gedanke der Lohnverwendung trägt insoweit nicht. Angesichts der schwachen rechtlichen Position des Arbeitnehmers in der Ansparphase gegenüber der Versorgungseinrichtung muss bezweifelt werden, dass der Arbeitnehmer allein aufgrund des Erwerbs des Rechtsanspruchs bereit wäre, seinen Arbeitslohn entsprechend zu investieren. Zu einer entsprechenden Anlage wäre er allenfalls aufgrund der Gesamtsituation, der zusätzlichen Absicherung durch das Versorgungsversprechen des Arbeitgebers bereit. Auf das Versorgungsversprechen des Arbeitgebers soll es aber zu Recht für den Arbeitslohnzufluss im Rahmen der betrieblichen Altersversorgung nicht ankommen.

VII. Zufluss erst mit Auszahlung der Versorgungsleistungen

1. Geschuldeter Erfolg als Orientierungsrahmen

Für die Frage, zu welchem Zeitpunkt der Arbeitnehmer in einkommensteuerlich relevanter Weise bereichert ist, kommt es letztlich darauf an, ob und wann er eine Einnahme erzielt, d. h. die wirtschaftliche Verfügungsmacht über ein geldwertes Gut erlangt. Wie § 8 Abs. 1 EStG verdeutlicht, kann die Einnahme in Geld, aber auch in einem Sachbezug (einem „Gut in Geldeswert") wie einer Forderung, bestehen. In Konstellationen, in denen dem Steuerpflichtigen ein geldwertes Gut nicht unmittelbar zugewendet wird, sondern ihm zunächst nur ein Anspruch darauf zusteht, ist es damit stets notwendig zu entscheiden, ob bereits im Zeitpunkt der Anspruchsentstehung oder erst im Zeitpunkt der Auszahlung oder Aushändigung zu einem Arbeitslohnzufluss kommt.

Wenn nun aber beide Zeitpunkte prinzipiell in Betracht kommen, sollte sich die Entscheidung für einen der Zeitpunkte daran orientieren, welchem Zweck die betreffende Maßnahme dient und welcher Erfolg - allein die Verschaffung des Rechts oder die Auszahlung - letztlich geschuldet wird. Denn zu einem Einnahmezufluss kann es regelmäßig erst dann kommen, wenn der geschuldete Erfolg eingetreten ist, d. h. der Anspruch (auf Entlohnung in Form von Geld oder auch in Form eines Rechts) erfüllt wird, oder der Steuerpflichtige diesen Erfolg zumindest herbeiführen kann.[697]

Auch der Bundesfinanzhof geht in ständiger Rechtsprechung[698] davon aus, dass das Innehaben von Ansprüchen oder Rechten den Zufluss von Einnahmen regelmäßig noch nicht herbeiführe, sondern ein Zufluss grundsätzlich erst mit

---

697 Siehe Seite 55 ff.

698 BFH v. 11. Dezember 2008, VI R 9/05, DStR 2009, 317 (318); v. 20. Juli 2005, VI R 165/01, BStBl. II 2005, 890 (891 f.); v. 23. Juni 2005, VI R 124/99, BStBl. II

der Erfüllung des Anspruchs gegeben sei. Soweit das Gericht diesen Grundsatz wieder einschränkt, indem es vertritt, dass immer dann „etwas anderes gilt (...), wenn der Arbeitgeber mit seinen Leistungen einen unmittelbaren und unentziehbaren Rechtsanspruch gegen einen Dritten verschafft“[699], ist dem in Bezug auf die betriebliche Altersversorgung allerdings nicht zu folgen.

Nach dem genannten Kriterium wäre die derzeitige Rechtspraxis bei der betrieblichen Altersversorgung nur dann plausibel, wenn die Verpflichtung des Arbeitgebers bei den versicherungsförmigen Durchführungswegen allein in der Verschaffung eines Anspruchs gegen die Versorgungseinrichtung bestehen würde. Dann wäre auch der Ansicht der Rechtsprechung beizupflichten, wonach es unerheblich sein soll, ob die Ansprüche „rechtlich und wirtschaftlich als sicher“ anzusehen sind.[700] Denn die Unsicherheit, ob es tatsächlich zu einer Auszahlung der Leistungen kommt, wohnt jedem Versicherungsverhältnis inne.[701] Unbeachtlich wären auch die Verkehrsfähigkeit des Anspruchs und etwaige Verfügungsbeschränkungen (wie z. B. ein Ausschluss der Abtretung und der Verpfändung).[702] Mit der Zahlung an die Versorgungseinrichtung hätte der Arbeitgeber den Lohnanspruch des Arbeitnehmers, der insoweit auf die Begründung eines von ihm unabhängigen Versorgungsanspruchs gerichtet ist, erfüllt. Auf das weitere Schicksal des Anspruchs käme es deshalb für den Arbeitslohnzufluss nicht mehr an. An die Stelle des Arbeitsverhältnisses würde das Versicherungsverhältnis treten; es käme also zu einem „Wechsel der Erwerbsgrundlage“. Dem Arbeitnehmer würde bereits in dem Zeitpunkt und in der Höhe der Dotierung der Versorgungseinrichtung Arbeitslohn im Sinne von § 19 Abs. 1 EStG zufließen. Die Auszahlungen in der Versorgungsphase wären als versicherungsförmige Leistungen nach Maßgabe des § 22 Nr. 5 EStG zu versteuern.[703]

Eine andere Beurteilung ergäbe sich aber, sofern der Arbeitgeber auch bei den mittelbaren Durchführungswegen die Versorgung des Arbeitnehmers schuldete. Dann würde der Lohnanspruch des Arbeitnehmers erst in dem Zeitpunkt erfüllt, in dem die Versorgungsleistungen tatsächlich an ihm ausgezahlt werden. Erst die Auszahlung würde zu einem Arbeitslohnzufluss nach § 19 Abs. 1 EStG führen. Auch in diesem Fall wären Verfügungsbeschränkungen hinsichtlich

---

2005, 766 (768); VI R 10/03, BStBl. II 2005, 770 (773); v. 27. Mai 1993, VI R 19/92, BStBl II 1994, 246 (247).

699 BFH v. 20. Juli 2005, VI R 165/01, BStBl. II 2005, 890 (891 f.).

700 Vgl. BFH v. 27. Mai 1993, VI R 19/92, BStBl. II 1994, 246 (248).

701 Vgl. Trzaskalik, in: Kirchhof/Söhn/Mellinghoff, EStG, § 11 Rn. B 103.

702 Vgl. Breinersdorfer, in: Kirchhof/Söhn/Mellinghoff, EStG, § 19, Rn. B 766 ff.

703 Vgl. BFH v. 20. Juli 2005, VI R 165/01, BStBl. II 2005, 890 (891 f.)

des Versorgungsanspruchs allgemein unbeachtlich. Für den Arbeitslohnzufluss käme es ohnehin nicht auf den Anspruch, sondern allein auf die Zahlung der Versorgungsleistungen an. Indirekt auswirken könnte sich aber die Sicherheit des Anspruchs, denn falls sich ein ggf. bestehendes Risiko verwirklicht und es nicht zu einer Auszahlung der Versorgungsleistungen kommt, wäre auch ein Arbeitslohnzufluss ausgeschlossen.

2. Geschuldeter Erfolg besteht in der Versorgung

Doch welcher Erfolg wird nun im Rahmen der betrieblichen Altersversorgung geschuldet?

Aus Sicht des Arbeitnehmers haben Versicherungen für Zwecke der betrieblichen Altersversorgung eine andere Schutzrichtung als viele andere vom Arbeitgeber für seine Beschäftigten abgeschlossenen Versicherungen, wie z. B. Unfallversicherungen. So wird etwa durch Unfallversicherungen, bei denen die Rechtsprechung - zumindest unter bestimmten Umständen - bereits einen Lohnzufluss im Zeitpunkt der Beitragszahlungen annimmt,[704] regelmäßig ein gegenwärtiges Risiko (die permanente Gefahr eines Unfalls) abgesichert. Bei der betrieblichen Altersversorgung liegt dagegen jedenfalls das Hauptrisiko (Alter) noch in der Zukunft; unter Umständen tritt es erst nach Jahrzehnten ein. Den wesentlichen Nutzen der Versicherung kann der Arbeitnehmer damit erst nach Eintritt des Versorgungsfalls, bei Auszahlung der Leistungen, in Anspruch nehmen. Dass er bereits durch den Arbeitgeber abgesichert wird, ermöglicht dem Arbeitnehmer zwar, seine privaten Vorsorgemaßnahmen zu reduzieren, falls er dies wünscht. Allein die Ersparnis von Aufwendungen führt jedoch noch nicht zu einem einkommensteuerlichen Zufluss.[705]

Auch aus Sicht des Arbeitgebers erschöpft sich seine Verpflichtung nicht in einer bloßen Beitragszahlung an die Versorgungseinrichtung. Der Arbeitgeber wird bei den versicherungsförmigen Durchführungswegen nicht von allen seinen Verpflichtungen frei, indem er die Zahlungen an den Versorgungsträger entrichtet. Neben seinen Obliegenheiten aus dem Versicherungsverhältnis, insbesondere der Pflicht zur (weiteren) Dotierung des Versorgungsunternehmens, treffen ihn zusätzliche arbeitsrechtliche Pflichten. Namentlich stellt § 1 Abs. 1 Satz 3 BetrAVG klar, dass der Arbeitgeber für die Erfüllung der von ihm zugesagten Leistungen selbst dann einzustehen hat, wenn die Versorgung nicht über

---

704 BFH v. 11. Dezember 2008, VI R 9/05, DStR 2009, 317 (318).

705 Vgl. Freye, Gehaltsumwandlungen aus arbeits- und steuerrechtlicher Sicht, Hamburg 2003, S. 311 ff.

ihn, sondern über einen externen Versorgungsträger erfolgt. Daraus wird deutlich, dass der Arbeitgeber auch bei mittelbaren Versorgungszusagen immer eine „Grundverpflichtung" übernimmt, die er nicht auf den Versorgungsträger übertragen kann und von der er durch die Zahlung der Vorsorgebeiträge nicht frei wird. Zudem trägt der Arbeitgeber das Risiko der Insolvenz des externen Versorgungsträgers.[706] Nicht zuletzt ist darauf hinzuweisen, dass das Betriebsrentengesetz keine reinen Beitragszusagen anerkennt, bei denen sich die Verpflichtung des Arbeitgebers allein auf das Bereitstellen oder Abführen der Vorsorgebeiträge beschränkt, ihn darüber hinaus aber keine Obliegenheiten treffen.[707] Vielmehr muss der Arbeitgeber bei allen zugelassenen Zusagearten (Leistungszusage, beitragsorientierte Leistungszusage, Beitragszusage mit Mindestleistung) die zugesagten Leistungen garantieren und ist verpflichtet, nachzufinanzieren, soweit das erwirtschaftete Versorgungskapital zur Zahlung der versprochenen Leistungen nicht ausreicht.[708]

Die Perspektiven der Beteiligten, besonders aber auch die Wertungen des Betriebsrentengesetzes sprechen dafür, dass der Arbeitgeber auch bei den versicherungsförmigen Durchführungswegen nicht nur die Zahlung der Beiträge, sondern die Versorgung schuldet. Erst wenn der die zugesagten Leistungen an den Berechtigten ausgezahlt hat (oder wenn die Auszahlung mangels Eintritts des Versorgungsfalls entfällt) wird er von allen seinen Verpflichtungen aus der Versorgungszusage frei. Gerade der Umstand, dass der Arbeitgeber einen Teil der Verantwortung für die Versorgung seiner Arbeitnehmer übernimmt, gibt der betrieblichen Altersversorgung ihren besonderen Charakter. Erst hierdurch grenzt sie sich von der privaten Vorsorge ab, wo der Arbeitgeber zwar ggf. - sofern er überhaupt beteiligt ist - Spar- oder Vorsorgebeiträge für den Arbeitnehmer an einen Dritten abführt (abgekürzter Zahlungsweg), das weitere Schicksal dieser Maßnahme für ihn aber ohne Belang ist.

3. Fazit

Steht dem Steuerpflichtigen - wie bei der mittelbaren betrieblichen Altersversorgung - zunächst nur ein Anspruch zu, aufgrund dessen es erst später zu einer Auszahlung kommt, ist der Zeitpunkt des Zuflusses danach zu bestimmen, welcher Erfolg - Verschaffung des Anspruchs oder Auszahlung - geschuldet wird und wann dieser eintritt. Bei der betrieblichen Altersversorgung schuldet der

706 Siehe Seite 77.

707 Siehe Seite 100 f.

708 Siehe Seite 92.

Arbeitgeber bei den mittelbaren Durchführungswegen (Direktversicherung, Pensionskasse und Pensionsfonds, aber auch bei der Unterstützungskasse) ebenso wie bei der unmittelbaren Versorgung (Direktzusage) nicht bloß die Vorsorgemaßnahme, sondern letztlich die Versorgung - wenn auch bedingt durch den Eintritt des Versorgungsfalls. Damit tritt der geschuldete Erfolg, die Versorgung, erst ein, wenn die Leistungen an den Arbeitnehmer ausgezahlt werden. Demnach kommt es erst zu diesem Zeitpunkt, und nicht etwa schon bei Entrichtung der Versorgungsbeiträge, zu einem Arbeitslohnzufluss.

Dieses Ergebnis hält auch einer Überprüfung anhand der systematischen Grundentscheidungen des Einkommensteuergesetzes stand. Danach drückt sich die steuerliche Leistungsfähigkeit bei den Überschusseinkunftsarten grundsätzlich in einem Zufluss in Form von Geld oder geldwerten Gütern aus („Kassenprinzip"). Auf den bloßen Erwerb eines Anspruchs ist für den Zufluss nur dann zurückzugreifen, wenn das Kassenprinzip nicht zu sachgerechten Ergebnissen führen würde - etwa weil eine Geld- oder Sachzuwendung von vornherein ausscheidet oder sich die Zuwendung in dem Anspruch erschöpft. Eines solchen Korrektivs bedarf es bei der betrieblichen Altersversorgung aber nicht. Denn wirtschaftliche Leistungsfähigkeit erlangt der Arbeitnehmer erst bei Auszahlung der Leistungen in der Versorgungsphase.

4. Einkunftsart, Höhe der Einkünfte

Da Grundlage der Auszahlung auch bei den mittelbaren Durchführungswegen das Dienstverhältnis zwischen Arbeitnehmer und Arbeitgeber ist, führen die Versorgungsleistungen hier - ebenso wie bei der Direktzusage[709] - zu nachträglichem Arbeitslohn.

Dabei lässt sich noch die Frage stellen, wonach - nach den Vorsorgeaufwendungen oder den Versorgungsleistungen - die Höhe der Einkünfte zu bemessen sein sollen. Dies scheint keineswegs selbstverständlich zu sein, hat der Bundesfinanzhof doch in einem jüngeren Urteil[710] entschieden, dass der Arbeitnehmer Leistungen aus einer arbeitgeberfinanzierten Gruppenunfallversicherung, die ihm keinen unentziehbaren Rechtsanspruch einräumt, im Auszahlungszeitpunkt in Höhe der entrichteten, auf den Versicherungsschutz des Arbeitnehmers entfallenden Beiträge als Arbeitslohn zu versteuern hat, begrenzt auf die dem Arbeitnehmer ausgezahlte Versicherungsleistung. Seine Auffassung begründet das Gericht damit, dass dem Arbeitnehmer im Auszahlungszeitpunkt kein Arbeitslohn in

---

709 Siehe Seite 148 ff.

710 BFH v. 11. Dezember 2008, VI R 9/05, DStR 2009, 317 (317 ff.)

Gestalt der Versicherungsleistungen zufließe, sondern der in den Beitragsleistungen liegende Vorteil. Mit der Finanzierung des Versicherungsschutzes wende der Arbeitgeber die entsprechenden Beiträge und nicht die bei Eintritt des Versicherungsfalls zu gewährenden Versicherungsleitungen zu. Da die wirtschaftliche Verfügungsmacht des Arbeitnehmers allerdings nicht mehr als den Betrag der an ihn ausgekehrten Versicherungsleistungen umfasse, sei der Vorteil der Höhe nach auf die erbrachten Versicherungsleistungen zu beschränken.

Einen Arbeitslohnzufluss nimmt der Bundesfinanzhof - in konsequenter Anwendung seiner Rechtsprechung - mangels eines eigenen Rechtsanspruchs des Arbeitnehmers erst im Zeitpunkt der Leistungsauszahlung an. Auch bei den verschiedenen Durchführungsformen der betrieblichen Altersversorgung kommt es richtigerweise erst mit Auszahlung der Versorgungsleistungen zu einem Arbeitslohnzufluss. Dessen ungeachtet sind die Erwägungen des Bundesfinanzhofs in dem Urteil nicht auf die betriebliche Altersversorgung übertragbar. Der Vorteil, die Bereicherung, die der Arbeitnehmer aus dem früheren Dienstverhältnis erlangt, besteht hier nicht in den Vorsorgebeiträgen des Arbeitgebers, sondern in der Versorgung selbst. Das Versorgungsversprechen des Arbeitnehmers ist indes bei Leistungszusagen, aber auch bei beitragsorientierten Leistungszusagen und Beitragszusagen mit Mindestleistung auf bestimmte oder bestimmbare Leistungen gerichtet. Dem entsprechend bestehen die dem Arbeitnehmer im Auszahlungszeitpunkt zufließenden Arbeitgeberzuwendungen nicht in den Vorsorgebeiträgen, sondern in den Versorgungsleistungen. Die Höhe des in der Versorgungsphase zufließenden nachträglichen Arbeitslohns ist deshalb bei der betrieblichen Altersversorgung nach den ausgezahlten Versorgungsleistungen und nicht etwas nach den vom Arbeitgeber eingezahlten Beiträgen zu bemessen.

VIII. Ergebnis der Beurteilung der derzeitigen Besteuerung der mittelbaren Durchführungswege und Schlussbetrachtung

Die derzeitige Besteuerung der mittelbaren betrieblichen Altersversorgung ist steuersystematisch nur teilweise zutreffend.

Entgegen der herrschenden Auffassung kommt es auch bei den Durchführungswegen Direktversicherung, Pensionskasse und Pensionsfonds erst mit Auszahlung der Versorgungsleistungen zu einem Arbeitslohnzufluss. Erst zu diesem Zeitpunkt erfüllt der Arbeitgeber seine vollen Verpflichtungen aus der (mittelbaren) Versorgungszusage. Als Einkünfte aus nichtselbständiger Arbeit wären deshalb - anders als § 19 Abs. 1 Nr. 3 EStG es gegenwärtig vorsieht - noch nicht die Beiträge und Zuwendungen an die genannten Versorgungsträger, sondern erst die an den Arbeitnehmer tatsächlich ausgezahlten Versorgungsleistungen zu erfassen.

Bei dem weiteren mittelbaren Durchführungsweg, der Unterstützungskasse, werden die Versorgungsleistungen dagegen steuersystematisch zutreffend als nachträgliche Einkünfte aus nichtselbständiger Arbeit gemäß § 19 Abs. 1 Nr. 2 EStG besteuert. Entgegen der herrschenden Ansicht ist dies aber nicht mit dem Fehlen des formalen Rechtsanspruchs des Arbeitnehmers auf die Leistungen der Kasse zu begründen. Richtigerweise resultiert das Ergebnis vielmehr daraus, dass ein Arbeitslohnzufluss auch bei der Versorgung über eine Unterstützungskasse erst dann zu verzeichnen ist, wenn der Arbeitgeber sein Versorgungsversprechen mit der Auszahlung der Kassenleistungen an den Arbeitnehmer vollständig erfüllt.

Wenn § 19 Abs. 1 Nr. 3 EStG bereits die laufenden Beiträge und Zuwendungen des Arbeitsgebers aus einem bestehenden Dienstverhältnis an einen Pensionsfonds, eine Pensionskasse oder eine Direktversicherung den Einkünften aus nichtselbständiger Arbeit zuweist, handelt es sich um eine gesetzliche Zuflussfiktion.[711] Eine gesetzliche Zuflussfiktion soll nach der Rechtsprechung des Bundesfinanzhofs zwar allgemein zulässig sein.[712] Sachgerecht erscheint sie im Fall der betroffenen Durchführungswege der betrieblichen Altersversorgung aber nicht, denn damit wurde einer steuersystematisch fragwürdigen Rechtspraxis Gesetzesform verliehen.

Gegenwärtig wird eine partielle nachgelagerte Besteuerung bei den Durchführungswegen Direktzusage, Pensionskasse und Pensionsfonds dadurch erreicht, dass die Beiträge in den Grenzen von § 3 Nr. 63 EStG und § 3 Nr. 56 EStG steuerfrei gestellt werden. Steuersystematisch korrekt sein könnte eine solche beschränkte Steuerfreistellung aber allenfalls unter dem Aspekt indisponiblen Einkommens (Minderung der subjektiven Leistungsfähigkeit) oder als rein sozialpolitische Maßnahme.[713] Mangels eines Einnahmezuflusses fehlt es aber bei den genannten Durchführungswegen in der Vorsorgephase an der objektiven Leistungsfähigkeit. Eine unbegrenzte nachgelagerte Besteuerung wäre hier - ebenso wie bei den Durchführungswegen Direktzusage und der Unterstützungskasse - bereits aufgrund der steuerlichen Systemgrundsätze geboten.

Das systematisch fragwürdige Konstrukt aus Lohnzuflussfiktion (§ 19 Abs. 1 Nr. 3 EStG) und begrenzter Steuerfreistellung (§ 3 Nr. 63 und § 3 Nr. 56 EStG)

---

711 Vgl. Krüger, in: Schmidt, EStG, 32. Aufl. (2013), § 19 Rn. 86.

712 BFH v. 1. März 1972, I R 214/70, BStBl. II 1972, 591 (593); v. 2. November 1962, VI 284/61, BStBl. III 1963, 96 (97 f.); vgl. BFH v. 29. Juni 2000, XI B 10/00, BFH/NV 2000, 1469 (1470).

713 Siehe Seite 39 ff.

erscheint umso beklagenswerter, als es doch erklärtes Ziel der mit dem Alterseinkünftegesetz begonnenen Reformen war, zu einer möglichst einheitlichen nachgelagerten Besteuerung überzugehen. Bei einer korrekten Anwendung des Zuflussprinzips ergäbe sich eine volle nachgelagerte Besteuerung aller Durchführungswege der betrieblichen Altersversorgung gleichsam von selbst.

Im Interesse einer steuersystematisch korrekten und einheitlichen nachgelagerten Besteuerung sämtlicher Durchführungswege der nachgelagerten Besteuerung sollte deshalb § 19 Abs. 1 Nr. 3 EStG, einschließlich der Sätze 2 bis 4, wieder gestrichen werden. Stattdessen könnte eine klarstellende Regelung in das Gesetz aufgenommen werden, die etwa wie folgt lauten könnte: „Zu den nachträglichen Einkünften aus nichtselbständiger Arbeit gehören auch arbeitgeberfinanzierte oder auf Entgeltumwandlung beruhende Versorgungsleistungen aufgrund von Zusagen des Arbeitgebers auf betriebliche Altersversorgung (Direktzusagen sowie Zusagen auf Versorgung über eine Unterstützungskasse, eine Direktversicherung, eine Pensionskasse oder einen Pensionsfonds)". Gleichzeitig würden sich die Steuerfreistellungen in § 3 Nr. 63 und § 3 Nr. 56 EStG erübrigen.

Eine Vereinfachung der steuerlichen Regelungen zur betrieblichen Altersversorgung könnte auch einen sozialpolitisch wünschenswerten zusätzlichen Anreiz für entsprechende Vorsorgemaßnahmen bieten. Verbesserte Möglichkeiten, in eine nachgelagert besteuerte betriebliche Altersversorgung zu investieren wären indes vor allem für Besserverdienende interessant. Ein Ausufern der betrieblichen Altersversorgung und damit verbundene gegenwärtige Steuerausfälle dürften gleichwohl nicht zu befürchten sein. Zum einen können bereits jetzt verschiedene Durchführungswege der betrieblichen Altersversorgung kombiniert werden, was steuerlich und sozialversicherungsrechtlich vorteilhafte Gestaltungen ermöglicht.[714] Zu einer gewissen Begrenzung der Investitionen in die betriebliche Altersversorgung dürfte auch die fehlende Vererbbarkeit der Versorgungsansprüche führen.[715] Sollte es aufgrund der Einbeziehung weiterer Durchführungswege der betrieblichen Altersversorgung in die volle nachgelagerte Besteuerung gleichwohl zu gegenwärtigen Steuerausfällen kommen, dürften dem wiederum höhere Steuereinnahmen in späteren Veranlagungszeiträumen gegenüberstehen.

714 Vgl. Buttler, Einführung in die betriebliche Altersversorgung, 6. Aufl. (2012), Rn. 207.

715 Vgl. Hey, Stellungnahme zum Entwurf eines Gesetzes zur Neuordnung der einkommensteuerlichen Behandlung von Altersvorsorgeaufwendungen und Altersbezügen (Alterseinkünftegesetz - AltEinkG) BT-Drucksache 15/2150 anlässlich der öffentlichen Anhörung im Finanzausschuss des Deutschen Bundestages am 28. Januar 2004, S. 8.

H. Zusammenfassung

1. Anknüpfend an die verschiedenen Lebensphasen spricht man von einer nachgelagerten Besteuerung von Alterseinkünften, wenn und soweit der Arbeitnehmer erst die Leistungen, die er in der Versorgungsphase ausbezahlt erhält, versteuern muss. Bei der vorgelagerten oder „traditionellen" Besteuerung sind dagegen bereits die Beiträge, die in der Vorsorgephase für die spätere Versorgung angespart werden, aus versteuertem Einkommen zu entrichten; zudem erfolgt regelmäßig eine Besteuerung der mit dem Vorsorgekapital erwirtschafteten Erträge.
2. Eine nachgelagerte Besteuerung kann dadurch bewirkt werden, dass die - aus zugeflossenen Einnahmen stammenden - Vorsorgebeiträge als Werbungskosten geltend gemacht werden können, steuerfrei gestellt werden oder als Sonderausgaben abziehbar sind. Die nachgelagerte Besteuerung kann darauf beruhen, dass es erst dann zu einem Einnahmezufluss kommt, wenn die Versorgungsleistungen an den Berechtigten ausgezahlt werden. Setzt man die nachgelagerte Besteuerung mit einem Aufschub des regulären Besteuerungszeitpunkts gleich, handelt es sich streng genommen nur bei der ersten Fallgruppe um eine nachgelagerte Besteuerung, während in der zweiten Fallgruppe eine reguläre Besteuerung erfolgt. Aus diesem Grund - und um die steuersystematischen Unterschiede bereits begrifflich herauszustellen - sollte bei der ersten Fallgruppe von einer „nachgelagerten Besteuerung im engeren Sinne" und bei der zweiten Fallgruppe von einer „nachgelagerten Besteuerung im weiteren Sinne" gesprochen werden.
3. Eng mit der nachgelagerten Besteuerung verknüpft sind die Begriffe der Entgeltumwandlung und Deferred Compensation. Kennzeichen dieser Modelle ist stets eine Vereinbarung zwischen Arbeitgeber und Arbeitnehmer, wonach zumindest ein Teil der Vergütung (als Gegenleistung für die Arbeitsleistung) nicht im zeitlichen Zusammenhang mit der erbrachten Dienstleistung gewährt wird, sondern die Auszahlung auf einen späteren Zeitpunkt verschoben wird. Dies führt in vielen Fällen dazu, dass die entsprechende Entgeltkomponente erst deutlich später (und damit nachgelagert) besteuert wird als der reguläre, zeitnah gezahlte Arbeitslohn. Durch die Entgeltumwandlung oder Deferred Compensation kann damit eine

nachgelagerte Besteuerung gewissermaßen im Wege der Vertragsgestaltung erreicht werden.

4. Das System der nachgelagerten Besteuerung führt bei überperiodischer Betrachtung zu einer deutlich geringeren Steuerbelastung als die traditionelle vorgelagerte Besteuerung. Dieser Effekt beruht wesentlich darauf, dass die nachgelagerte Besteuerung - anders als die traditionell vorgelagerte Besteuerung - die marktübliche Verzinsung des Anlagekapitals implizit steuerfrei stellt. Bei marktüblicher Verzinsung und gleichbleibendem Steuersatz bleibt bei der nachgelagerten Besteuerung die überperiodische Steuerlast unabhängig vom Auszahlungszeitpunkt konstant, d. h. die nachgelagerte Besteuerung bewirkt intertemporale Neutralität.
5. Über die systemimmanenten Vorteile hinaus wirkt sich die nachgelagerte Besteuerung für den Steuerpflichtigen oftmals aufgrund der geringeren Progression in der Versorgungsphase günstig aus. Inwieweit der Versorgungsberechtigte tatsächlich von dem späteren Besteuerungszeitpunkt profitieren kann, hängt auch von anderen für ihn relevanten steuerlichen Regelungen ab, die ggf. Änderungen unterworfen sein können. Irreführend ist der Hinweis auf einen „Steuerstundungseffekt" der nachgelagerten Besteuerung. Die nachgelagerte Besteuerung entspricht weder in ihren wirtschaftlichen Auswirkungen noch begrifflich einer Steuerstundung.
6. Als Maßstab steuerlicher Leistungsfähigkeit gilt derzeit in Deutschland wie auch in den meisten ausländischen Einkommensteuerrechtssystemen das aus den Elementen Konsum und Sparen zusammengesetzte Einkommen. Da die verschiedenen Sparformen steuerlich unterschiedlich belastet werden, wird im Interesse der Besteuerungsneutralität teils gefordert, auf eine Besteuerung des Sparens gänzlich zu verzichten (konsumorientierte Besteuerung). Erreicht werden soll die konsumorientierte Besteuerung entweder durch eine Sparbereinigung oder durch eine Zinsbereinigung von Einkünften.
7. Die Vorteile einer rein konsumorientierten Besteuerung wären im Wesentlichen in einer Inflationsbereinigung, der intertemporalen Neutralität der Besteuerung sowie in einer wohl gerechteren Besteuerung des Lebenseinkommens zu sehen. Diese Ziele lassen sich aber auch innerhalb des herkömmlichen Einkommensteuersystems fördern. Bei einem Systemwechsel zu einer konsumorientierten Besteuerung würden sie durch eine einseitige und vermutlich deutlich höhere Belastung des Arbeitseinkommens erkauft. Der Gesetzgeber hat sich derzeit für ein Vielsteuersystem entschieden, das teils an den Konsum (so insbesondere bei der Umsatzsteuer und anderen

Verbrauchsteuern) und teils an den Zuwachs von Vermögen (so vorwiegend bei den Ertragsteuern) anknüpft. Diese grundlegende gesetzgeberische Entscheidung sollte auch bei der Suche nach der „richtigen" Besteuerung von Alterseinkünften nicht ohne zwingende Gründe - an denen es trotz der augenscheinlichen Vorzüge der konsumorientierten Besteuerung fehlt - abgewichen werden. Alterseinkünfte sind deshalb nicht etwa aufgrund eines konsumorientierten Besteuerungssystems generell nachgelagert zu besteuern. Der Orientierungsrahmen für den Besteuerungszeitpunkt sowie die weitere Ausgestaltung der Besteuerung von Alterseinkünften ist deshalb innerhalb der Systematik des geltenden, nicht rein konsumorientierten Einkommensteuerrechts zu suchen.

8. Eine nachgelagerte Besteuerung von Alterseinkünften kann unter Gesichtspunkten der objektiven Leistungsfähigkeit oder der subjektiven Leistungsfähigkeit geboten sein; denkbar ist aber auch, dass es sich dabei um eine rein sozialpolitische Maßnahme handelt. Das entscheidende Kriterium für die Einordnung ist dabei der Zufluss: Fließen dem Steuerpflichtigen nicht bereits in der Vorsorgephase, sondern erstmalig bei Auszahlung der Leistungen in der Versorgungsphase Einnahmen zu, ist eine volle nachgelagerte Besteuerung steuersystematisch zwingend geboten. Kommt es bereits in der Vorsorgephase zu einem Einnahmezufluss, kann sich eine (teilweise) nachgelagerte Besteuerung daraus ergeben, dass die Vorsorgebeiträge entweder als Werbungskosten, als Sonderausgaben oder als Ausdruck einer sozialpolitischen Maßnahme voll oder teilweise abzugsfähig sind.
9. Der einkommensteuerliche Zufluss setzt - entsprechend seinem Zweck, das Leistungsfähigkeitsprinzip zu konkretisieren - voraus, dass sich die Fähigkeit des Steuerpflichtigen erhöht hat, in Form von Geld zu zahlende Steuerleistungen zu erbringen. Von dem für die Überschusseinkünfte geltenden „Kassenprinzip" ist nur insoweit abzuweichen, als durch eine reine Geldrechnung nicht alle leistungsfähigkeitsrelevanten Sachverhalte erfasst werden könnten - insbesondere bei Vermögenszugängen oder -abgängen in Form reiner Sachleistungen.
10. Da zu den Sachleistungen prinzipiell auch Ansprüche zählen können, stellt sich oftmals - so auch im Bereich der Arbeitnehmereinkünfte - die Frage, ob es bereits bei Anspruchserwerb oder erst zu einem späteren Zeitpunkt zu einem Einnahmezufluss kommt. Die für den Zufluss maßgebliche wirtschaftliche Verfügungsmacht erlangt der Steuerpflichtige immer dann, wenn der geschuldete Leistungserfolg eintritt oder der Steuerpflichtige zumindest die Möglichkeit hat, diesen herbeizuführen. Den zivilrechtlichen

Referenzbegriff für den einkommensteuerlichen Zufluss bildet daher die Erfüllung. Ausnahmeweise können aber auch bestimmte, der Erfüllung gleichgestellte Rechtshandlungen (Erfüllungssurrogate) einen Zufluss bewirken. Dazu zählen insbesondere ein mit einer Verwendungsauflage verbundener Verzicht (Lohnverwendungsabrede) sowie eine im Interesse des Gläubigers vereinbarte Novation.

11. Hinsichtlich des Zufluss von Arbeitslohn ist zwischen dem Dienstverhältnis als solchem (Erwerbsgrundlage) und der Erzielung von Einnahmen aus dem Dienstverhältnis (Nutzung der Erwerbsgrundlage) zu unterscheiden. So führt der bloße Anspruch auf Arbeitslohn als Teil des Dienstverhältnisses noch nicht zu einem einkommensteuerlichen Zufluss. Ein Arbeitslohnzufluss, eine Steigerung der steuerlichen Leistungsfähigkeit, ist erst zu verzeichnen, wenn der Anspruch des Arbeitnehmers - in der Regel durch Auszahlung des vereinbarten Geldbetrages - erfüllt wird. Aber auch hier kann sich ein Zufluss aufgrund bestimmten zivilrechtliche Vereinbarungen zwischen den Beteiligten ergeben. Beispielhaft zu nennen sind die Gutschrift in den Büchern des Arbeitgebers, wenn sie (überwiegend) zum Vorteil des Arbeitsnehmers erfolgt oder dieser jedenfalls eine jederzeitige Zugriffsmöglichkeit hat, die Lohnverwendungsabrede, bei der der Arbeitslohnzufluss durch Zahlung an einen Dritten bewirkt wird, sowie die Abtretung eines Anspruchs des Arbeitgebers gegen einen Dritten an den Arbeitnehmer an Erfüllung statt.
12. Der Zeitpunkt des Arbeitslohnzuflusses richtet sich auch bei der durch Entgeltumwandung finanzierten betrieblichen Altersversorgung nach dem Durchführungsweg. Die Entgeltumwandlungsabrede selbst bewirkt regelmäßig keinen Zufluss von Arbeitslohn. Als Schuldänderungsvereinbarung modifiziert sie das Arbeitsverhältnis als solches, greift aber nicht auf den einzelnen Entgeltanspruch zu.
13. Zeitlich gesehen ist eine Entgeltumwandlung so lange möglich, bis der einzelne Entgeltanspruch entstanden ist, d. h. der Arbeitnehmer den Anspruch erdient hat und ggf. alle sonstigen Tatbestandsvoraussetzungen erfüllt sind. Für das Zivilrecht folgt dies aus der zivilrechtsdogmatischen Einordnung der Entgeltumwandlung als Schuldänderungsvereinbarung, für das Steuerrecht aus der Anwendung des Zuflussprinzips. Wenn die Finanzverwaltung die Entgeltumwandlung vereinfachend auch noch auf bereits erdiente, aber noch nicht fällig gewordene Entgeltbestandteile ausdehnt, ist dies aus Praktikabilitätserwägungen nicht zu beanstanden.
14. Der Besteuerung der verschiedenen Durchführungswege der betrieblichen Altersversorgung liegt auch nach den Reformen durch das

Alterseinkünftegesetz kein einheitliches Konzept zugrunde. Allein die Durchführungswege der Direktzusage und der Unterstützungskasse werden vollständig nachgelagert besteuert. Bei den Durchführungswegen Direktversicherung, Pensionskasse und Pensionsfonds erfolgt nur eine eingeschränkte nachgelagerte Besteuerung. Bei Überschreiten bestimmter Höchstgrenzen gelten hier die überschießenden Vorsorgebeiträge als sofort steuerpflichtiger Arbeitslohn.

15. Die derzeit bei der Direktzusage praktizierte vollständige nachgelagerte Besteuerung ist steuersystematisch zutreffend. Die Erteilung der Direktzusage, der Eintritt der Unverfallbarkeit, die Bildung von Pensionsrückstellungen, der Abschluss einer Rückdeckungsversicherung oder den Eintritt des Versorgungsfalls bewirken noch keinen Zufluss von Arbeitslohn. Zu einem Arbeitslohnzufluss kommt es erst mit Auszahlung der Versorgungsleistungen an den Berechtigten.
16. Bei den mittelbaren Durchführungswegen wird in der Praxis hinsichtlich des Zuflusszeitpunkts danach unterschieden, ob die externe Versorgungseinrichtung dem Arbeitnehmer einen eigenen Rechtsanspruch auf die Versorgung einräumt. Ist dies, wie bei Direktversicherung, Pensionskasse und Pensionsfonds, der Fall, soll es bereits im Zeitpunkt der Beitragszahlung zu einem Arbeitslohnzufluss kommen. Bei der Unterstützungskasse, die dem Arbeitnehmer formal keinen eigenen Rechtsanspruch einräumt, wird ein Arbeitslohnzufluss erst im Zeitpunkt der Auszahlung der Versorgungsleistungen angenommen.
17. Das Unterscheidungskriteriums des Erwerbs eines eigenen Rechtsanspruchs wird in der Praxis teils inkonsequent angewendet und es ergeben sich Wertungswiedersprüche. Insbesondere wird bei der Unterstützungskasse ein Arbeitslohnzufluss im Zeitpunkt der Beitragszahlung verneint, obwohl dem Arbeitnehmer nach der arbeitsgerichtlichen Rechtsprechung jedenfalls materiell ein Rechtsanspruch gegen die Unterstützungskasse zusteht. Demgegenüber wird bei der Direktversicherung selbst dann ein Arbeitslohnzufluss im Zeitpunkt der Beitragszahlung angenommen, wenn dem Arbeitnehmer nur ein widerrufliches Bezugsrecht zusteht. § 19 Abs. 1 Nr. 3 Satz 1 EStG ist steuersystematisch schon insoweit fragwürdig, als die Vorschrift auch laufenden Beiträgen an umlagefinanzierte Pensionskassen Arbeitslohncharakter beimisst. Völlig verfehlt sind die Regelungen in §§ 19 Abs. 1 Nr. 3 Sätze 2 ff. EStG und § 40b Abs. 4 EStG. Die Sonderzahlungen, die durch diese Vorschriften der pauschalen Lohnsteuer unterworfen werden, führen nicht zum Zufluss von Arbeitslohn beim Arbeitnehmer.

18. Der Erwerb eines eigenen Rechtsanspruchs stellt für sich genommen kein geeignetes Kriterium für den Zeitpunkt des Arbeitslohnzuflusses bei der betrieblichen Altersversorgung dar. Dass die herrschende Auffassung darauf abstellt, beruht auf dem Gedanken der Lohnverwendung, wonach der Arbeitnehmer seinen Arbeitslohn nur zum Erwerb des Versicherungsschutzes verwenden würde, wenn er einen eigenen Rechtsanspruch gegen die Versorgungseinrichtung erhält. Dieser Gedanke trägt nur insoweit, als man der Erwerb eines eigenen Rechtsanspruchs als Mindestvoraussetzung ansehen muss, ohne die ein sofortiger Arbeitslohnzufluss im Zeitpunkt der Beitragszahlung von vornherein nicht in Betracht kommt. Um einen Arbeitslohnzufluss zu bewirken, müsste aber der Erwerb des Anspruchs zu einer unmittelbaren Steigerung der steuerlichen Leistungsfähigkeit des Arbeitnehmers führen. Dies ist bei der betrieblichen Altersversorgung über eine Unterstützungskasse, eine Direktversicherung, eine Pensionskasse oder einen Pensionsfonds nicht der Fall. Insbesondere führen weder der Erwerb des Versicherungsschutzes noch die Zustimmung des Arbeitnehmers zu der betrieblichen Altersversorgung zu einem sofortigen Lohnzufluss.
19. Kommen - wie bei der betrieblichen Altersversorgung - für den Arbeitslohnzufluss zwei verschiedene Zeitpunkte in Betracht, die Verschaffung eines Anspruchs oder die Erbringung der geschuldeten Leistung, ist als Entscheidungskriterium richtigerweise die geschuldete Leistung heranzuziehen. Schuldet der Arbeitgeber lediglich die Verschaffung eines Anspruchs (gegen einen Dritten), kommt es bereits im Zeitpunkt der Entstehung dieses Anspruchs zu einem Arbeitslohnzufluss. Schuldet der Arbeitgeber dagegen die Leistung, auf die der Anspruch gerichtet ist, fließt der entsprechende Arbeitslohn erst mit Erbringung der Leistung zu. Bei der betrieblichen Altersversorgung schuldet der Arbeitgeber auch bei den mittelbaren Durchführungswegen nicht nur die Verschaffung eines Anspruchs gegen die Versorgungseinrichtung, sondern die Versorgung selbst. Dies ergibt sich aus den Wertungen des Betriebsrentengesetzes, aber auch aus der Interessenlage der Beteiligten. Zu einem Arbeitslohnzufluss kommt es folglich erst mit Auszahlung der Versorgungsleistungen an den Arbeitnehmer. Dieses Ergebnis ist auch unter Leistungsfähigkeitsgesichtspunkten zutreffend. Die Leistungsfähigkeit des Arbeitnehmers wird erst zu dem Zeitpunkt erhöht, zu dem er die Versorgungsleistungen ausbezahlt erhält.
20. Die gegenwärtige vollständige nachgelagerte Besteuerung bei der betrieblichen Altersversorgung über eine Unterstützungskasse ist in steuersystematischer Hinsicht nicht zu beanstanden. Entgegen der herrschenden Ansicht

ist dies aber nicht mit dem Fehlen des formalen Rechtsanspruchs des Arbeitnehmers auf die Leistungen der Kasse zu begründen. Richtigerweise resultiert das Ergebnis vielmehr daraus, dass ein Arbeitslohnzufluss auch bei der Versorgung über eine Unterstützungskasse erst dann zu verzeichnen ist, wenn der Arbeitgeber sein Versorgungsversprechen mit der Auszahlung der Kassenleistungen an den Arbeitnehmer vollständig erfüllt.

21. Die derzeitige eingeschränkt nachgelagerte Besteuerung bei der Direktversicherung, Pensionskasse und Pensionsfonds ist steuersystematisch nicht korrekt. Entgegen der herrschenden Auffassung kommt es auch bei diesen Durchführungswegen erst mit Auszahlung der Versorgungsleistungen zu einem Arbeitslohnzufluss. Als Einkünfte aus nichtselbständiger Arbeit wären deshalb - anders als § 19 Abs. 1 Nr. 3 EStG es gegenwärtig vorsieht - noch nicht die Beiträge und Zuwendungen an die genannten Versorgungsträger, sondern erst die an den Arbeitnehmer tatsächlich ausgezahlten Versorgungsleistungen zu erfassen. Damit wären auch die genannten Durchführungswege vollständig nachgelagert zu besteuern.
22. Wenn § 19 Abs. 1 Nr. 3 EStG bereits die laufenden Beiträge und Zuwendungen des Arbeitsgebers aus einem bestehenden Dienstverhältnis an einen Pensionsfonds, eine Pensionskasse oder eine Direktversicherung den Einkünften aus nichtselbständiger Arbeit zuweist, handelt es sich um eine gesetzliche Zuflussfiktion. Eine solche wird zwar allgemein für zulässig gehalten, ist für die betriebliche Altersversorgung über einen der genannten Durchführungswege aber nicht sachgerecht.
23. Die einkommen- und lohnsteuerliche Behandlung von Sonderzahlungen in § 19 Ab. 1 Abs. 1 Nr. 3 und § 40b Abs. 4 EStG ist nicht verfassungsgemäß. Beide verstoßen gegen das Gleichheitsgebot des Art. 3 Abs. 1 GG.
24. Im Interesse einer steuersystematisch korrekten und einheitlichen nachgelagerten Besteuerung sämtlicher Durchführungswege der nachgelagerten Besteuerung sollte § 19 Abs. 1 Nr. 3 EStG gestrichen werden. Stattdessen könnte eine klarstellende Regelung in das Gesetz aufgenommen werden, die etwa wie folgt lauten könnte: „Zu den nachträglichen Einkünften aus nichtselbständiger Arbeit gehören auch arbeitgeberfinanzierte oder auf Entgeltumwandlung beruhende Versorgungsleistungen aufgrund von Zusagen des Arbeitgebers auf betriebliche Altersversorgung (Direktzusagen sowie Zusagen auf Versorgung über eine Unterstützungskasse, eine Direktversicherung, eine Pensionskasse oder einen Pensionsfonds)“. Gleichzeitig würden sich die Steuerfreistellungen in § 3 Nr. 63 und § 3 Nr. 56 EStG erübrigen.
25. Die vollständige nachgelagerte Besteuerung aller Durchführungswege dürfte die Attraktivität dieser Vorsorgeform weiter erhöhen. Ein unerwünschtes

Ausufern dieser Vorsorgeform dürfte vor allem wegen der mangelnden Vererbbarkeit der Ansprüche nicht zu befürchten sein. Etwaigen gegenwärtigen Steuerausfällen infolge der Erweiterung der nachgelagerten Besteuerung dürften höhere Steuereinnahmen in zukünftigen Veranlagungszeiträumen gegenüberstehen.

Literaturverzeichnis

aba Arbeitsgemeinschaft für betriebliche Altersversorgung (Hrsg.)	Mit der Betriebsrente in eine sichere Zukunft, Heidelberg 2005
Adler, Hans / Düring, Walther / Schmaltz, Kurt	Rechnungslegung und Prüfung der Unternehmen, Kommentar zum HGB, AktG, GmbHG, PublG nach den Vorschriften des Bilanzrichtlinien-Gesetzes, Teilband 6, 6. Auflage, Stuttgart 1998
Ahrend, Peter / Förster, Wolfgang / Rößler, Norbert	Steuerrecht der betrieblichen Altersversorgung mit arbeitsrechtlichen Grundlagen, Köln, 30. Erg.-Lfg.., April 2013
Ahrend, Peter / Förster, Wolfgang / Rößler, Norbert	Zur Insolvenzsicherung von Versorgungszusagen an Gesellschafter-Geschäftsführer nach den Urteilen des BGH vom 28.4.1980 und 9.6.1980, GmbHR 1980, S. 299 ff.
Avery Jones, John F.	A Framework for Evaluating the Commission's Tax Proposals for Occupational Pensions in the European Union, Tax Treatment of Pensions - A Comparative Analysis, European Taxation 2001, Vol. 41 Suppl. No. 1, S. 27-S ff.
Barein, Hubertus	Deferred Compensation, StB 2000, S. 250 ff.
Barker, Travis J.	EC fudges the pension issue, International Tax Review 2001, S. 49 ff.
Becker, Enno	Erläuterungen zu Rechtsprechung, StuW 1936, S. 514 ff.

derselbe	Grundfragen aus den neuen Steuergesetzen. Zu den Begriffsmerkmalen der Fälligkeit und des Zufließens von Einnahmen im Sinnes des § 11 Abs. 1 des EinkStG, StuW 1926, S. 1047 ff.
Becker, Ulrich / Kaufmann, Franz-Xaver / Maydell, Bernd Baron von / Schmähl, Winfried / Zacher, Hans F. (Hrsg.)	Alterssicherung in Deutschland, Festschrift für Franz Ruland zum 65. Geburtstag, Baden-Baden 2007
Beiser, Reinhold	Die Gleichheit in der Pensionsbesteuerung - Anforderungen der Steuergerechtigkeit, sozialstaatlicher Solidarität und einer effektiven Altersvorsorge -, DB 2002, S. 703 ff.
Bergkemper, Winfried	Lohnzuwendungen im Bereich der betrieblichen Altersversorgung, FR 2011, S. 1043 ff.
Berz, Stefan	Deferred Compensation aus Sicht der Steuerberaterpraxis, DStR 2000, S.°315 ff.
Bick, Friedhelm / Strohner, Klaus	Grundzüge der betrieblichen Altersversorgung nach den Änderungen durch das Alterseinkünftegesetz, DStR 2005, S. 1033 ff.
Birk, Dieter	Auswirkungen des Alterseinkünftegesetzes auf die Zusatzversorgung des öffentlichen und kirchlichen Dienstes, DStZ 2004, S. 777 ff.
derselbe	Finanzierung der neuen Zusatzversorgung und ihre steuerliche Behandlung, BetrAV 2003, S. 194 ff.
derselbe	Nachgelagerte Besteuerung in der betrieblichen Altersversorgung, StuW 1999, S. 321 ff.

derselbe	Objektives Nettoprinzip und Altersvorsorge, in: Becker, Ulrich / Kaufmann, Franz-Xaver / Maydell, Bernd Baron von / Schmähl, Winfried / Zacher, Hans F. (Hrsg.), Alterssicherung in Deutschland, Festschrift für Franz Ruland zum 65. Geburtstag, Baden-Baden 2007, S. 425 ff.
derselbe	Steuerrecht, 15. Auflage, Heidelberg 2012
Birk, Dieter / Specker, Gerhard	Die Erweiterung des Arbeitslohnbegriffs in § 19 Abs. 1 Satz 1 Nr. 3 EStG, DB 2008, S. 488 ff.
Birk, Dieter / Wernsmann, Rainer	Die Besteuerung der Aufwendungen für die Altersvorsorge und der Alterseinkommen, in: Ruland, Franz / Rürup, Bert (Hrsg.), Alterssicherung und Besteuerung, Wiesbaden 2008, S. 228 ff.
dieselben	Die Besteuerung der betrieblichen Altersversorgung - Reformbedarf und Gestaltungsmöglichkeiten des Gesetzgebers, DB 1999, S. 166 ff.
dieselben	Die Besteuerung der betrieblichen Altersversorgung - Reformbedarf und Gestaltungsmöglichkeiten des Gesetzgebers, DB 1999, S. 166 ff.
Blomeyer, Wolfgang	Änderungen des Betriebsrentengesetzes zum 1. 1. 1999 - Neue Lösungen - Neue Probleme, NZA 1998, S. 911-918
derselbe	Betriebliche Altersversorgung und Unterstützungskassen, BB 1980, S. 789 ff.
derselbe	Der Entgeltumwandlungsanspruch des Arbeitnehmers in individual- und kollektivrechtlicher Sicht, DB 2001, S. 1413 ff.

derselbe	Die „Riester-Rente" nach dem Altersvermögensgesetz (AVmG), NZA 2001, S. 913 ff.
derselbe	Die Inanspruchnahme des Rückkaufswertseines widerruflichen Direktversicherungs-Bezugsrechts im Unternehmenskonkurs DB 1988, S. 962 ff.
derselbe	Flexibilisierung des Betriebsrentenrechts durch Beitragszusagen, DB 1997, S. 1921 ff.
derselbe	Novellierung des Betriebsrentengesetzes, NZA 1997, S. 961 ff.
derselbe	Rechtsfragen der Entgeltumwandlung und Lösungsansätze, NZA 2000, S. 281 ff.
Blomeyer, Wolfgang / Rolfs, Christian / Otto, Klaus	Betriebsrentengesetz: Gesetz zur Verbesserung der betrieblichen Altersversorgung, Kommentar, 4. Auflage, München 2010
Blumenstein, Meike	Vergleichende Darstellung der beitragsorientierten Leistungszusage und der Beitragszusage mit Mindestleistung, in: Kisters-Kölkes, Margret (Hrsg.), Festschrift für Kurt Kemper zum 65. Geburtstag, München/ Unterschleißheim 2005, S. 25 ff.
Blumenstein, Meike / Krekeler, Nicola	Auswirkungen des neuen Betriebsrentenrechtsauf die Praxis, DB 1998, S. 2600 ff.
Blümich	EStG KStG GewStG, Kommentar, München,119. Erg.-Lfg.., Juni 2013
Bode, Christoph	Betriebliche Altersversorgung in Form von Gehaltsumwandlungs-Direktzusagen, DB 1994, S. 784 ff.
Bode, Christoph / Obenberger, Thomas	Die betriebliche Altersversorgung nach dem Betriebsrentengesetz 2005, Berlin 2005

Bode, Christoph / Saunders, Brigitte	Neue gesetzliche Änderungen im Betriebsrentenrecht, DB 2002, S. 1378 ff.
Bordewin, Arno / Brandt, Jürgen	Einkommensteuergesetz, Kommentar, Heidelberg, 353. Erg.-Lfg.., Juni 2013
Bursee, Michael / Grawert, Achim / Knoll, Leonhard	Nachgelagerte Besteuerung und Entgeltpolitik, Frankfurt am Main, 2003
Buttler, Andreas	Einführung in die betriebliche Altersversorgung, 6. Auflage, Karlsruhe 2012
Clemens, Fabian	Entgeltumwandlung zur betrieblichen Altersversorgung: Umfang und Grenzen der einzelund tarifvertraglichen Gestaltungsfreiheit, Berlin 2005
Doetsch, Peter A. Nationalbericht Deutschland	Nationalbericht Deutschland, in: International Fiscal Association (Hrsg.), International tax aspects of deferred remunerations, Cahiers De Droit Fiscal International, Vol. LXXXVb, The Hague London Boston 2000, S. 415 ff.
Doetsch, Peter A., / Hagemann, Thomas / Oecking, Thomas / Reichenbach, Rita	Betriebliche Altersversorgung, 4. Auflage, Freiburg 2013
Doetsch, Peter / Förster, Wolfgang / Rühmann, Jochen	Änderungen des Betriebsrentengesetzes durch das Rentenreformgesetz 1999, DB 1998, S. 258 ff.
Dommermuth, Thomas / Hauer, Michael / Unterlindner, Günther	Betriebliche Altersversorgung 2013, Planegg/München 2013
Dorenkamp, Christian	Das BVerfG-Urteil zur Renten- und Pensionsbesteuerung, DStZ 2002, S. 668 ff.

derselbe	Die nachgelagerte Besteuerung der sog. Riester-Rente - einkommensteuerrechtlich ein großer Wurf, zumindest im Regelfall, StuW 2001, S. 223 ff.
derselbe	Nachgelagerte Besteuerung von Einkommen: Besteuerungsaufschub für investierte Reinvermögensmehrungen Nachgelagerte Besteuerung von Einkommen, Berlin 2004
derselbe	Unternehmenssteuerreform und partiell nachgelagerte Besteuerung von Einkommen, StuW 2000, S. 121 ff.
derselbe	Unternehmenssteuerreform und partiell nachgelagerte Besteuerung von Einkommen, StuW 2000, S. 121 ff.
Ebel, Thomas	Lohnsteuerliche Gestaltungen durch Deferred Compensation (Arbeitnehmerfinanzierte betriebliche Altersversorgung), FR 2000, S. 241 ff.
Ebinger, Gerhard / Grawert, Achim / Knoll, Leonhard	Deferred Compensation, Zeit-Wertpapiere und die (un)einheitliche Kalibrierung fiskalischer „Schlupflöcher", StuB 2000, S. 986 ff.
Eggesieker, Fritz	Kinderfreibeträge, außergewöhnliche Belastungenund Steuervergünstigungen in der Steuerreform, FR 1971, 450 ff.
Eichborn, Wolfgang von	Zur (steuerlichen) Berücksichtigung von Vorsorgeaufwendungen am Beispiel Selbständiger, DB 2000, S. 944 ff.
Elicker, Michael	Fortentwicklung der Theorie vom Einkommen, DStZ 2005, S. 564 ff.
Ernst & Young / VDR (Hrsg.)	Ratgeber zur Altersvorsorge, 2. Auflage, Bonn 2004

Everhardt, Karl Hans	Der Geltungsbereich des Betriebsrentengesetzes im Hinblick auf die Insolvenzsicherung für Geschäftsleiter-Pensionen, BB 1981, S. 681 ff.
Färber, Gisela / Renn, Sandra	Auswirkungen der unterschiedlichen Besteuerung von Alterseinkünften, in: Verband Deutscher Rentenversicherungsträger (Hrsg.), Besteuerung von Beiträgen und Leistungen in der Altersvorsorge (DRVSchriften; Bd. 29), Frankfurt am Main 2001, S.°18 ff.
Fischer, Benno A.	Betriebspensionen im Internationalen Steuerrecht am Beispiel US-amerikanischer Versorgungszusagen, Köln 2001
Fischer, Peter	Altersvorsorge und Altersbezüge, in: Ebling (Hrsg.), Besteuerung von Einkommen (Veröffentlichungen der Deutschen Steuerjuristischen Gesellschaft e. V.; Bd. 24), Köln 2001, S. 427 ff.
derselbe	Mehr Schatten als Licht im Steuerrecht der Altersvorsorgeaufwendungen und Altersbezüge, BB 2003, S. 873 ff.
Förschle, Gerhart / Klein, Hans-Georg	Zur handelsrechtlichen Bilanzierung und Bewertung der betrieblichen Altersversorgungsverpflichtungen, DB 1987, S. 341 ff.
Förster, Wolfgang / Recktenwald, Stefan	Die betriebliche und private Altersvorsorge, in: Ruland, Franz / Rürup, Bert (Hrsg.), Alterssicherung und Besteuerung, Wiesbaden 2008, S. 136 ff.
Förster, Wolfgang / Cisch, Theodor	Die Änderungen im Betriebsrentengesetz durch das Alterseinkünftegesetz und deren Bedeutung für die Praxis, BB 2004, S. 2126 ff.

Förster, Wolfgang / Cisch, Theodor B. / Karst, Michael (Hrsg.) Betriebsrentengesetz: Gesetz zur Verbesserung der betrieblichen Altersversorgung mit zivilrechtlichen, arbeitsrechtlichen und steuerrechtlichen Vorschriften, Kommentar, 13. Auflage, München 2012

Freye, Thomas Gehaltsumwandlungen aus arbeits- und steuerrechtlicher Sicht, Hamburg 2003

Frotscher, Gerrit (Hrsg.) EStG, Kommentar zum Einkommensteuergesetz, Stand: 05.08.2013

Giloy, Jörg Zum Zeitpunkt der steuerlichen Erfassung von Einnahmen und Ausgaben als technisch wertendes Prinzip, in; Tipke, Klaus / Söhn, Hartmut (Hrsg.), Gedächtnisschrift für Christoph Trzaskalik, Köln 2005, S. 311 ff.

Glaser, Gunnar W. Verfassungsfragen zur lohnsteuerlichen Behandlung von Sonderzahlungen im Bereich der Zusatzversorgung nach dem Reformkonzept des JStG 2007, BB 2006, S. 2217 ff.

Gohdes, Alfred; Haferstock, Bernd; Schmidt, Rainer Pensionsfonds nach dem AVmG aus heutiger Sicht, DB 2001, S. 1558-1562

Grawert, Achim / Knoll, Leonhard Steuerliche Auswirkungen von Deferred Compensation aus Arbeitnehmer- und Arbeitgebersicht, DStR 1998, S.°1692 ff.

Griebeling, Gert Arbeits- und insolvenzrechtliche Fragen zur Unterstützungskasse, DB 1991, S. 2336 ff.

Gröpl, Christoph Intertemporale Korrespondenz und konsumorientierte Betrachtungsweise im System des geltenden Einkommensteuerrechts, FR 2001, S. 568 ff.

Grube, Frank	Steuerliche Gestaltungsmöglichkeiten im Rahmen von Gehaltserhöhungen, DStR 1997, S. 1956 ff.
Gutmann, Daniel	Tax Treatment of Pensions - A Comparative Analysis, European Taxation 2001, Vol. 41 Suppl. No. 1, S. 8-S ff.
Hanau, Peter / Arteaga, Marco S.	Gehaltsumwandlung zur betrieblichen Altersversorgung, Köln 1999
Hanau, Peter / Arteaga, Marco S. / Rieble, Volker / Veit, Annekatrin	Entgeltumwandlung, 2. Auflage, Köln 2006
Hanau, Peter / Arteaga, Peter S.	Pensions-Sondervermögen und betriebliche Altersversorgung, BB 1997, Beilage 17, S. 5 ff.
Harder-Buschner, Christine	Aktueller Rechtsstand der betrieblichen Altersversorgung, NWB Fach 3, S. 13217 ff. = NWB 2005, S. 577 ff.
dieselbe	Steuerrechtliche Rahmenbedingungen der betrieblichen Altersversorgung im Überblick, NWB Fach 3, S. 13131 ff. = NWB 2004, S. 4251 ff.
Harle, Georg / Kesting, Ulf / Leser, Cornelia	Die Übertragung von unmittelbaren Versorgungsverpflichtungen auf eine Unterstützungskasse - Eine Möglichkeit zur Verbesserung der Liquiditätsbelastung des Unternehmens, BB 2006, 131 ff.
Hartmann, Rainer	Wesentliche Änderungen bei der betrieblichenAltersversorgung ab 2005 – Teil II, INF 2005, S. 102 ff.
Hax, Herbert / Kern, Werner / Schröder, Hans-Horst (Hrsg.)	Zeitaspekte in betriebswirtschaftlicher Theorieund Praxis (Wissenschaftliche Jahrestagung des Verbandes der Hochschullehrer für Betriebswirtschafte. V.; 50), Stuttgart 1989

Hebig, Michael / Kaiser, Karin / Koschnrieder, Kurt-Dieter / Oblau, Markus (Hrsg.) — Aktuelle Entwicklungsaspekte der Unternehmensbesteuerung, Festschrift für Wihelm H. Wacker zum 75. Geburtstag, Berlin 2006

Heger, Heinz-Josef — Die steuerliche Behandlung von Sonderzahlungen des Arbeitgebers an Zusatzversorgungskassen, BB 2006, S. 1598 ff.

Heither, Ulrike — Ergänzende Altersvorsorge durch Direktversicherung nach Gehaltsumwandlung, Berlin 1998

Hermann, Carl / Heuer, Gerhard / Raupach, Arndt (Hrsg.) — Einkommensteuer- und Körperschaftsteuergesetz, Kommentar, Köln, 257. Erg-Lfg., Mai 2013

dieselben (Hrsg.) — Einkommensteuer- und Körperschaftsteuergesetz, Jahresband 2007, Köln 2007

Hessling, Michael — Pensionszusage durch Gehaltsumwandlung – eine attraktive Möglichkeit der Alters-vorsorge, DB 1995, Beilage 13, S. 12 ff.

Heubeck, Klaus — Pensionsfonds - Grenzen und Möglichkeiten, DB 2001, Beilage Nr. 5, S. 2 ff.

Heubeck, Klaus / Seybold, Michaela — Zur Besteuerung der betriebli-chen Altersversorgung nach dem Alterseinkünftegesetz, DB 2007, S. 592 ff.

Höfer, Reinhold — Betriebsrentenrecht (BetrAVG), Kommentar, Band I: Arbeitsrecht, 13. Auflage, München, 13. Erg.-Lfg.., August 2012

derselbe — Das neue Betriebsrentenrecht, München 2003

derselbe — Die Neuregelung des Betriebsrentengesetzes durch das Alterseinkünftegesetz, DB 2004, S. 1426 ff.

derselbe	Gesetz zur Förderung der betrieblichen Altersversorgung, DB 2007, S. 1922 ff.
Höfer, Reinhold / Veit, Annekatrin / Verhuven, Thomas	Betriebsrentenrecht (BetrAVG), Kommentar, Band II: Steuerrecht Sozialabgaben HGB/IFRS, 10. Auflage, München, 10. Erg.-Lfg.., Januar 2013
Hölzer, Volkmar-Alexander	Umlagezahlungen des Arbeitgebers an Zusatzversorgungskassen des öffentlichen Dienstes steuerpflichtiger Arbeitslohn?, FR 2010, S. 501 ff.
Hommelhoff, Peter / Timm, Wolfram	Insolvenzschutz für die Geschäftsleiter-Betriebsrente – Zweiter Teil -, KTS 1981, S. 289 ff.
Hopfner, Sebastian	Schon wieder Neuerungen in § 1 BetrAVG?, DB 2002, S. 1050 ff.
Höreth, Ulrike / Schiegl, Ulrike	Auswirkungen des Alterseinkünftegesetz auf die Direktversicherung, BB 2004, S. 2101 ff.
Hübschmann, Walter / Hepp, Ernst / Spitaler, Armin	Abgabenordnung Finanzgerichtsordnung, Kommentar, Köln, 222. Erg-Lfg., Juni 2013
Kirchhof, Paul	Das EStGB - ein Vorschlag zur Reform des Ertragsteuerrechts, DStR 2003, Beiheft 5 zu Heft 37/2003
Kirchhof, Paul (Hrsg.)	Einkommensteuergesetz, Kommentar, 12. Auflage, Köln 2013
Kirchhof, Paul / Söhn, Hartmut / Mellinghoff, Rudolf (Hrsg.)	Einkommensteuergesetz, Kommentar, Heidelberg, 241. Erg.-Lfg.., Juni 2013
Kisters-Kölkes, Margret (Hrsg.)	Festschrift für Kurt Kemper zum 65. Geburtstag, München/Unterschleißheim 2005

Korn, Klaus (Hrsg.) — Einkommensteuergesetz, Bonn, 74. Erg.-Lfg., August 2013

Krause-Junk, Gerold / Müller, Regina — Nachgelagertes Verfahren bei der Besteuerungder Alterseinkünfte - Erwiderung zudem Beitrag von Birk/Wernsmann, DB 1999, S. 166 - DB 1999, S. 2282 ff.

Kupfer, Hans-Wolfram / Neumann, Barbara — Versorgungstarifverträge und Kartellrecht, BetrAV 2004, S. 42 ff.

Lademann — Kommentar zum Einkommensteuergesetz, Stuttgart, 194. Erg-Lfg., Januar 2013

Langohr-Plato, Uwe — Die Direktversicherung in der aktuellen Rechtsentwicklung, BB 1999, S. 1215 ff.

derselbe — Die Novellierung des Betriebsrentengesetzes durch das Alterseinkünftegesetz, INF 2004, S. 711 ff.

Langohr-Plato, Uwe / Teslau, Johannes — Die Beitragszusage mit Mindestleistung - Die neue große Unbekannte in der betrieblichen Altersversorgung -, DB 2003, S. 661-667

Lehner, Moris — Einkommensteuerrecht und Sozialhilferecht: Bausteine zu einem Verfassungsrecht des sozialen Steuerstaates, Tübingen 1993

Liesenfeld, Andrea — Die Besteuerung von Renten und Pensionen, DStR 2002, S. 1833-1837

Lippross, Otto-Gerd (Hrsg.) — Basiskommentar Steuerrecht, Köln, 77. Erg.-Lfg., Mai 2013

Littmann, Eberhard / Bitz, Horst / Pust, Hartmut (Hrsg.) — Das Einkommensteuerrecht, Kommentar, Stuttgart, 100. Erg-Lfg., August 2013

Mann, Gerhard — Bilanzsteuerrechtliche Probleme nach dem Inkrafttreten des Bilanzrichtlinien-Gesetzes, DB 1986, S. 2199-2230

Marx, Franz-Jürgen — Deferred Compensation, Steuer & Studium 2000, S. 260

Mitlacher, Lars / Scholz, Stephan — Die Rahmenbedingungen der betrieblichen Altersversorgung als Element moderner Vergütungssysteme, StuB 2002, S. 1099 ff.

Mittelsten Scheid, Stephan M. — Reform der Altersbesteuerung - Verfassungsrechtliche Vorgaben und Grenzen, Berlin 2004

Mössner, Jörg Manfred — Deferred compensation, in: Hebig, Michael / Kaiser, Karin / Koschnrieder, Kurt-Dieter / Oblau, Markus (Hrsg.), Aktuelle Entwicklungsaspekte der Unternehmensbesteuerung, Festschrift für Wihelm H. Wacker zum 75. Geburtstag, Berlin 2006, S. 113 ff.

derselbe — Generalbericht, in: International Fiscal Association (Hrsg.), International tax aspects of deferred remunerations, Cahiers De Droit Fiscal International, Vol. LXXXVb, The Hague London Boston 2000, S. 21 ff.

Müller-Glöge, Rudi / Preis, Ulrich / Schmidt, Ingrid (Hrsg.) — Erfurter Kommentar zum Arbeitsrecht, 13. Auflage, München 2013

Musil, Andreas — Verfassungs- und europarechtliche Probleme des Alterseinkünftegesetzes, StuW 2005, S. 278 ff.

Neumark, Fritz (Hrsg.), Andel, Norbert — Handbuch der Finanzwissenschaft, Band II, 3. Aufl., Tübingen 1980

derselbe — Arbeitnehmerfinanzierte betriebliche Altersversorgung, DB 2000, S. 347 ff.

Nierrmann, Walter	Jahressteuergesetz 2007: Lohnsteuerliche Absicherung von Direktzusagen durch Contractual Trust Agreements, DB 2006, S. 2595 ff.
Ophoff, Jürgen / Walkiewicz, Norbert	Kostenneutrale und insolvenzsichere Gestaltung arbeitnehmerfinanzierter Pensionszusagen, DB 1996, S. 2240 ff.
Paetsch, Ralf	Anmerkung zu FG Köln v. 5. Juli 2007, VI R 47/02, HFR 2007, S. 984
Palandt, Otto	Bürgerliches Gesetzbuch, 72. Auflage, München 2013
Paulsdorff, Jürgen	Die Grenzen der Einbeziehung von Gesellschafter-Geschäftsführern in das Betriebsrentengesetz, GmbHR 1977, S. 241 ff.
Prölss, Jürgen / Martin, Anton	Versicherungsvertragsgesetz, 28. Auflage, München 2010
Reichel, Christian / Heger, Heinz-Josef	Betriebliche Altersversorgung, München 2003
Reichel, Christian / Volk, Annette	Portabilität von Versorgungsanwartschaften in der betrieblichen Altersversorgung, DB 2005, S. 886 ff.
Reinhart, Richard	Nochmals: Lohnsteuerliche Fragen bei verzögerter oder nicht vollständiger Auszahlung von Arbeitslohn, DB 1986, S. 2203 f.
Richardi, Reinhard / Wißmann, Hellmut / Wlotzke, Otfried / Oetker, Hartmut (Hrsg.)	Münchener Handbuch zum Arbeitsrecht, Band 1, 3. Auflage, München 2009
Roth, Markus	Private und betriebliche Altersvorsorge zwischen Sicherheit und Selbstverantwortung, ZRP 2004, S. 154 ff.

Schaub, Günther / Matthießen, Volker / Polster, Andreas	Altersvorsorge von A-Z, München 2006
Schlewing, Anja / Henssler, Martin / Schipp, Johannes / Schnitker, Elmar (Hrsg.)	Arbeitsrecht der betrieblichen Altersversorgung und Zeitwertkonten, Köln, 16. Erg.-Lfg., August 2013
Schmeisser, Wilhelm / Blömer, Karsten	Modelle der betrieblichen Altersversorgung, DStR 1999, S. 334 ff.
Schmidt, Ludwig	Einkommensteuergesetz, 32. Auflage, München 2013
Schneeloch, Dieter	Bilanzrichtlinien-Gesetz und Besteuerung, WPg 1985, S. 565 ff.
Schneider, Josef	Neuordnung der einkommensteuerrechtlichen Behandlung von Altersvorsorgeaufwendungen und Altersbezügen, StW 2004, S. 151 ff.
Schnitker, Elmar / Grau, Timon	Neue Rahmenbedingungen für das Recht derbetrieblichen Altersversorgung durch das Alterseinkünftegesetz, NJW 2005, S. 10 ff.
Schwark, Peter / Raulf, Markus	Beitragszusage mit Mindestleistung in der Betrieblichen Altersversorgung?, DB 2003, S. 940 ff.
Schwind, Joachim	Den Verbraucher schützen - und die betriebliche Altersversorgung stärken!, BetrAV 2006, S. 413 f.
Seeger, Siegbert	Lohnsteuerpflicht von Umlage- und Gegenwertszahlungen an Zusatzversorgungseinrichtungen?
Seer, Roman	Die Besteuerung der Alterseinkünfte und das Gleichbehandlungsgebot (Art. 3 Abs. 1 GG), StuW 1996, S. 323 ff.

Söhn, Hartmut	Sonderausgaben (§ 10 EStG) und Besteuerung nach der Leistungsfähigkeit, StuW 1985, S. 395 ff.
derselbe	Verfassungsrechtliche Bindungen bei der Beschränkung der Abzugsfähigkeit von Vorsorgeaufwendungen durch Höchstbeträge, StuW 1990, S. 356 ff.
Söhn, Hartmut / Müller-Franken, Sebastian	Vorgelagerte und/oder nachgelagerte Besteuerung von Altersbezügen?, StuW 2000, S. 442 ff.
Speidel, Manfred	Betriebliche Altersversorgung bei Einnahmeüberschussrechnung durch "arbeitgeberorientierte Direktversicherung", BB 1996, S. 2278 ff.
Stief, Volker	Der Begriff der betrieblichen Altersversorgung, Baden-Baden 1992
Stuhrmann, Gerd	ABC: P 2. Pensionskassen/ Unterstützungskassen, NWB Fach 3c, S. 5350 ff. = NWB 1999, S. 3024 ff.
derselbe	Steuerrechtliche Auswirkungen des Bilanzrichtlinien-Gesetzes auf die Bewertung vonbetrieblichen Versorgungsverpflichtungen, BB 1986, S. 2239 ff.
Thürmann, Dagmar	Direktversicherungsverträge im Rahmen der betrieblichen Altersversorgung und Konkurs des Arbeitgebers, BB 1985, S. 1269 ff.
Tipke, Klaus	Die Steuerrechtsordnung, Band II, 2. Aufl., Köln 2003
Tipke, Klaus / Kruse, Heinricht W.	Abgabenordnung Finanzgerichtsordnung, Köln, 132. Erg.-Lfg., Mai 2013
Tipke, Klaus / Lang, Joachim (Hrsg.)	Steuerrecht, 20. Auflage, Köln 2010

dieselben (Hrsg.)	Steuerrecht, 21. Auflage, Köln 2013
Tipke, Klaus / Söhn, Hartmut (Hrsg.)	Gedächtnisschrift für Christoph Trzaskalik, Köln 2005
TNS Infratest Sozialforschung	Situation und Entwicklung der betrieblichen Altersversorgung in Privatwirtschaft und öffentlichem Dienst 2001 – 2006, Endbericht, Untersuchung im Auftrag des Bundesministeriums für Arbeit und Soziales, München 2008
Uckermann, Sebastian / Jakob, Andreas	Die pauschaldotierte Unterstützungskasse – Fluch oder Segen aus der Sicht der steuerlichen Beratung?, DStR 2012, S. 2452 ff.
Wagner, Franz W.	Die zeitliche Erfassung steuerlicher Leistungsfähigkeit, in: Hax, Herbert / Kern, Werner / Schröder, Hans-Horst (Hrsg.), Zeitaspekte in betriebswirtschaftlicher Theorie und Praxis (Wissenschaftliche Jahrestagung des Verbandes der Hochschullehrer für Betriebswirtschaft e. V.; 50), Stuttgart 1989, S. 261 ff.
Wagner-Jung, Gudrun	Neuerungen im Rahmen des Jahressteuergesetzes 2007, BetrAV 2007, S. 12 ff.
Warren, Alvin C.	Fairness and a Consumption-Type or Cash Flow Personal Income Tax, Harvard Law Review 88 (1975), S. 931 ff.
Weinreuter, Udo	Stundung, Erlass und Vollstreckungsaufschub nach der Abgabenordnung, DStZ 1999, S. 853 ff.
Weiß, Albrecht	Handbuch der betrieblichen Altersfürsorge (H-BetrAV), 2. Aufl., München Düsseldorf 1952
Wellisch, Dietmar	Steuerplanung der betrieblichen Altersvorsorge in Deutschland, StuW 2003, S. 3 ff.

Wellisch, Ditmar / Näth, Maik — Betriebliche Altersvorsorge - steuerliche und sozialversicherungsrechtliche Behandlung und Gestaltungsansätze, BB 2002, S. 1393 ff.

Wernsmann, Rainer — Die verfassungsrechtliche Rechtfertigung der Abzugsfähigkeit von Vorsorgeaufwendungen, StuW 1998, S. 317 ff.

Wiegard, Wolfgang — Nachgelagerte Besteuerung von Alterseinkünften: Das trojanische Pferd der Befürworter einer Konsumsteuer, ifo-Schnelldienst 21/2000, S. 8 ff.

Wittmann, Rolf — Besteuerung des Markteinkommens - Grundlinien einer freiheitsschonenden Besteuerung, StuW 1993, S. 35 ff.

Wohlleben, Hermann — Neuregelungen zur Insolvenzsicherung der Betriebsrenten, DB 1998, S. 1230 ff.

Zeppenfeld, Guido / Rößler, Nicolas — Pensionsfonds: Verbesserte Rahmenbedingungen für nationale und internationale Arbeitgeber und Anbieter, BB 2006, S. 1221 ff.